全国教育科学十二五规划资助项目（BIA110065）

QIBAIWAN REN DE GONGZUO ZAI NALI
GONGGONG GUANLI SHIJIAO XIA DE DAXUESHENG JIUYE CUJIN WENTI YANJIU

七百万人的工作在哪里

公共管理视角下的大学生就业促进问题研究

张留禄　著

北京大学出版社
PEKING UNIVERSITY PRESS

图书在版编目(CIP)数据

七百万人的工作在哪里:公共管理视角下的大学生就业促进问题研究/张留禄著. —北京:北京大学出版社,2016.8
 ISBN 978-7-301-27035-6

Ⅰ.①七… Ⅱ.①张… Ⅲ.①大学生—就业—研究—中国 Ⅳ.① G647.38

中国版本图书馆 CIP 数据核字(2016)第 076347 号

书　　名	七百万人的工作在哪里:公共管理视角下的大学生就业促进问题研究
著作责任者	张留禄　著
责任编辑	旷书文　王业龙
标准书号	ISBN 978-7-301-27035-6
出版发行	北京大学出版社
地　　址	北京市海淀区成府路 205 号　100871
网　　址	http://www.pup.cn　　新浪微博:@北京大学出版社
电子信箱	zpup@pup.cn
电　　话	邮购部 62752015　发行部 62750672　编辑部 021-62071998
印刷者	三河市博文印刷有限公司
经销者	新华书店
	650 毫米 ×980 毫米　16 开本　19 印张　325 千字
	2016 年 8 月第 1 版　2016 年 8 月第 1 次印刷
定　　价	48.00 元

未经许可,不得以任何方式复制或抄袭本书之部分或全部内容。
版权所有,侵权必究
举报电话:010-62752024　电子信箱: fd@pup.pku.edu.cn
图书如有印装质量问题,请与出版部联系,电话:010-62756370

前　言

自1999年我国大学扩招以来,普通高等学校毕业生人数逐年增加,大学生能否顺利就业越来越受到政府、社会、家庭以及毕业生本人的高度重视。就业是绝大多数毕业生所面临的重要抉择,也是人生的重大转折。

在多年的工作实践中,我们看到在校大学生甚至已经毕业参加工作的学生,真正懂得职业生涯规划者寥寥无几,因而给自己的专业选择、课程学习,乃至求职择业造成极不利的影响,使其人生发展没有目标,专业学习没有方向,求职择业没有着落。

2015年3月15日十二届全国人大三次会议闭幕后,国务院总理李克强在回答记者提问时指出:"大众创业、万众创新,实际上是一个改革。这也是历史的启示。回想30多年前,正是因为承包制政策的实施,调动了亿万农民生产和经营的积极性,也因为允许人口流动,亿万农民工进城,创造了中国经济的奇迹。"随着我国人事制度的不断改革和毕业生就业体制改革的不断深入,高校毕业生在就业活动中主体地位日益突出,毕业生就业服务工作的难度也在逐年加大。然而,对于大学生就业创业等问题的研究还远远不够。

为了更好地促进大学生就业,作者在全国教育科学十二五规划课题《公共管理视角下的大学生就业促进问题研究》阶段性成果的基础上,撰写了《七百万人的工作在哪里:公共管理视角下的大学生就业促进问题研究》一书,以帮助大学生解决在择业过程中遇到的种种困惑,更好地引导大学生规划职业生涯,掌握求职的基本技能。同时,供各级政府、高校以及社会组织在制定大学生就业相关政策时参考。

在本书撰写过程中得到了上海应用技术学院、河南大学、河北师范大学、华东师范大学、广东外语外贸大学、宁波大学的大力支持,在此一并表示感谢。

张留禄

2015年9月于上海

目 录

第一章　导　论 ………………………………………………… 1
　一、问题的提出 ……………………………………………… 3
　二、研究目的与意义 ………………………………………… 4
　三、国内外相关问题研究综述 ……………………………… 5
　四、研究思路与研究方法 …………………………………… 7

第二章　公共管理视角下大学生就业促进的理论基础 ……… 9
　一、就业促进的公共管理理论 …………………………… 11
　二、就业促进理论 ………………………………………… 13

第三章　我国大学生就业政策的发展历程 ………………… 29
　一、计划经济体制下"统包统分"阶段(1949 年—1984 年) … 31
　二、从计划分配向双向选择的过渡阶段(1985 年—1992 年) … 35
　三、市场经济体制下的个人"自主择业"阶段(1993 年至今) … 37

第四章　大学生就业市场问题研究 ………………………… 49
　一、我国大学生就业市场现状与存在的问题 …………… 51
　二、国外大学生就业市场状况 …………………………… 57
　三、完善我国的大学生就业市场建设的建议 …………… 61

第五章　大学生就业现状与就业难的原因分析 …………… 67
　一、目前大学生的就业现状 ……………………………… 69
　二、大学生就业难的原因探析 …………………………… 75

第六章　我国大学生创业环境问题分析 …… 97
一、大学生创业服务体系现状 …… 99
二、完善大学生创业服务体系思考 …… 103

第七章　我国大学生就业能力评估与分析 …… 107
一、多维视角下的大学生就业能力要求 …… 109
二、大学生就业能力评价与影响因素分析 …… 114
三、基于大学生技能培养的对策建议 …… 120

第八章　大学生就业的公平性研究 …… 123
一、大学生就业公平性的研究意义 …… 125
二、公平就业的相关概念及意义 …… 129
三、影响大学生公平就业的因素 …… 133
四、特殊大学生群体的就业问题探讨 …… 139
五、促进就业公平的对策建议 …… 144

第九章　大学生就业的金融支持研究 …… 149
一、金融支持对大学生就业问题的意义 …… 151
二、大学生就业金融支持相关理论 …… 153
三、国外促进大学生就业金融支持研究 …… 156
四、我国大学生就业金融支持现状 …… 163
五、促进就业金融支持的对策建议 …… 167

第十章　大学生就业的财政支持研究 …… 173
一、现有对大学生就业的财政支持 …… 175
二、现有政策的不足 …… 179
三、国外经验借鉴 …… 181
四、促进就业的财政政策建议 …… 184

第十一章　大学生就业中的法律问题研究 …… 189
一、大学生就业中面临的法律问题 …… 191

二、大学生就业法律问题的成因 …………………………… 197
　　三、大学生就业法律问题的解决途径 ……………………… 199

第十二章　我国归国留学生的就业问题 …………………………… 203
　　一、我国归国留学生的发展特点 …………………………… 205
　　二、留学生归国后就业情况 ………………………………… 207
　　三、归国留学生的就业因素分析 …………………………… 208
　　四、对促进归国留学生就业的政策建议 …………………… 212

第十三章　大学生就业风险防范 …………………………………… 217
　　一、大学生就业风险的定义及种类 ………………………… 219
　　二、我国大学生经常遭遇的就业风险 ……………………… 220
　　三、大学生就业风险的原因探析 …………………………… 224
　　四、大学生就业风险防范的建议 …………………………… 227

第十四章　促进大学生就业的对策建议 …………………………… 233
　　一、完善就业服务体系的发展 ……………………………… 235
　　二、加强就业政策的建设和推行 …………………………… 239
　　三、政府引导以创业促进就业 ……………………………… 240
　　四、指导正确的大学生就业观 ……………………………… 243

参考文献 ……………………………………………………………… 247

附　录 ………………………………………………………………… 256
　　附录一　调查问卷（网络） ………………………………… 256
　　附录二　关于大学生就业的政策法规 ……………………… 264

第一章

导 论

一、问题的提出

大学生就业是关系到国家发展、社会稳定的重要问题。自1999年高校扩招以来,我国的大学毕业生人数平均每年以五六十万人的速度递增,由2003年的212万人增加到2013年的700万人左右,大学的"精英教育"已经演变成为"大众教育",大学生就业与社会需求之间的矛盾日益突出和严峻。"大学生就业问题已成为政府关怀、社会关注、学校关心、家庭和学生关切的热点、焦点和难点问题。"①

大学生就业难已经成为不容回避的客观事实,其中蕴藏着较大的社会风险与社会压力,市场、学校、社会和政府成为解决这一问题的不同程度的责任主体。

新中国建立以来,尤其是改革开放以来,随着国家市场经济体制改革的不断深化,我国的大学生就业政策机制也进行着演变和调整,依次经历了指令性计划导向的统包统分阶段、指令性计划向市场化的双向选择过渡的阶段、以市场为导向的自主择业三个阶段,形成了目前"市场导向、政府调控、学校推荐、学生与用人单位双向选择"的基本政策。很明显,现行的这种就业政策导向,把市场推向了前台,成为解决大学生就业问题的重要资源配置手段,符合社会主义市场经济发展和运行的根本要求。

依据凯恩斯的就业理论框架,只要市场是完善的,那么市场就总是均衡的,即供给和需求是均衡的,除了固有的"自愿失业"和"摩擦性失业"外,不会存在任何其他形式的失业。但是市场总是处于"总供给大于总需求"的有效需求不足的非均衡经济状态,存在生产长期过剩的特性,那么失业的大量长期存在就不可避免。要解决有效需求不足的问题进而消除经济危机,政府就必须干预经济,然而,经济的任何波动都可能形成经济危机,从而引发社会危机。与发达资本主义相比较,我国的市场经济体制不成熟,更不完善,市场处于更加不均衡的状态,摩擦性失业、结构性失业和周期性失业并存,并且逐渐显性化。因此,政府通过一系列的就业政策对大学生失业问题进行干预,是促进社会稳定、避免或缓解社会危机的重要手段,必要且必需。

---

① 张留禄.大学生就业中的政府责任研究[J].河南社会科学,2009(5).

现代市场经济条件下,经济调节、市场监管、社会管理和公共服务是政府的基本职能。大学生具有双重属性:一方面他们依靠自身拥有的智力、体力和知识贡献社会,属于专用性人力资本,带有私人性质;另一方面他们的智力、体力和知识有赖于国家和社会在经济、政治、文化上的供给和支持,有赖于学校的培养和教育,又带有公共物品属性。①首先,大学生就业是关系到国家发展和社会稳定的社会问题,属于社会管理和公共服务的范畴,促进大学生就业是政府职能范围内的应尽责任;其次,从大学生的公共物品属性来说,大学生就业问题是社会公共资源配置的问题,政府有责任和义务实现这种公共物品资源配置效益的最大化。因此,在大学生就业促进工作中,政府应该发挥主导作用。

针对大学生就业难问题,虽然各级政府已经做了大量的工作,但政府在促进大学生就业问题中仍然存在缺位、失位和错位之处,大学生就业难状况并没有得到根本解决。依据公共管理学中的治理理论,公共管理不同于政府管理,是一种新的治理模式,政府是公共管理的主导和核心,非营利部门、非政府组织以及私人部门等都是公共管理的重要组成部分,这些行动者之间形成合作伙伴关系,共同促进公共管理目标的实现。大学生就业是一个牵涉多种主体的复杂的社会治理问题,需要政府主导下多方的积极参与和配合,而不能简单归责于政府。政府是公共管理活动的核心主体,但它们不是唯一的主体。相反,西方新公共管理运动的实践已经证明,政府承担的不少公共管理职能及具体内容,由非政府的公共组织来完成,这不仅是可能的而且是可行的,后者不一定比前者差。

本课题正是以公共管理视角为出发点,认为政府在大学生就业促进中应发挥主导作用,高校、社会组织等公共管理主体为辅助作用,研究我国如何促进大学生就业。

二、研究目的与意义

从大学扩招以来2003年的第一届大学毕业生开始,大学生就业难的问题一年比一年严重,在高等教育逐步由精英教育向大众教育迈进以及

---

① 马书臣."政府治理"理念与大学生就业机制[J].河南社会科学,2008(11).

高校毕业生实施市场化就业政策的背景下,高校毕业生就业问题已经演变为经济问题和社会问题,甚至关系到大学生的尊严,尤其在经济危机背景下,高校毕业生就业问题关系到社会主义和谐社会的构建,研究高校毕业生就业问题具有积极的现实意义。

本研究注重从公共管理学角度透视和研究大学生就业问题,完善了有关公共管理理论与就业理论,使高校毕业生就业研究从经济学研究、社会学研究走向公共管理学研究。本研究试图进一步完善现有的大学生就业机制,以更好地发挥政府公共管理职能,实现政府与市场、学校与社会的有机结合,为大学生就业提供积极的指导作用。

三、国内外相关问题研究综述

1. 国外研究现状

国外学者对于就业问题的理论研究可分为四类:(1)传统就业理论。包括就业自动均衡理论、均衡工资就业论、就业周期波动理论等。其共同特征是认为在市场条件下就业可以自动调节。(2)凯恩斯就业理论。凯恩斯认为只有政府通过各种政策对市场进行干预,才能刺激需求,扩大就业,减少失业。(3)现代就业理论。菲利普斯曲线理论揭示了通货膨胀和失业可能并存,并且还可能并存于较高的水平上。以弗里德曼为代表的货币学派否定了凯恩斯的"非自愿失业",提出了"市场失业率"和自然失业率。(4)劳动经济学前沿理论。劳动力寻访理论认为人们寻找工作的过程是一个不确定性动态过程,受到多期计量因素的影响。工资黏性理论认为工资不随需求的变动而迅速进行调整,工资上升比较容易而下降困难。

成熟的劳动经济学理论决定了国外学者对于高校毕业生就业问题的研究多集中于经济学角度,大多数的研究分别从需求、供给和供求匹配三个角度来进行(Niall O'Higgins,2002)。另外,国外研究也倾向于从大学生收入预期的角度进行研究,Smith 和 Powell(1990)认为大多数大学生都认为自己的资质高于平均水平,从而导致整体收入预期水平的偏高。Betts(1995)对美国加利福尼亚大学 1269 名在校生收入预期进行了调查研究,研究结论认为高校学生通常会高估自己的预期收入。另外从教育学角度,Neuman 和 Ziderman(1990)建立回归方程利用以色列的资料考察了职业教育对就业状况的影响。

2. 国内研究现状

国内学者围绕市场经济条件下高校毕业生就业问题展开了广泛的研究,核心研究领域集中在就业理论研究以及影响高校毕业生就业因素分析方面。

在就业理论方面,代表性的理论有:(1)"刘易斯转折点"说。蔡昉、马晓河等人(2001)认为我国的经济发展已经进入了"刘易斯转折区间",呈现为一个二元经济增长类型。(2)产业结构论。喻桂华、张春煜认为我国的就业问题是产业结构与就业结构不协调和产业结构内部不协调产生的问题。[①] (3)"失业群集"论。杨伟国认为是我国的经济体制改革带来的劳动和市场重组,以及市场结构的变迁、经济制度的转型和就业政策的抑制等因素交互作用的结果,这些问题导致了失业群集现象的出现。[②]

高校毕业生就业影响因素研究方面,邓希全、安国启认为社会发展和经济结构与人才供给数量和结构之间的不适应是高校毕业生就业难的社会宏观原因。[③] 曾湘泉认为大学生就业难显然与高校和求职者对市场的反应速度和能力有关,甚至在一定程度上导致结构性失业。同时,户口、就业协议等就业分配制度因素,对大学生就业构成了不利的影响。[④] 武毅英、王影通过定量分析,认为高校毕业生就业难的首要原因是经济因素,其次才是高校的大幅"扩招"。[⑤] 吴克明、赖得胜认为预期收益最大化与大学生就业期望过高引起大学生就业难的问题。[⑥] 杨伟国认为影响大学生就业的关键因素是"结构性"的,这些因素包括短期供给量、区域选择偏好、就业能力不足等方面。[⑦] 胡永远、马霖、刘智勇认为总体来看学生

---

① 喻桂华、张春煜,中国的产业结构与就业问题[J].当代经济科学,2004(9).
② 杨伟国,我国的失业群集与政策选择[J].中国人民大学学报,2006(3).
③ 邓希全、安国启,试析 2003 年高校毕业生就业难的形成原因[J].青年研究,2003(11).
④ 曾湘泉,变革中的就业环境与中国大学生就业[J].经济研究,2004(6).
⑤ 武毅英、王影,高校"扩招"与毕业生就业关系的定量分析[J].中国大学生就业,2005(6).
⑥ 吴克明、赖得胜,预期收益最大化与大学生就业期望偏高[J].西北师大学报,2006(1).
⑦ 杨伟国,中国就业促进政策的三大支柱[J].新视野,200(2).

自身社会资本因素不利于劳动力市场效率的改进,甚至对就业和工资提高具有显著负影响。[①] 史淑桃认为我国就业制度不完善、大学生就业公共政策缺位、高等教育结构失衡是大学生就业质量下降的主要原因,而与高等教育大众化还没有直接关系。[②]

综上,在大学生就业理论研究方面,国外学者的研究较为成熟,国内学者的研究主要借鉴西方劳动经济学理论,针对我国社会主义市场经济条件下大学生就业方面的理论成果较少。在大学生就业影响因素方面,国外学者的理论研究将大学生就业问题的原因归结为需求、供给、供求匹配以及大学生自身预期等方面。而国内学者则更多地倾向于从经济发展、高校扩招、就业能力、就业信息不对称、社会资本等角度研究大学生就业问题。从对策措施来看,国内学者的研究主要有以下缺陷:一是停留于借鉴国外高校毕业生就业服务政策并就此对我国大学生就业提出建议,缺乏对我国本土环境的考量。二是缺少从政府角度,对高校毕业生就业问题进行全面的对策研究。三是研究内容多集中于大学生就业过程中政府职能研究,缺少对政府在大学生创业过程中的职能研究。因此,从公共管理学角度,探讨政府在高校毕业生就业过程中的职能定位、理论基础、以及对策措施仍是当前国内外研究的薄弱环节。

四、研究思路与研究方法

本文的研究按照以下思路展开。首先通过文献回顾的方式对国内外近年来关于大学生就业问题的研究进行了综述与分析。其次,对我国大学生就业的状况及存在的主要问题、对策、解决成效进行了阐述,并借此对我国的大学生就业难的现实有一个清醒的认识。然后,以此现实为出发点,在借鉴国内外关于大学生就业相关理论的基础上,以公共管理理论为视角,指出我国大学生就业问题的解决,需要以政府为主导的所有公共管理主体共同协作发挥作用。

---

① 胡永远、马霖、刘智勇,个人社会资本对大学生就业市场的影响[J].中国人口科学,2007(6).
② 史淑桃,大学生就业质量趋势下行的原因及对策[J].湖北社会科学,2009(3).

第二章

公共管理视角下大学生就业促进的理论基础

一、就业促进的公共管理理论

1. 公共管理理论简析

公共管理作为一门学科,诞生于20世纪初的发达资本主义国家,是由公共行政发展而来的。公共行政着重于政策的执行,而公共管理则既包括政策的执行又包括政策的制定。20世纪80年代以前的公共管理以官僚制为核心,强调政府的控制和管理功能;80年代以后,适应市场机制和经济发展的需求,新公共管理理论在西方兴起。与传统的公共管理理论相比,新公共管理理论对公共管理的主体、角色定位和管理方式都做了重新界定,新公共管理理论用服务型的社会治理模式替代原来政府管理的管理型社会治理模式,形成了以政府为主导,包括非政府组织以及其他社会自治力量的多元合作治理模式。正如张康之所述:新公共管理理论中,管理主、客体之间的控制关系日渐式微,代之而起的是一种日益生成的服务关系,管理主体是服务者,而管理客体是服务的接受者。所以,这是一种完全新型的管理关系,在这种管理关系的基础上,必然造就出一种新型的社会治理模式,是一种服务型的社会治理模式。[①] 张康之还指出,合作治理是公共管理的理想形式,也是民主行政的真正实现;由于政府改革所取得的进展,20世纪90年代以来,各国都努力在政府和非政府部门间建立起一种合作对话机制,政府在制定有关政策时也已经开始自觉地与各种社会力量之间进行协商,并以协商的结果作为公共政策的依据。[②]

公共管理不同于政府管理,二者之间属于一般和特殊的关系。政府是公共管理的主角,非政府组织等其他管理者为配角,实现主角与配角的协调与合作,是实现公共管理目标的重要前提。公共管理既重视经济、效率与效能,又强调公平、正义和民主价值,在主张自主、弹性管理和充分放权的同时,特别强调责任的重要性,并认为发展客观有效的管理绩效测量与评估标准是保证政府认真履行管理职责的必须手段。

---

① 张康之.公共管理伦理学[M].北京:中国人民大学出版社,2003,7.
② 张康之、李传军.变革时代中的公共管理[J].行政论坛,2010(2).

2. 公共管理理论与就业促进

现代市场经济条件下,经济调节、市场监管、社会管理和公共服务是政府的基本职能。大学生具有双重属性:一方面他们依靠自身拥有的智力、体力和知识贡献社会,属于专用性人力资本,带有私人性质;另一方面他们的智力、体力和知识有赖于国家和社会在经济上、政治上和文化上的供给与支持,有赖于学校的培养和教育,又带有公共物品属性。[①] 首先,大学生就业是关系到国家发展和社会稳定的社会问题,属于社会管理和公共服务的范畴,促进大学生就业是政府职能范围内的应尽之责任;其次,从大学生的公共物品属性来说,大学生就业问题就是社会公共资源配置的问题,政府有责任和义务实现这种公共物品资源配置效益的最大化。因此,在大学生就业促进工作中,政府作为公共管理的主体,应该发挥主导作用。同时,大学生就业是一个牵涉多种主体的复杂的社会治理问题,需要政府主导下的多方的积极参与和配合,而不能简单归责于政府。政府是公共管理活动的核心主体,但它们不是唯一主体。相反,西方新公共管理运动的实践已经证明,政府承担的不少公共管理职能及具体内容,由非政府的公共组织来完成,这不仅是可能的而且是可行的,后者不一定比前者差。

公共管理学者波兹曼认为,根据公共管理实现途径的理念差异,公共管理的实现途径可区分为两种:一是公共政策途径,简称"P途径";二是企业管理途径,简称"B途径"。公共政策途径认为,公共管理必须与公共政策的形成与制定密切联系起来,并通过公共政策的途径实现。公共管理学者列恩甚至直接将公共管理界定为政策管理,认为只有从管理的观点探讨公共政策,才能使政策目标与理想得到落实。政府作为促进大学生就业工作的主体,从公共管理的理论视角来分析,其功能主要是通过公共政策的途径实现的,具体可以归纳为以下几点:

(一)弥补市场失灵,实现市场化充分就业

在政府与市场的关系上,市场机制主要是解决效率问题,政府的政策主要是弥补市场失灵,解决公平问题,这种公平包括分配公平、规则公平、竞争环境的公平以及程序公平等等。政府作为大学生就业管理与促进的主导者,其主要功能不是为了实现充分就业,利用行政手段强制安置就业

[①] 马书臣,"政府治理"理念与大学生就业机制[J].河南社会科学,2008(11).

而置就业质量于不顾,而是发挥自己公共管理的职能,通过政策和规则的制定以及行政监督与问责,创建和维护公平、公正、有序的就业市场环境,促进大学生的充分就业。

(二)为就业者提供信息和其他服务、降低大学生就业成本

政府促进大学生就业的公共管理职责之一,就是为大学生提供就业信息、就业指导与培训等服务。政府拥有以公共权力为后盾的权威性和合法性,因此其政策和信息的发布拥有超越其他主体的权威性。政府应在掌握劳动力市场变化的前提下,对劳动力的流向、待遇等信息通过多元信息平台免费向大学生和用人单位开放,利用现代化分析手段建立大学生就业预测机制和就业指数预警机制。降低大学生择业的盲目性和工作搜寻成本。另外,政府还不断加大就业指导的经费投入,提高就业者的素质和就业能力。

(三)发挥优惠政策的引导功能,促进大学生就业和创业

从公共管理的政策途径出发,政府发挥就业促进主导作用的基本手段表现为公共政策的约束和引导。当前大学生就业政策主要包括市场规则政策、就业准入政策、招考录用政策、权利维护政策、宏观调控政策、创业扶持政策、社会保障政策、派遣接受政策、指导服务政策等。[1] 袁秀珍认为,政府通过政策调节能够起到促进大学生就业的良好导向作用,它可以通过财政补贴、税收优惠等政策性调节鼓励用人单位积极接纳毕业生;可以建立职业资格体系,完善就业准入制度;也可以强化市场配置机制,促进大学生就业与创业。[2] 目前,我国政府采取的"支援西部计划""选调生"政策、"大学生村官"政策、创业扶持优惠政策等都发挥了引导大学生到基层和西部人才稀缺地方就业的作用,既调控了大学生人才的地域配置,缓解了大城市的就业压力,又为区域经济的均衡发展做出了贡献。

二、就业促进理论

1. 凯恩斯就业理论

凯恩斯以前的关于就业的经济学理论建立在充分就业的基础之上,

---

[1] 吴庆.演变、定位和类型——中国大学生就业政策分析[J].当代青年研究,2005(2).
[2] 袁秀珍.浅谈大学毕业生就业难的原因和对策[J].经济师,2005(11).

认为完善的市场经济体系具有超强大的自调节能力,体系内的均衡力量能够自动达成充分就业,无须政府干预。其中,以萨伊为代表的古典经济学派提出的"供给自动创造需求理论"和以马歇尔等为代表的新古典经济学派提出的"市场均衡理论"占据着理论上的支配地位。依据萨伊定律、工资决定理论、利息率自动调节理论,供给会创造自己的需求,经济中的生产活动总量能够创造出足够的需求来吸收所有生产出来的商品。这些崇尚自由放任的自由主义的经济学理论认为"资本主义制度是'一架可以自行调节的机器',能够解决各种矛盾,大规模的生产过剩和失业是不可能发生的,充分就业是一种永远存在的倾向,只存在'摩擦性失业'(由于劳动力市场上出现暂时的或偶然的供需失调而造成的失业)和'自愿性失业'(即因种种原因工人不愿意接受现行的工资水平而造成的失业)。"[①]

20世纪20年代末30年代初,资本主义世界爆发了一场历史上最严重、最广泛、最持久的经济危机,经济持续萧条,大量工人失业。信奉传统古典自由主义市场经济的经济学家没有人能提出解决这次经济危机的政策措施,传统西方经济学理论遭遇了历史上的第一次理论危机,西方经济学界迫切需要一种新的理论来挑战失灵的"看不见的手"。在危机背景下,曾经信奉新古典自由主义的英国经济学家凯恩斯,果断背弃了自由放任古典经济学理论基础,否定了萨伊的"供给自动创造需求理论"和马歇尔的"市场均衡理论",提出恰恰是需求创造和决定供给,认为需求和供给的非均衡才是市场的常态,均衡状态只是人们对经济发展的期望,它的出现是偶然的。凯恩斯于1936年发表《就业、利息与货币通论》,阐述了以政府干预为基础的凯恩斯一般就业理论和促进就业的政策措施,在西方经济学界引起了轩然大波,此理论成为西方以及其他国家政府干预就业的理论依据。凯恩斯理论认为,由于有效需求不足,市场的总需求总是小于总供给,导致市场处于不均衡状态,这时就会出现生产相对过剩,引发经济危机,实现充分就业将不可能,大量失业也就在所难免。经济危机的实践证明,资本主义市场体系无法使供需自行回到均衡状态,因此,政府的干预成为必要。

凯恩斯就业理论的主要内容体现在以下三个方面:

(一)充分就业理论。

充分就业是指生产资源(人力、物力)得到充分的利用。凯恩斯就业

[①] 李杜,凯恩斯就业理论及其启示[J].广西社会科学,2005(12).

理论对充分就业进行了重新定义和解释,并提出了"非自愿性失业"的概念。他认为,充分就业的具体意义是指没有诸如"摩擦性失业"和"自愿性失业"的"非自愿失业"。凯恩斯将"非自愿性失业"定义为"如果工资品价格相对于货币工资稍有上升,现行货币工资水平下愿意工作的劳动总供给量和在此工资水平下的劳动总需求量都将大于现有就业量,那么劳动者就处于非自愿失业状态。"[①]凯恩斯认为,充分就业与"摩擦性失业""自愿性失业"是相容的,是指在允许保持"自愿性失业"和"摩擦性失业"条件下,消灭"非自愿失业",而不是是要消灭全部失业。

(二) 有效需求理论

有效需求理论是凯恩斯就业理论的基础,贯穿于凯恩斯就业理论的始终。有效需求的内涵是指总供给价格与总需求价格达到相等时的平衡状态的需求价格,外延包括消费需求和投资需求。有效需求理论的核心内容是指:社会之所以不能达到充分就业的状态,其根本原因在于有效需求不足,而刺激有效需求就必须依靠政府采取有效的手段和政策干预经济。社会的总就业量取决于社会总需求量。当总需求价格大于总供给价格时,资本家就会雇佣更多的工人来扩大生产,反之,就会缩减生产,解雇工人。社会通常处于总需求价格小于总供给价格的不均衡状态,导致没有足够的需求来吸收全部劳动力就业,经济萧条、工人失业成为必然。

在凯恩斯看来,产生有效需求不足的根本原因是消费需求和投资需求不足,而消费需求与投资需求不足又是由边际消费倾向递减、资本边际效率递减和人们的流动偏好这三个基本心理因素造成的。实际上,有效需求理论和三个基本心理因素共同构成了凯恩斯就业理论的体系。

1. 边际消费倾向递减规律。虽然收入是决定消费的基本因素,但是,"不论从我们所知道的人类本性来看,还是经验中的具体事实来看,我们都可以具有很大的信心来使用一条基本的心理规律,即:平均来说,当人们收入增加时,他们的消费也会增加,但消费的增加不如收入增加得那么快。"[②]这就是凯恩斯阐述的边际消费倾向递减规律。边际消费倾向递减规律使消费需求趋向于不足,并且随着时间的延长,消费增加和收入增加之间的差额会愈来愈大,必须要有足够的投资来弥补需求不足的缺口。否则,由于需求不足,资本家不得不缩减生产、解雇工人,使社会产生"非

---

① 凯恩斯.就业、利息与货币通论(英汉对照本)[M].北京:九州出版社,2007.
② 凯恩斯.就业、利息与货币通论(英汉对照本)[M].北京:九州出版社,2007.

自愿性失业"。

2. 资本边际效率递减规律。资本边际效率是指新增加的投资所产生的预期利润率。边际消费倾向递减造成的有效需求不足需要通过投资来进行弥补。但是,凯恩斯认为,从长期来看,在技术装备等生产条件不发生改变的前提下,随着投资的增加,资本边际效率逐渐减少,这就是资本边际效率递减规律。资本边际效率递减促使"投资引诱"降低,使得资本家的投资兴趣减少,从而产生投资需求不足。

3. 流动偏好。流动偏好是指人们愿意持有现金在手上的心理动机,通常以一个人用货币形式持有的资源数量来衡量。流动偏好是通过影响利率来影响投资需求的。凯恩斯认为,利息是纯粹的货币现象,是使用货币支付的报酬,是在特定时间内放弃流动偏好的报酬。[①] 投资利润的多少取决于资本的边际效率与利率的差额,因此,和资本的边际效率一样,利率也是影响投资需求的重要因素。利率越高,流动偏好性越差,投资需求越低,就业人数越少。

凯恩斯认为,既然有效需求不足是造成"非自愿性失业"的根本原因,并且有效需求不足是市场机制自发作用的结果。因此,要想实现充分就业,就必须发挥政府这只"看得见的手"的职能,制定一系列的宏观经济政策来主动干预和调节经济,达到扩大和刺激需求的目的,否则,个人的动力作用将无法成功发挥,现行的经济形态与体制将面临毁灭性的危机。在强调国家干预和调节经济的基础上,凯恩斯进一步提出了通过发挥政府宏观调控作用以刺激需求、促进就业的政策主张。依据凯恩斯的就业理论,促进就业政策的根本核心是解决有效需求不足。有效需求不足包括投资需求不足和消费需求不足两个方面,因此,凯恩斯认为,通过政府促进就业的途径上有两条:一是刺激消费,二是增加投资。具体到干预经济的政策措施上,有以下几种:

1. 税收政策。凯恩斯认为,消费不足是导致有效需求不足的一个重要原因。资本主义社会的大量财富掌握在以资本家为代表的富裕阶层,财富与收入分配极其不公平。高收入者把大部分收入储蓄起来,只拿一小部分用来消费;低收入群体存在很大的消费需求和愿望,却没有消费能力。这种矛盾导致了商品的滞销和工人的失业。因此,凯恩斯主张实行针对富人的高额累进税政策,对收入进行二次分配,提高消费倾向,促进

---

① 傅殷才,凯恩斯主义经济学[M].北京:中国经济出版社,1995.

社会就业。另外,他还建议政府通过挥霍消费,提高消费需求,从而扩大就业。

2. 货币政策。针对投资不足的问题,凯恩斯主张实行扩张性的货币政策来刺激投资。他认为,有效需求不足表现为经济流通体系中用于购买、交易的货币供给不足、货币流通速度缓慢。因此,国家必须要控制中央银行,通过法定准备金率、贴现率、公开市场业务等货币政策工具来调节流通中的货币量,达到扩大社会支出、刺激社会投资的目的。凯恩斯甚至建议不惜以通货膨胀为代价来解救危机和扩大就业。

3. 财政政策。财政政策是凯恩斯最为推崇的治理失业和经济危机的政策。凯恩斯认为,由国家进行投资或消费是弥补私人消费不足的有力措施。他主张政府采取膨胀性的财政政策,甚至是赤字财政来承担公共事业的投资,承担社会福利和社会救济的责任,对私人投资进行贷款或举债兴办资本项目。

凯恩斯就业理论对现代资本主义经济的基本特征进行了比较客观的分析,得出了有效需求不足是产生失业的根本原因的结论,论证了政府采取适当的经济政策干预经济的必要性。凯恩斯的就业理论可以概括为一个中心、两条路径,即以扩大社会总需求为中心,以刺激消费和增加投资为路径。以该理论为指导,资本主义世界摆脱了有史以来最严重的一次经济危机,为通过政府干预经济来扩大就业的政策提供了理论依据。凯恩斯就业理论对我国解决就业问题具有重要的借鉴意义。

依据凯恩斯的就业理论框架,只要市场是完善的,那么市场就总是均衡的,即供给和需求是均衡的,除了固有的"自愿失业"和"摩擦性失业"外不会存在任何形式的失业。但是市场总是处于"总供给大于总需求"的有效需求不足的非均衡经济状态,存在生产长期过剩的特性,那么失业的大量长期存在就不可避免。为了解决有效需求不足的问题,进而消除经济危机,政府必须对经济进行合理适度干预,否则经济的任何波动都可能形成经济危机,从而引发社会危机。与发达资本主义相比较,我国的市场经济体制不成熟,更不完善,市场处于更加不均衡的状态,摩擦性失业、结构性失业和周期性失业并存,并且逐渐显性化。因此,政府通过一系列的就业政策对大学生失业问题进行干预,采取一系列措施来优化劳动力市场环境和投资环境,使得大家在公平公正的环境下成功就业,是促进社会稳定、避免或缓解社会危机的重要手段,必要且必须。

面对世界市场的风云变幻,中国作为一个发展中的人口大国,经济增长的阻力与不确定性也越来越大,因此,就业的压力也与日俱增。面对复杂多变的国际形势和诸多的不确定因素,以中国现实的国情为基础,通过刺激国内消费提高消费需求,和加大公共投资提供投资需求以促进劳动力就业显得尤为重要。

2. 人力资本理论

(一) 西方人力资本理论的兴起与发展

西方国家对人力资本理论的研究最早可追溯到300多年前的英国古典经济学家威廉·配第所提出的"人力资本"的概念,而其真正的兴起却是在二战后的二十世纪五六十年代。德国、日本两个实体经济遭受重创的战败国在二战后却迅速崛起,而一些发展中国家以资本积累为导向的工业化战略却效果不佳。这一难以解释的经济现象引起了西方经济理论界的高度重视,人力资本理论在此背景下应运而生。一般认为,1960年美国经济学家西奥多·W.舒尔茨在本国经济年会上提出并论述的"人力资本"一词成为人力资本理论诞生的标志。该理论的代表人物是舒尔茨、贝克尔和哈比森。

第一阶段:西方人力资本理论的萌芽时期

在经济学领域,一般认为物质资本在经济发展中起着决定性作用,物质资本的稀缺会严重抑制经济的发展。但是在西方人力资本理论萌芽时期,一些居于理论高峰的经济学大师们却发现了劳动才是创造价值的源泉,人的劳动在财富创造中占据着决定性的地位,并指出教育与培训是形成人力资本的重要途径。该时期人力资本理论研究的主要代表人物有威廉·配第、亚当·斯密、马克思和阿尔弗雷德·马歇尔,该时期形成的主要人力资本理论如下:

首先,界定了人力资本的内涵,为人力资本概念的确立奠定了基础。威廉·配第在比较战争中的物质损失与人类生命损失时,第一次严肃地使用"人力资本"一词,并在分析生产要素对财富创造的贡献时,把人的"技艺"列为除土地、物质资本、劳动以外的第四种重要的要素,成为人力资本思想的最早萌芽;亚当·斯密则敏锐地认识到,人的经验和才能是一种非常重要的生产性资本,并把这种资本界定为"人力资本"。马克思认为劳动力是人的体力与智力的总和,使劳动力概念成为人力资本概念的雏形。

其次,指出人力资本投资是创造物质财富的重要手段,教育和培训是形成人力资本的基本途径。亚当·斯密认为人学习技能和知识是一种投资活动,投资花费会得到超额偿还,即赚取到利润;马克思在《资本论》对商品价值的论述中,指出教育和训练是人力资本形成的重要途径,由于接受的教育和训练不同,形成了不同价值层次的劳动力,资本家理应支付包含在劳动力价值中的教育费用;马歇尔虽然曾经不接受甚至反对人力资本的概念,但其却同样承认并积极肯定教育的经济价值,并建议给予拥有各种技艺的人更多的重视。

第二阶段:西方人力资本理论的形成时期

人力资本理论的形成时期主要是20世纪60年代期间,这一时期,人力资本学说引起了经济学界的广泛关注,许多经济学家就人力资本问题发表自己的观点,形成了诸多关于人力资本理论的论文、论著等研究成果。这一时期做出突出贡献的经济学家当属舒尔茨和贝克尔。

以学术自由而著称的美国芝加哥大学教授舒尔茨并不是人力资本理论的创始人,但1960年,舒尔茨在出任美国经济学会会长发表的《人力资本投资》的就职演说中,阐述了许多无法用传统经济理论解释的经济增长问题,揭示了物质资源贫乏的国家却能够取得经济飞速发展的神秘原因就是人力资本。由于其对人力资本理论的重大贡献,舒尔茨被称为"人力资本理论之父"。其关于人力资本的研究结论主要包括以下几点:

人力资本表现为劳动者的知识程度、技术水平、工作能力以及健康状况的价值总和,人力资本是当今时代促进国民经济增长的主要原因,人口质量和知识投资在很大程度上决定了人类未来的前景。

人力资本是投资形成的,人力资本投资是效益最佳的投资。人力资本投资包括人们在教育培训以及教育培训的机会成本、保健、劳动力流动迁移支出以及其他提高劳动者质量的投入总和。舒尔茨对1929—1957年美国教育投资与经济增长的关系作了定量研究,得出如下结论:各级教育投资的平均收益率为17%;教育投资增长的收益占劳动收入增长的比重为70%;教育投资增长的收益占国民收入增长的比重为33%。[①]

人力资本投资的实质是耐用品投资,而且有相当大的潜在价值。人力资源被看成是促进经济发展的第一重要要素,解决失业与职位空缺矛盾的有效方法不是采取消极的失业保障政策,而是采用积极的人力资本

---

① 安锦.高校毕业生就业促进政策与促进机制研究[D].武汉大学,2011.

投资与人力资源开发政策。

舒尔茨在《人力投资》一书中指出:"我们发明了耕地的替代物,这是李嘉图无法预期的;由于收入增加了,父母表现出愿意少生孩子,孩子的质量代替了孩子的数量,这是马尔萨斯无法预见的。……人类的未来没有尽头。人类的未来并不取决于空间、能源和耕地,而将取决于人类智力的开发。"

舒尔茨对人力资本理论的研究取得了较多成果,但是却没有给出关于"人力资本"的明确定义。关于"人力资本"的较早定义是由现代经济领域中最有创建的学者之一——加里·贝克尔在 1964 年发表的《人力资本》一书中做出的。贝克尔也是芝加哥学派的主要代表人物,他在芝加哥大学任教时,与舒尔茨同时成为人力资本理论研究热潮的推动者,其著作《人力资本》被被西方学术界认为是"经济思想中人力资本投资革命"的起点。

贝克尔对人力资本理论的突出贡献表现在其对人力资源的微观经济学分析。他通过对家庭生育行为的决策与成本—效益分析,提出抚养孩子的直接与间接成本、家庭时间价值和时间配置、家庭中市场与非市场活动等概念。在人力资本形成方面,贝克尔指出人力资本投资包括所有用于增加人的资源并影响其未来货币收入和消费的多方面投资,主要包括教育支出、保健支出、劳动力国内流动支出或移民入境支出等。[①] 贝克尔主要从数量经济学方面对人力资本理论进行研究,还建立了一个简单的关于高等教育成本—收益分析的人力资本投资模型,如图 2-1 所示。

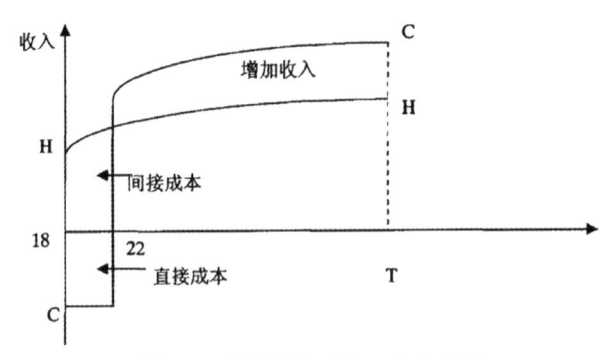

图 2-1 高等教育成本—收益分析

---

① 庞军华,人力资本理论与我国大学生就业研究[D].武汉大学,2005.

图 2-1 中,曲线 HH 表示未接受大学教育所得收入流,曲线 C 表示接受大学教育后的收入流,只有两者的差超过接受教育的直接与间接成本之和时,选择接受教育才是理性的。

20 世纪 60 年代中期以来,国外学者对人力资源与人力资本理论的研究逐步升温,形成了现代经济学界的一个研究高潮,这一时期的主要代表人物就是英国的经济学家哈比森。1973 年,哈比森在《作为国民财富的人力资源》一书中写道:"人力资源是国民财富的最终基础。资本和自然资源是被动的生产因素;人是积累资本、开发自然资源、建立社会、经济和政治组织并推动国家向前发展的主动力量。显而易见,一个国家如果不能发展人民的技能和知识,就不能发展任何别的东西。"这段话集中反映了这一时期经济学界关于人力资本研究的思想观念的发展与变化。人力资本理论的发展也如其他科学理论一样,经历了一个指数式的增长与快速发展时期。

1970 年,美国经济学家多林格尔和皮奥里共同提出了二元劳动力市场分割理论,对人力资本理论进行了补充和完善。该理论认为,整个社会的劳动力市场可以进一步划分为第一劳动力市场和第二劳动力市场,二者之间存在较强的分割性,两个市场的求职者相互之间的流动性比较困难。其具体特点如表 2-1 所示。

另外,这一时期人力资本研究的杰出代表还有丹尼森·爱德华、雅各布·明瑟、斯杰斯·塔德等。主要研究成果为:其一,丹尼森根据时代的发展对舒尔茨的教育对美国经济增长的贡献率进行了修正;其二,明瑟将人力资本的投资与分配联合起来,建立了完整的人力资本收益模型,形成了人力资本研究的新的分支;其三,斯杰斯·塔德分析了人口迁移对人力资本形成的影响。

表 2-1 二元劳动力市场分布表

	第一劳动力市场	第二劳动力市场
劳动力市场条件	工资较高,劳动条件较好,工作保障性高,职业前景较好。	工资较低、劳动条件较差,工作不稳定,保障性差。
劳动力构成	富裕家庭、受过良好教育的劳动者。	移民、年轻人、妇女劳动者。
劳动力的流动性	不愿进入第二劳动力市场,多为自愿失业者。	难以进入第一劳动力市场,多为被动失业者。

（二）我国人力资本理论研究的主要成果

西方经济学家对人力资本理论长达几十年的理论研究，形成了丰富的研究成果，并不断传入我国，20世纪80年代，我国开始兴起人力资本理论研究的热潮。

国内学者对人力资本理论的研究主要集中于以下几个方面：

第一，对国外人力资本理论的引进、宣传和推广。这一阶段的研究成果主要是对国外经典的人力资本理论研究著作进行翻译和评价，初步对人力资本的定义、分类、特点等进行了比较深入的探讨。主要成果有：1987年出版的梁小民译的贝克尔的著作《人力资本》，1995年出版的吴珠华译的舒尔茨的论文集《论人力资本投资》，王业宇、陈琪于1990年、1995年相继翻译出版的舒尔茨的著作《人力资本投资——教育和研究的作用》和贝克尔的著作《人类行为的经济分析》，1982年出版的厉以宁在国外经济学评介中撰写的文章《人力资本理论的产生和发展》，1999年出版的李建民著的《人力资本通论》。

第二，深入研究和借鉴西方人力资本的理论，结合中国实际，研究中国人力资本的投资和形成。其主要成果是1999年出版的三本著作：朱舟著的《人力资本投资的成本收益投资》、侯风云著的《中国人力资本形成及其现状》、李忠民著的《人力资本——一个理论框架及其对中国一些问题的解释》。三部著作分别建立了自己对人力资本理论研究的分析框架，主要分析了人力资本的形成形式、形成主体、形成过程及人力资本投资的成本—收益分析，并根据中国的实际情况，阐释了中国人力资本形成的状况和问题，中国个人、企业、政府进行人力资本投资的意愿、效率、结构及影响投资实现的因素，以及中国人力资本投资的市场缺陷、外部环境、保障机制等问题。另外，2002年出版的陆铭著的《劳动经济学——当代经济体制的视角》围绕中国的经济环境和经济体制转轨，展开了对劳动力的概念界定、劳动力市场运行、就业和失业、劳动力资源配置等问题进行了探讨。

第三，将人力资本理论扩散到教育经济学、劳动经济学和人力资源管理学等领域，主要成果有2000年出版的赖德胜的著作《教育与收入分配》，2001年出版的李宝元著的《人力资本运营》和赵秋成著的《人力资源开发研究》。

3. 可雇佣性理论

(一) 可雇佣性教育问题的提出

高等教育机构作为大学生这种"准公共产品"的制造者,对大学生的可雇佣性培养具有重要作用。20世纪90年代,世界进入知识经济时代,产业结构的调整与升级对劳动者的素质提出了更高的要求,竞争激烈的大学生就业市场促使英美等发达国家认识到大学生可雇佣性教育的重要性,并通过一系列报告或文件强化高等教育机构对大学生可雇佣性培养的责任。1997年,欧盟委员会发布《为了建设一个知识欧洲》白皮书,提出了"可雇佣性"这一人才培养标准的概念,并把其内涵解释为:要想被人雇佣,就得创造被雇佣的条件。同年,英国国家教育高等委员会(National Committee of Inquiry into Higher Education)发表《迪林报告》强调培养大学毕业生沟通、数理、信息技术能力等关键技能的重要性以及具有灵活、适应、合作、管理和发展自己等个人品质的必要性,为英国高校全面培养和提升大学生的可雇佣性开辟了道路。[①] 随后,英国的很多大学,包括像约克大学这些著名的研究型大学,对诸多的专业和课程进行了改革,把学生的可雇佣性教育融入课程教学计划,取得了显著的成效,使英国的可雇佣性教育走在了世界的前列。美国在可雇佣性融入大学课程方面也取得了丰富的实践经验。2000年,美国通过国家层面的法律文件《2000目标:美国教育法》(Goals 2000:Education America Act),提出在进行课程重构和学校教学改革时,高学术能力和高职业能力培养应得到同样的重视,之后,在 SCANS(Secretary's Commission on Achieving Necessary Skills)报告中发布了一套大学生可雇佣性应具备的能力结构框架。

目前,在就业率成为考核高等教育机构的一个重要指标的背景下,不可否认,高等院校越来越重视大学生的可雇佣性培养。但是,与西方发达国家相比,我国大学生的可雇佣性教育整体呈现出狭隘性、肤浅性和形式化弊端:可雇佣性培养对象仅局限于面向应届毕业生,培养方式流于组织几个讲座、上几节就业指导课的形式,培养内容只是着眼于眼前的就业形

---

① 汪霞,崔映芬.将学生可雇佣性培养融入课程:英国经验[J].高等教育研究,2011(3).

势和应聘技巧。欧美等发达国家大学生可雇佣性教育的实践已经证明，课程建设是提高大学生人才培养质量的关键突破口，把可雇佣性教育融入整个大学阶段的日常课程教学过程是保证可雇佣性培养持久、有效的根本途径。本书立足可雇佣性教育应渗透到整个课程体系的观点，分析公共管理专业课程教学的特点和融入可雇佣性教育教学改革的路径选择，对促进该专业基于可雇佣性培养的教学改革，提升该专业学生的可雇佣性具有现实意义。

（二）可雇佣性的内涵、维度构成与实践模式

可雇佣性(employability)是关系到大学生就业的核心要素。对于可雇佣性的内涵，不同的研究者从不同的角度进行了界定。哈维(Harvey, L.)认为，可雇佣性是指被雇佣者所具有的吸引雇主并被其需要和认可的、能在劳动力市场上展示的劳动技能的总和。其中，学习能力被视为度量可雇佣性的最为重要的能力指标；[1]希拉吉和波拉德(Hillage J., Pollard E.)将可雇佣性界定为被雇佣者能够获得并保持满意工作的能力。[2] 英国工业联合会(The Confederation of British Industry)提出，可雇佣性是指个体为了实现自身期望、挖掘工作潜能、满足雇主需要所应具备的素质和能力；[3]英国学者约科(Yorke M.)认为，可雇佣性不仅仅是一种状态，更强调其是一个不断学习、持续保持胜任的过程，注重考查学生的可迁移能力，并在2006年的《学习和可雇佣性》(Learning & Employability)、《高等教育中的可雇佣性：是什么及不是什么》(Employability in Higher Education:What It Is-What It Is Not)等系列报告中把可雇佣性定义为"使毕业生能获得就业并成功胜任所选职业需要具备的一组成就:技能、理解力和个人特质"[4]。

学者们对可雇佣性的界定见仁见智，各有侧重。通过对不同定义的

---

[1] HARVEY L. Defining and Measuring Employability[J]. Quality in Higher Education, 2001,2(7).

[2] HILLAGE J,POLLARD E. Employability:Developing a Framework for Policy Analysis [R]. Department for Education and Employment (DfEE) Research Report RR85,1998.

[3] MCQUAID R W, LINDSAY C. The Concept of Employability[J]. Urban Studies, 2005,42(2).

[4] YORKE M,KNIGHT PT. Employability Through the Curriculum[J]. Tertiary Education and Management,2002(8).

梳理,发现这些定义具有较大的同质部分,都着重强调了被雇佣者能够胜任工作的素质和能力。以此为基础,可以归纳出可雇佣性的定义为:能够成功谋得并胜任一定工作所需具备的个性品质、知识、技能等因素的综合,从外延上来说,包括获取就业能力、未来胜任能力两大范畴。

可雇佣性的维度构成是指度量可雇佣性的可操作的技能指标体系。理解可雇佣性的维度构成有助于确定高等教育课程融入可雇佣性教学改革的目标、要求和策略。国外基于可雇佣性的维度构成研究比较有代表性的主要是英、美学者提出来的构成方法,如美国的 SCANS 把可雇佣性划分为资源、人际、信息、系统和技能共 5 大类 21 项胜任能力,并指出这些能力不仅对就业重要,对成功胜任和职业发展更为重要;美国培训与开发协会 ASTD(American Society of Training and Development)认为所有岗位的成功就业都需要包括专业基础、基本能力、有效沟通、适应能力、创新能力、群体协作、相互影响共 7 类 17 项技能。欧洲的职业能力构成中更注重胜任职业的可迁移性能力,例如英国的就业咨询与服务组织 CAES(Careers Advice and Employment Service)从个人的(动机、组织能力、团队精神、人际社交、领导)、沟通的(书面、口头)和解决问题属性(积极性、创造力、决策能力)三个维度 10 个方面度量被雇佣者的可迁移技能。但是,最具有代表性和影响力的是约科和奈特(P. Knight)提出的 U-SEM(subject understanding, skills, efficacy, meta-cognition)模型。该模型把可雇佣性分为专业技能与通用技能两大类、U、S、E、M 四个相关联的维度。以此模型为基础,英国在 4 所大学 17 个院系的可雇佣性融入课程教学的"技能强化项目"实践中,又把一般和通用技能细分为 39 个方面来审查教学课程。

表 2-2 U-SEM(subject understanding, skills, efficacy, meta-cognition)构成

类别	专业技能	通用技能
维度	专业知识的理解力—U (subject understanding)	1. 工作需要的个人技能—S(skills) 2. 自我效能感(主要强调个人特质)—E(efficacy) 3. 元认知(自我意识和自我反思能力)—M(meta-cognition)

U-SEM 模型提出了度量可雇佣性的宏观方面,对于课程教学来说,

线条略粗。相比之下,技能强化项目(Skills Plus Project)对于可雇佣性的维度构成设计更加细致和具有可操作性。该项目从个人特质、核心技能、处理技能三个大的维度,39项具体指标指导和检验可雇佣性课程教学,并指出不同专业、不同环境下的课程教学可以根据自身情况在39项指标里选择利用。

国内对于可雇佣性的维度构成研究,主要是关注就业能力指标,很少考虑大学生胜任工作应具备的能力,缺乏对就业能力与胜任能力的要素整合。① 例如,李颖等从内在素质、处理工作能力和社交领导能力3个维度把就业能力划分为20项指标②;张丽华等通过对学生的调查发现就业能力包括思维能力、社会适应能力、自主能力、社会实践能力、应聘能力共5个大类24项指标③;曾湘泉根据对用人单位的调查总结出大学生的专业知识与技能、敬业精神、学习意愿与可塑性、沟通协调和解决问题的能力最被看重。④

可雇佣性的实践模式指的是相关主体采取何种方式进行可雇佣性培养。尽管任何高校和专业的课程教学都可以进行可雇佣性培养,但是,高等院校的可雇佣性教学实践的模式选择却会受到高等院校的层次、专业类别的差异、地域的文化传统等内外部因素的影响。因此,依据情景差异选择合适的可雇佣性培养模式,才能保证可雇佣性培养的可行性和成效。

我国学者宋国学、谢晋宇依据可雇佣性教育依附的主体的不同,把可雇佣性教育实践的模式划分为以下5种类型:⑤

第一种:输入－输出模式:该模式认为高等教育机构是影响和提升高校学生可雇佣性的最重要因素,特别是对于中等或高等技能技术专业学生的可雇佣性提升具有更重要的意义。该模式把高校看成生产可雇佣性的工厂,把就业率作为衡量毕业生可雇佣性的教育绩效指标,高度概括了高校在提升大学生可雇佣性中所扮演的决定性角色。

第二种:Harvey-Locke开发模式:该模式强调不同学科、专业之间可雇佣性教育存在差异性,不能等量齐观,这种模式更适合一般高等院校采

---

① 宋国学,基于可雇佣性视角的大学生职业能力结构及其维度研究[J].中国软科学,2008(12).
② 李颖、刘善仕、翁赛珠,大学生就业能力对就业质量的影响[J].高教探索,2005(2).
③ 张丽华,大学生就业能力结构及发展特点的实验研究[J].航海教育研究,2005(1).
④ 曾湘泉,我国就业和失业的科学测量和实证研究[J].经济理论和经济管理,2006,6.
⑤ 宋国学、谢晋宇,可雇佣性教育模式:理论述评与实践应用[J].比较教育研究,2006(2).

用;该模式还指出可雇佣性教育及获取岗位的过程中,学生个人、高等教育机构及雇主三者都应发挥重要作用。

第三种:体验学习模式:该模式强调学生在可雇佣性培养过程中的主体作用,注重学生通过自己的主体控制作用,进行体验学习,提升自己的可雇佣性,同时也明确了高等教育机构交付具有可雇佣性学生的战略地位。

第四种:高等教育作用模式:该模式将高等教育、可雇佣性技能和成功的职业生涯开发相捆绑,明确了高等教育课程对学生职业生涯开发决策的重要性,同时也指出了政府和公共政策等外部因素对可雇佣性开发的重要作用。

第五种:全面开发模式:对高等教育机构提升学生的可雇佣性的活动进行了归纳和总结,强调各个不同领域全面出击共同开发培养学生的可雇佣性。

以上五种模式的共同点是都强调了高等教育机构在可雇佣性教育中的重要作用,这也被各国的可雇佣性教育实践所证明。英国是可雇佣性教育发端早且比较成熟的国家。目前,英国高等院校的可雇佣性培养的课程教学模式包括以下三大类:[①]

"嵌入式""平行式"或"独立式"课程:"嵌入式"指将技能培养"嵌入"日常课程教学活动中;"平行式"或"独立式"指专门设立于学位课程之外的、旨在加强学生可雇佣性技能教育的专门课程,可以以就业指导课(平行式)、联合项目、校企合作活动课等形式出现;"模块化"课程:将现有的课程进行分类,每一类为一个模块,可雇佣性教育属于模块之一;"工作体验式"课程:让学生参加各种不同的"实践共同体"来培养学生将知识、技能、理解迁移到重置情景中的能力,其实就是通过学生的实习或社会实践培养可雇佣性。

高等教育大众化以后,高校的课程设置与教学设计更多地被期望能够促进和有利于学生未来的就业。对于学生而言,其接受大学教育的经济利益驱动远大于知识学习的渴望。由于高校注重学术研究的氛围、课程容量的限制,可雇佣性融入课程教学的改革和调整需要相关人员付出较多的精力和挑战,但是可雇佣性教育可以使每个参与的学生获益,特别

---

① 顾露雯、汪霞.英国大学毕业生可雇佣性研究:内涵、维度与课程模式[J].扬州大学学报,2012(10).

是对于拥有较少社会资本、社会关系网络狭窄的学生价值更大。因此,高等学校在保证高质量的传统教学的同时,应该逐步加大开发和提升学生可雇佣性的力度。

第三章 我国大学生就业政策的发展历程

大学生就业是关系到国家发展、社会稳定的重要问题。自1999年高校扩招以来,我国的大学毕业生人数平均每年以五六十万人的速度递增,由2003年的212万人增加到2013年的700万人左右,大学的"精英教育"已经演变成了"大众教育",大学生就业与社会需求之间的矛盾日益突出和严峻。"大学生就业问题已成为政府关怀、社会关注、学校关心、家庭和学生关切的热点、焦点和难点问题。"[①]大学生就业政策亟须进一步改革和创新。

新中国建立以来,随着国家市场经济体制改革的不断深化,我国的大学生就业政策机制也进行着演变和调整,依次经历了指令性计划导向的统包统分阶段、指令性计划向市场化的双向选择过渡的阶段、以市场为导向的自主择业三个阶段,形成了目前"市场导向、政府调控、学校推荐、学生与用人单位双向选择"的大学生就业基本政策。现行的这种就业政策导向,把市场推向了前台,成为解决大学生就业问题的重要资源配置手段,符合社会主义市场经济发展和运行的根本要求。

一、计划经济体制下"统包统分"阶段(1949年—1984年)

1. 统包统分、包当干部阶段的大学生就业(1949年—1965年)

1949年新中国成立后,各项事业百废待兴。高等教育领域也面临着高校的改造、教学秩序的恢复和毕业生分配制度的改革。当时的大学毕业生是从旧社会走过来的,还没有形成毕业生的统一分配计划,因此,新中国建立初期,大学生就业采取政府招聘与自谋职业相结合的方式。

1950年6月22日,国家政务院发布了《有计划地合理地分配公私立高等学校毕业生的通令》,说服高校毕业生以为人民服务为出发点,争取服从政府的统一分配和调剂,个别特别愿意自谋职业的,可自行处理。这一阶段,政府统一调配了华东、中南、西南三个大区的8000余名高校毕业生到东

---

① 张留禄.大学生就业中的政府责任研究[J].河南社会科学.2009(5).

北地区支援其工业建设,还抽取了华北地区相当一部分的高校毕业生充实到中央党政机关,政府统一计划分配高校毕业生的制度开始萌芽。

1951年6月和1952年7月,根据我国实际情况和发展的需要,国家政务院又相继发布了《关于1951年暑假全国高等学校毕业生统筹分配工作指示》和《关于1952年暑假全国高等学校毕业生统筹分配工作的指示》,取消了大学毕业生"自谋职业"的办法,实行高校毕业生的政府统一分配。1958年4月,中共中央又通过了《关于高等学校和中等职业技术学校问题的意见》,确定中央部属院校的高校毕业生由中央政府统一分配,其余院校的毕业生由地方政府统一分配。这标志着我国高校毕业生国家负责、计划分配的"统包统分"的就业制度的基本形成。之后,在1960年中央批转的《关于1960年至1962年高等学校理工科毕业生分配问题的报告》规定了国家重点高校的毕业生由国家统一分配;部门主管的高校毕业生,中央抽取40%左右调剂分配,其余由部门统一分配;专科学校毕业生和专署、县办的高校毕业生,全部由地方政府统一分配。这种大学生就业统一分配方式一直延续到1965年。

在这种"政府包办"式的就业分配制度下,国家经过具体到各个学校和用人单位的计划的层层分解,"一个萝卜一个坑"地把高校毕业生全部分配到全民所有制单位充当干部,毕业生与用人单位在"未曾谋面"的前提下被政府"联姻"。

2."文化大革命"时期的大学生就业(1966年—1976年)

新中国建立后政府"统包统分"的就业制度,对我国政治、经济建设的恢复和发展起到了很大的促进作用,但是,"文化大革命"开始后,我国高校的教育制度和就业分配制度遭到了强烈否定,全国的高校陷入瘫痪状态,高校招生工作不得不停止。直到1970年6月底,在北京大学、清华大学的带头请示下,各个高校才陆续恢复招生,但招生对象和方式调整为通过政审、推荐,选拔上山下乡和回乡知识青年进入大学,这批大学生被称为"工农兵学员",他们毕业时除特殊需要由国家统一分配外,采取的是"三来三去"的就业政策。[①]

---

① "三来三去"指的是"社来社去""厂来厂去"和"哪来哪去"。

3. 高考制度恢复后阶段的大学生就业(1977年—1984年)

"文革"结束后,1977年我国恢复了高考制度,4年后的1981年2月,国务院批转了国家计委等提出的《关于改进1981年普通高等学校毕业生分配工作的报告》,重新确定了在国家统一计划下,对高校毕业生分配实行"抽成调剂、分级安排"的办法,统一分配的就业政策才得以恢复。1983年,国务院又批转了国家计委等《关于1983年全国毕业研究生和高等学校毕业生分配的报告》,决定打破多年来计划就业政策下对毕业生和用人单位的"强行捆绑",使人才培养、分配和使用结合起来,实行学校和用人单位"供需见面"的就业政策。这一政策在清华大学率先展开,虽然该阶段"供需见面"的政策还没有在全国范围内展开,大学生就业政策还是以计划分配为主,但是"供需见面"标志着"双向选择"的大学生就业制度改革已经发端。

4. "统分统包"阶段就业政策的评价

(1)"统包统分"大学生就业政策的优点

计划经济体制下"统包统分"的大学生就业政策是在大学生人才极其稀缺、国家亟待建设的背景下产生的,是与当时高度集中的计划经济体制相适应的,有其历史必然性和积极的时代意义。"统包统分"的大学生就业分配政策以"统"和"包"为基本特征,由国家承担毕业生的所有培养费,毕业生按照国家指令性计划以干部的身份被分配到全民所有制单位,其积极意义主要体现在以下几个方面:

其一,有利于国家对人才的宏观调控,保证了重点建设领域和老少边穷地区的人才需求,对满足人才急需,缓解人才需求矛盾具有重要的作用。新中国成立后,国家百废待兴,各种建设项目,特别是重点建设项目,急需人才;地区经济发展不平衡,老少边区缺乏人才主动流入;石油、煤炭、地质等条件艰苦的行业,技术人才极其短缺。解决这些问题,必须通过国家宏观调控进行计划干预性人才资源配置。"统包统分"的就业分配体制重点保证了上述情况的人才需求。

其二,有利于社会稳定。大学毕业生顺利就业是对大学生价值的充分肯定,是学校发展、社会稳定的重要前提。"统包统分"的就业政策改变了先前就业难的状况,解除了大学生的后顾之忧,体现了社会主义制度的优越性,有利于我国的社会发展和社会主义制度的巩固。

其三,有利于培养大学生艰苦奋斗、报效祖国的优秀素养。按计划对大学毕业生进行分配的制度使大学生既能够安心学习,又能够积极服从组织的分配,坚定了大学生走知识分子与工农相结合的道路,在社会主义各条战线上建功立业的决心和信念。

(2)"统包统分"分配政策的弊端

随着社会的发展、经济体制改革的深化,计划体制下"统包统分"的就业制度统得过死、包得过多的弊端越来越明显地暴露出来,越来越显现出与经济运行机制的不协调,其具体表现为:

其一,影响了大学生效用的有效发挥。盲目、僵硬的计划性分配制度剥夺了毕业生和用人单位的选择权,只能被动地接受计划的分配。由于人才短缺,有总比没有强,单位"饥不择食"地接受专业不对口的毕业生,造成大学生"所学"与"所用"的严重不匹配,遏制了人才的合理使用和流动,影响了毕业生效用的最大发挥,造成了人力资源的浪费,使毕业生与用人单位之间的供需矛盾一步步凸显出来。

其二,严重影响了大学生和高等学校积极性的发挥,制约了高等教育的正常发展。"统包统分"的就业制度是一种政府主导型的大学毕业生就业机制,在这种机制下,政府处于主导地位,决定毕业生的未来走向,学校处于服从地位,无须考虑社会需求、专业设置等,也不需要对教学成效进行社会检验,只须按国家指令性计划招生,按统一的教学大纲教学,人才培养缺乏活力和特色,高校建设缺乏主动适应社会和经济发展需要的机制和积极性,抑制了高等教育的发展。对学生来讲,更是"革命的一块儿砖,哪里需要哪里搬""一进大学门,就是国家人"——反正毕业后由国家统一分配工作,因此学好学坏都是一个样,"60分万岁"思想比较普遍地存在,学生失去了学习的动力和积极性,并且不利于培养大学生的参与竞争和自主创新意识。

其三,用人单位择优选拔的自主权和积极性受到影响。"统分统包"的计划分配制度使用人单位缺乏活跃性,处于对人才的"等、靠、要"的被动局面。由于国家计划分配部门与用人单位之间的信息不对称,往往造成按计划分配过来的大学生与用人单位急需人才的错位。

二、从计划分配向双向选择的过渡阶段(1985年—1992年)

计划经济体制下的分配就业制度,把国家作为大学生就业分配工作的主体,如学者所述:"它凌驾于个人的利益诉求之上,严重阻碍了大学生自由择业、自由流动,影响其主体能动性的发挥,导致工作效率低下,延缓了社会主义建设的进程"。[1] 随着我国经济体制改革的不断深化,经济结构也发生了较大的变化,江浙等发达地区的乡镇集体企业、中外合资、合作企业等多种经济成分发展引领全国,异军突起,而毕业大学生统分到全民所有制单位的指令性、条块分割的计划分配制度严重束缚了人才在不同所有制单位间的合理、有效流动。出于对人才的尊重和促进人力资源的自由流动与合理配置,我国政府在本阶段颁布了一系列措施文件对大学生就业制度进行改革,大大提高了社会生产效率。

1. 采用"切块计划"、实行"供需见面"阶段(1985年—1989年)

1985年5月27日,我国政府颁布了《中共中央关于教育体制改革的决定》,明确提出了对"统包统分"的大学生毕业分配制度的改革要求,提出了三种大学生招生和就业的改革办法,具体规定如下表所示:

表3-1 "切块计划""供需见面"的大学生招生与就业政策表

招生包含类别	相应就业政策
本人选报志愿的国家计划内统招	学校推荐、用人单位择优录用
用人单位委托培养	按合同规定回委托单位工作
少量计划外自费生	学校推荐与自谋职业相结合

在具体落实新就业政策时,国家教委、中央各部以及各级地方基本上

---

[1] 俞敏.改革开放以来我国大学生就业制度变迁的历程考察和趋势分析[J].理论观察. 2009(1).

都采用了"切块计划""供需见面"的方法,此方法首先在清华大学和上海交通大学进行试点,之后在全国迅速铺开。"切块计划"是指大学在不区分专业和规定用人单位的前提下,把当年的毕业生按数量分配给指定部委和省份;"供需见面"是指学校参照部委和省级地区提供的毕业生需求情况,结合毕业生的专业方向和具体情况,通过与部委、地区及用人单位协商,提出细化的分专业、分用人单位的毕业生调配方案。这种方案充分发挥了高校在大学生就业政策实施中的主导作用,弥补了劳动力市场尚未形成的不足。

1985年的改革决定,一定程度上赋予了高校、毕业生和用人单位就业分配过程中的自主权,使国家对大学生人才的配置更加合理,有利于毕业生效用的发挥,标志着我国大学毕业生就业政策的根本性变革拉开了序幕。

2. "双向选择"与"适当定向"相结合的中期改革阶段(1989年—1992年)

根据1985年《中共中央关于教育体制改革的决定》的精神,1989年国务院批转了国家教委、国家计委和财政部提出的、经过深入调查研究的《关于改革高等学校毕业生分配制度的报告》和被称为"中期改革方案"的《高等学校毕业生分配制度改革方案》。"中期改革方案"具有过渡性质,其核心内容是改革高校毕业生按照计划指令分配到全民所有制单位的制度,建立国家方针、政策指导下的学生在一定范围内选择职业、用人单位择优录用的"双向选择"就业制度。改革方案也同时考虑到了边远地区和艰苦行业的人才需求,国家通过一系列的特殊优惠政策安排适当比例的定向招生计划,毕业后分配到这些地区和行业工作。按照"中期计划方案",1989年入学的大学生就可以针对计划内统招、委托培养、自费三种招生方式分别对应的三种就业政策进行就业的双向选择。

3. 过渡阶段的政策评价

(一)过渡阶段"双向选择"就业政策的优点

"双向选择"的大学生就业分配制度改革与社会主义经济体制的发展

变革相适应,打破了"统包统分"计划分配体制的僵化,有利于人力资源的优化配置,对于大学毕业生、用人单位和高校都具有积极的意义。首先,对于大学毕业生来说,"双向选择"制度一定程度上扩大了大学生就业的自主选择权利,大学生一定程度上可以根据自己的优势和偏好选择职业,有利于人才效能的充分发挥,调动了大学生学习的积极主动性和创造性;其次,对于用人单位来说,改变了原来被动接受从未谋面的组织分配人才的局面,可以根据自己的需要自主选择合适的人才,有利于人才的合理高效配置;最后,对于高校来说,双向选择的就业制度强化了高校人才培养的责任意识,对高校人才培养的质量、课程专业设置提出了更高的要求,形成了高校之间人才培养的竞争机制,促使高校通过学校教育改革提高产出人才的就业竞争力。

(二)过渡阶段"双向选择"政策蕴藏的问题

"双向选择"制度,总的来说,具有积极的改革意义,但是在实行初期,相当一部分社会相关人员和部门对该政策的内涵产生了误读或误解,引发了一些新的问题,体现在以下几个方面:第一,政府对就业的宏观调控力量被削弱,毕业生对发达地区和优势行业的自主选择导致边远地区和艰苦行业的人才短缺,加剧了地区间经济发展的不平衡;第二,双向选择的分配制度打破了"统包统分"的大学生就业的"高枕无忧"状态,被理解为"不包分配",而此阶段的劳动力市场仍不完善,引起家长争先恐后地动用社会裙带关系安排大学生子女就业,造成了大学生就业的不公平。最后,"双向选择"制度被劳动人事部门误认为高校毕业生不再一定是干部身份,其就业不再需要增加拨配干部指标了,但是在当时的劳动人事制度下,没有干部编制指标,大学生是不能就业的。因此,如果劳动人事制度不配合"双向选择"就业制度进行改革,就会在解决大学生就业的过程中产生诸多矛盾,造成社会的不安定。

三、市场经济体制下的个人"自主择业"阶段(1993年至今)

1993年11月,中共中央召开十四届三中全会,审议并通过了《中共中央关于建立社会主义市场经济体制若干问题的决定》,确立了社会主义市场经济体制的基本框架,成为我国20世纪90年代推进经济体制改革的行动纲领,随之包括教育部门在内的国家各个部门、领域也展开了与社会主义市场经济相适应的改革。

1. 市场经济下的"自主择业"制度的确立阶段(1993年—2001年)

1993年2月,国务院颁布了《中国教育改革和发展纲要》,指出除了保证边远、艰苦地区和国家重点行业的人才需要,实行少数毕业生国家安排就业以外,其余毕业生全部纳入自主择业的范围。《纲要》的颁布标志着"双向选择、自主择业"的高校毕业生就业制度在全国范围内的全面展开。

1994年,国务院又发布了《关于〈中国教育改革和发展纲要〉的实施意见》,其核心内容是推进高校、中专、技校等从招生到就业的制度改革,逐步实施学生缴费上学,大多数毕业生自主择业的制度,这就是高校"并轨"改革的开端。并轨改革牵涉到招生缴费制度、教学和学籍管理制度、毕业生分配制度等多个方面的综合性改革,并轨后的大学毕业生,国家不再用行政手段进行分配,毕业生纳入劳动力市场参与竞争,参与双向选择,自主择业。紧接着,响应国务院的《实施意见》,国家教委于1995年发布了《关于1995年进行普通高等学校招生和毕业生就业制度改革的意见》,明确了"并轨"以后的高校毕业生原则上要在本系统和行业范围内自主择业,条件成熟后过渡到大多数毕业生自主择业,2000年基本实现高校招生与就业制度由"双轨"向"单轨"的"并轨"改革。

1997年,全国高校全面实行缴费上学、自主择业的"并轨"政策。同年,教育部出台了《普通高等学校毕业生就业工作暂行规定》,提出"供需见面、双向选择"是落实并轨后大学毕业生就业的重要形式,并明确要求"凡纳入国家就业计划的毕业生,地方政府不得征收其城市增容费"。大多数学校开始按并轨后的新制度运作。1998年,《国务院关于做好1998年普通高等学校毕业生就业工作的通知》,动员毕业生转换到全民所有制单位的就业观念,并支持和鼓励非全民所有制企业积极接收大学毕业生。1999年,国家教育部颁布了《面向21世纪教育振兴行动计划》,要求2000年以前建成比较完善的关于毕业生和用人单位的"双向选择、自主择业"的大学生就业制度。同年召开的十五届四中全会上明确提出"劳动者自主择业,2000年,教育部决定将毕业生就业的"派遣证"改为"就业报到证",并在同年6月召开的全国教育工作会议上正式宣布和确定我国的大学生就业制度是市场经济条件下的"不包分配、自主择业、竞争上岗、择优录用"的用人制度,这标志着大学生就业制度由"计划、分配、派遣"向市场经济条件下"双向选择、自主择业"的就业制度转换的完成,新的就业制度完全确立并进入实质化运行阶段。

2. 以就业促进为主的"自主择业"制度完善阶段(2002年至今)

"双向选择、自主择业"的大学生就业制度适应社会主义市场经济的要求,制度在激励性和灵活适应性方面都体现出较大的优越性。但是,如赵世奎所述,这种以市场为导向的就业制度仍然存在制约大学生就业的体制性和非体制性障碍。[①] 1999年,为了更好地满足"四个需要",[②]我国开始实施大学生扩招政策,招生人数每年大幅递增,大学教育进入大众化阶段。2003年,第一批扩招后的大学生毕业进入就业市场,人数高达212万人,造成了我国历史上第一次真正意义上的大学生就业难问题。接下来的10年,大学连续扩招,毕业生人数每年递增,2013年,我国毕业大学生逼近700万人,大学生就业竞争日益剧烈。在此期间,2008年全球性的金融危机造成的全球经济的低迷与萎缩使本已严峻的大学生就业问题雪上加霜。

陈晓辉等人认为,广义的就业促进政策指国家为保障公民实现劳动权所采取的创造就业条件、扩大就业机会的一系列措施的总称,它是对"安置就业"的否定,是根据我国劳动力资源状况、就业任务、社会生产力发展水平、国家管理社会劳动力的职能和方式提出来的劳动就业工作总方针。[③] 依据此定义,大学生就业促进政策就是政府制订的针对大学生就业的指导文件和政策导向。"双向选择、自主择业"就业制度本身的不完善,加上2002年以来扩招政策的影响以及遭遇金融危机等政治经济环

---

① 赵世奎、文东茅.三十年来高校毕业生就业制度变革的回顾与现行制度的分析[J].中国高教研究,2008(8).
② "四个需要"是指21世纪中国经济发展的需要、提高国民素质的需要、人民群众接受高等教育的需要、拉动经济增长的需要。
③ 陈晓辉、丁如兰.我国促进就业法律制度的现状与思考[J].兰州商学院学报,2001(1).

境的变化,使我国的大学生就业问题已经从经济社会问题转变成政治问题,从政府到社会实施积极的就业政策促进大学生就业已经成为一项重要任务。在此期间,政府出台了一系列促进毕业大学生就业的政策和方案,努力解决大学生就业难的问题,主要包括:2002年,国务院办公厅转发了《关于进一步深化普通高等学校毕业生就业制度改革有关问题的意见》,以市场为导向,引导和鼓励大学毕业生到基层和中小企业就业;2003年,团中央、教育部牵头,四部门开始组织实施"大学生志愿服务西部计划",通过一系列优惠政策引导大学生通过支援和服务西部建设解决就业;2005年,中共中央办公厅和国务院办公厅印发了《关于引导和鼓励高校毕业生面向基层就业的意见》,鼓励高校毕业生深入基层自主创业和灵活就业,并就大学生见习制度和选调生制度做了具体部署;2006年,中组部、人事部、教育部等八部门组织实施支教、支农、支医和扶贫的"三支一扶"计划,教育部等四部门组织实施农村义务教育阶段"特岗教师"计划;2008年,中组部、教育部等四部门组织实施"大学生村官计划"等。

上述一系列计划分流了一部分大学毕业生到基层、边远、贫穷的地方工作,一定程度上缓解了大学生的就业问题,但是毕竟这一揽子计划提供的就业岗位与毕业生数量相比,相当有限,并没有在根本上解决大学生就业问题,大学生就业形势依然严峻。2008年,突如其来的全球性的金融危机使得我国高校毕业生的就业问题更加突出,后危机时代,政府更要创新就业促进政策,进一步加大大学生就业促进工作的力度。李学东等学者指出:"以创业带动就业,鼓励劳动者通过创业增加更多的劳动岗位,既是世界各国缓解就业压力的成功经验,也是全球金融危机背景下我国解决当前就业问题的一种选择。"[①]2008年9月26日,国务院办公厅转发了人力资源部《关于以创业带动就业工作指导意见的通知》,提出了"政府促进、社会支持、市场导向、自主创业"基本就业原则,并规定工商部门为大学生创业提供税费减免等政策优惠。这标志着政府促进就业的工作思路从主要安排就业岗位转移到开辟新的就业渠道与"以创业促进就业"相结合的道路上来。

2009年4月2日,人力资源部联合其他六个相关部委、单位下发了《关于印发三百万高校毕业生就业见习计划》的通知,决定在2009—2011

---

① 李学东、李殿伟,以创业带动大学生就业体系构建研究[J].天津师范大学学报(社会科学版),2010(3).

两年间组织100万未就业高校毕业生到社会各部门、单位参加就业见习。同年12月24日,教育部下发《关于做好2010年普通高等学校毕业生就业工作的通知》,要求把高校毕业生就业工作摆在更加突出的位置,加大力度实施好各种促进大学生就业的政策项目,在国家法律允许范围内积极开辟高校毕业生就业的新渠道;加强创业教育,完善创业政策,引导和扶持大学生自主创业;通过人员与经费投入的增加加强高校毕业生就业指导与服务工作,提升高校毕业生的就业技能;通过课程教学改革融入可雇佣性教学,提高大学生就业的能力。

3. "自主择业"阶段大学生就业政策评价

以市场为导向的"自主择业"的大学生就业体制适应社会主义市场经济体制的要求,充分发挥了大学生、用人单位、高校的主动性和积极性,大大提高了大学毕业生人力资源配置的效率。政策优越性得到了比较充分的体现。但是,在政策的执行过程中出现的制约性障碍仍显露出计划经济时代就业政策的影子。特别是进入2008年以后的后危机时代,大学生就业难问题进一步加剧,面对激烈的人才竞争,"双向选择、自主择业、择优录取"的基本原则受到了社会资本差异、毕业高校差异等因素的影响,发生了异化,扰乱了大学生就业市场公平、公正的竞争秩序,需要政府利用自己的管理智慧出台政策,创造公平、公正的大学生就业市场环境。

(一)"自主择业"大学生就业政策的优越性分析

"自主择业"的大学生就业政策彻底打破了计划经济体制下"统包统分"的毕业生分配制度,赋予了毕业生和用人单位充分的自主权,符合市场经济规律和高等教育大众化的时代背景,其取得的政策成效主要体现在以下几个方面:

第一,毕业生流动的制度性障碍逐步缩小,毕业生自主权逐步扩大,毕业生资源配置的市场化基本实现等方面。在"双向选择、自主择业"的就业制度实施初期,毕业生就业还要受到诸如大学生身份、地域、就读学校等因素的制度性约束,例如,1989年的"中期改革方案"还限制经营性企业单位录用大学毕业生须向培养单位缴纳一定的"培养费";部属院校毕业生原则上需在本系统、行业范围内就业;师范类毕业生原则上需在教育系统内就业;大学生毕业后到非录取时的户籍所在地工作,要向工作地区缴纳城市增容费等。2002年,国务院办公厅转发的《关于进一步深化普通高等学校毕业生就业制度改革有关问题的意见》取消了出系统费、城市增容费、出省费等一系列不合理收费政策,并在省会及省会以下城市放开了大学毕业生的落户限制。这些规定缩小了毕业生的流动性制度障碍,便于真正落实毕业生和用人单位的自主权,有利于大学生人才资源的优化配置。

第二,毕业生数量每年倍增的严峻情况下,保证了较高的大学生就业率和就业满意度。扩招政策没有实施以前,我国大学生处于相对过剩状态,用赖德胜的观点来说,这个时期的大学生就业难是劳动力市场分割背景下毕业生与用人单位相互选择的结果。而扩招后的高等教育大众化背景下,大学毕业生由相对过剩向绝对过剩逐渐转变,但是"自主择业"的灵活就业政策体现出人力资本在就业中的重要作用,调动起了学生、用人单位、高校三方的积极性和主动性,开辟出许多新的就业渠道,使高校毕业生的就业率和满意度保持在一个较高的水平。根据教育部的统计数据,从2003年到2006年,本科毕业生的就业率一直保持在80%以上,专科和高职生就业率也连续保持在60%以上。

第三,通过毕业生服务基层和西部地区的一系列就业引导政策,既提高了毕业生的就业人数和比例,又为西部地区的发展提供了人才支持。根据1998年的抽样统计调查,当年在东部、中部、西部就业的大学毕业生所占的样本比例分别为69.1%、15.5%、15.2%;根据北京大学教育学院课题组的调查,2005年在东部、中部、西部省份就业的毕业生分别为54.3%、18.3%、27.3%,与1998年相比,中西部地区就业的大学生比例明显提高,不同地区之间的人才配置结构逐渐优化。

第四,大学毕业生传统的就业观念一定程度上得到了转变。大学生就业观念是他们关于就业的一整套认识、态度、意向及心态的集合,具体包括职业兴趣、价值取向、择业目标、自我定位等方面的内容。[①] 受计划经济下"统包统分"时期就业政策的影响,大学毕业生形成了毕业后一步到位地端上国家全民所有制单位的"铁饭碗"才感觉踏实、满意的心理。这种观念抑制了很多大学毕业生到非全民所有制单位就业,人为地造成了大学生的就业难。赖德胜指出,大学生固守传统观念,对物质待遇和工

---

① 喻名峰、陈成文、李恒全,回顾与前瞻:大学生就业问题研究十年(2001—2011)[J].高等教育研究,2012(2).

作环境提出不切实际的要求,是造成他们工作选择空间狭窄的重要原因。① 当前我国高等教育进入大众化时期,大学生人才的稀缺性状况已经发生了改变,大学生就业进入用人单位"买方市场"。"自主择业"的就业制度很大程度上改变了大学毕业生画地为牢,限定自己的择业范围,只认准某一单位或行业的传统的就业观念。② 另外,由于"自主择业"的政策体系在逐步减少大学生工作搜寻和流动迁移的成本,大多数毕业生开始选择"先就业,后择业"的灵活就业方式,不再僵硬地要求一步到位。

第五,促进了高校及教育部门以就业为导向的专业设置、课程和教育教学改革,建立了逐渐完善的高校毕业生就业和指导服务体系。随着高校毕业生就业制度的变迁以及高校就业难问题的日益突出,毕业生就业状况成为政府和社会评价一个高校办学水平和教育质量的重要指标。就业状况形成的高校间的竞争压力促使高校不断地探索课程设置和教学改革,越来越重视提高毕业生综合素质和就业竞争力的可雇佣性教育。例如,在专业选择方面,许多高校实行"低年级不分专业、高年级自主选择"的灵活政策;在课程学习方面实行弹性学分制;在招生计划上,大幅提高了"应用型本科"和专业硕士的比例,大力发展高等职业教育;在就业服务方面,提高了就业指导与服务的专职教师数量和经费投入,在校园网开设了就业信息网。

(二)"自主择业"政策阶段存在的问题分析

就业政策在大学生就业过程中扮演着不可替代的角色:它弥补了劳动力市场的不足,引导和促进了市场在大学生就业中的作用。③ 尽管"自主择业"政策阶段政府、高校、用人单位等各方面都采取了一系列政策措施促进大学生就业,但由于经济与教育发展的结构性失衡、抑制毕业生流动性的障碍仍有存在、劳动力市场的不完善、毕业生供给快速增长与期望收益偏高的矛盾等各种原因,大学毕业生就业形势依然严峻,甚至逐步升级,需要政府积极应对,以进一步完善"自主择业"的大学生就业体制改革。"自主择业"阶段就业政策及其落实主要存在以下几方面的问题:

第一,教育结构失衡仍是造成大学生就业难的重要原因

---

① 赖德胜,大学生就业难:现象、原因及对策[J].中国高等教育,2001(Z2).
② 陈喆,现阶段大学毕业生就业难与择业定位分析[J].社会,2004(8).
③ 杨伟国,借重"看得见的手"——谈谈国外对大学生就业的支持[J].求是,2004(6).

教育结构的失衡主要包括专业结构的失衡、区域发展的失衡和办学层次的失衡。高等教育的人才培养结构应与社会经济结构相吻合,培养出知识、技能适销对路的大学生,才能既保证社会的需要,又实现大学生的满意就业。但是,高等学校人才培养的长周期造成了人才供求相对于社会需要的滞后性,再加上师资力量、办学条件等其他的影响因素,难免会出现教育结构失衡的状况,使得所培养的大学生人才结构不适应社会的需求结构,造成大学生的"就业难"问题。正如李凡所述的那样:高等教育区域发展的失衡,加剧了就业渠道的拥挤;高等学校办学层次的失衡,导致了人才的高消费;高等教育专业结构的失衡,使得大学生就业困难雪上加霜。[①] 目前,我国高校专业设置中,传统学术型专业相对过剩,而高新技术与新兴应用学科少且薄弱,导致了大学生就业市场上某些人才严重不足与某些人才相对过剩并存的尴尬局面。另外,全国著名的高等院校多分布在较为发达的大城市,例如北京、上海、广州高校云集,毕业生大多选择就地就业;而像新疆、宁夏、青海、西藏等偏远的省份大学相对较少。根据人力资本投资理论,只有接受教育的收益大于教育投资时,人受教育才是理性的。当前农村和不发达的边远地区劳动条件较差、工资水平较低,大学生认为只有在薪酬水平较高的城市工作,才能取得教育投资的收益,在农村工作人才价值将发生贬值,接受教育变成了"赔本生意"。因此,诸多大学生拥挤在城市就业,造成人为的人才过剩,而边远、西部等不发达地区却人才匮乏,造成人才的区域型失衡。

第二,毕业生就业市场尚不规范,就业准入政策存在歧视和排斥

2006年以前,"自主择业"的就业政策对大学生主观能动地学习知识和技能的激励作用比较强,体现出了人力资本优势对大学生就业的重要作用。但是,自从2003年大学扩招政策后的第一届毕业生进入就业市场,大学生就业竞争日趋严峻,2006年毕业生达到413万人的阶段峰值,就业难度急剧提高,特别是2008年全球性金融危机爆发后,大学生就业率跌入低谷,即使拥有较为优越人力资本的毕业生也很难满意就业。这种情况导致了大学生就业悲观情绪的蔓延,加上我国大学生就业市场的不规范造成的不公平竞争,大学生就业从依靠人力资本优势转向越来越多地寻求社会资本来解决。尽管人们讳言人际关系网络对大学生就业的

---

① 李凡.高等教育结构失衡:大学生就业渠道堵塞的重要原因.黑龙江[J].高教研究,2010(6).

作用,但人际关系网络作为一种重要的社会资本,仍是大学生寻找就业机会的理想途径。郑洁等人在研究家庭经济社会地位等社会资本对大学生就业的影响时曾得出如下结论:社会资本越高的大学生,对月薪的期望值越高,求职信心也越强,求职付出的努力相对较小,而最终成功落实单位的概率却较高。[①] 2006年的大学生就业状况调查显示:有41.61%的学生认为通过家庭和个人社会关系、托熟人是最有效的求职途径。在来自大城市的学生中,这一比例更是高达51.29%。[②]

在大学生就业市场中,还存在着用人单位不以能力为考察标准的各种歧视与排斥现象。例如对大学生相貌等自然特征的歧视、对性别的歧视与排斥、对毕业学历与院校的歧视与排斥、对实践经验缺乏的排斥以及社会资本欠缺带来的排斥。肖云指出:"这些排斥使大学生再就业过程中缺乏平等就业权利。从而在劳动力市场中处于劣势地位。"[③]

郑功成认为,创造并维护劳动就业市场的公平与公正应当是对大学生就业的最大支持与最好保护;就长远而言,政府必须要为大学生参与就业市场的公平竞争创造良好的社会环境与制度安排。[④] 政府在促进大学生就业的政策制定过程中应加强人才交流市场的规范管理,通过对用人单位的招聘程序和规则的监督和仲裁,创造公平、公正的就业竞争市场。

第三,大学生就业教育和就业指导工作需进一步加强,大学生创业教育重视度不够

大学生就业教育和就业指导是大学生就业体系的主要内容。大学生就业教育主要包括职业生涯规划、职业素质教育和创新教育等内容。职业生涯规划教育帮助大学生对自我、职业和社会有一个比较清楚的认知,便于科学地规划自己未来的职业选择和发展领域。但是,根据马亚静等人的观点,目前我国高校的职业生涯教育仍存在发展层次不高,形式和内容单一,机构和内容保障不足等问题。[⑤] 职业生涯教育不是大学生的应急式教育,而应分阶段贯穿于大学教育的始终,如白强所述,大一进行职

[①] 郑洁.家庭社会经济地位与大学生就业——一个社会资本的视角[J].北京师范大学学报(社会科学版),2004(3).

[②] 金羊网－羊城晚报,http://finance.sina.com.cn 2006年7月17日

[③] 肖云,邹力.大学生就业社会排斥问题研究[J].中国青年研究,2009(7).

[④] 郑功成.大学生就业难与政府的政策取向[J].中国劳动,2006(4).

[⑤] 马亚静、谷世海、王庆波.我国高校职业生涯教育存.在的问题与对策[J].教育探索,2008(2).

业生涯规划的基础教育,大二、大三开展职业生涯的专门化教育与实践,大四主要进行择业就业教育。①

职业素质主要是指由知识素质、技能素质、心理素质、团队素质等构成的用于衡量大学生可雇佣性的指标体系。除了供求关系和经济环境的影响外,职业素质与职业需要不相吻合成为大学生就业难的一个重要原因。面对就业市场的激烈竞争,大学生的职业素质越来越成为影响大学生顺利就业的关键要素。我国目前的高等院校课程教学大多偏重于专业知识的传授,职业素质教育被作为可有可无的课程对待,关于素质培养的实践教学更是稀少。大学生的职业素质教育应融入日常教学活动中来培养,同时加大实践性教学的课程比例。

创业教育是指培养大学生创业素质与观念的教育活动,"以创业促进就业"是世界各国解决大学生就业问题的成功经验,也是我国高等教育大众化时期大学生就业政策的突破口和重要发展方向。1998年10月在巴黎召开的世界高等教育会议明确提出,高等学校的教育必须将创业技能和创业精神培养作为基本目标,高校毕业生不仅是求职者,还应成为就业岗位的创造者。周建新等人的研究指出,目前我国大学生的创业知识、创业能力和创业认知观念还比较粗浅,其创业实践面临着社会经验不足的问题。② 麦可思对中国2008届大学毕业生三年后职业发展调查的数据显示:2008届大学毕业生半年后有1.0%的人自主创业(本科为0.8%,高职高专为1.4%),三年后有4.4%的人自主创业(本科为2.4%,高职高专为6.4%)。但由于大学生本身创业能力的欠缺和政府对大学生创业的保护与扶持政策不足,造成了大学生创业道路的艰辛,许多大学生的创业呈现出"昙花效应",难以为继。半年后自主创业的2008届本科毕业生仅有33.7%的人三年后还在继续自主创业,有64.8%的人选择了受雇全职工作;高职高专毕业生仅有34.8%的人三年后还在继续自主创业,有60.6%的人选择了受雇全职工作。高校、政府和社会应加强对大学生创业的教育、扶持和保护,增加实践与理论相结合的创业知识、技能传授的课时比例,组建创业教育团队,进一步扩大创业教育的政策扶持力度。

大学生就业指导主要是采取课程指导和服务指导相结合的形式,引

---

① 白强.大学生职业生涯规划教育内容与途径研究[J].重庆大学学报(社会科学版),2009(3).

② 周建新.浙江省大学生创业教育现状调查及对策研究[J].中国成人教育,2010(11).

导大学生的就业观念、分析大学生的就业形势、教授就业技巧、提供就业信息和就业政策咨询、调试就业心理等。[①] 大学生就业指导是应对大学生就业难的一项重要举措,对大学生成功就业具有重要的引导和促进功能,建立以提高大学生就业能力为目标的、与当前就业政策相适应的完善的就业指导体系十分必要。目前,大学生就业指导已经受到各个高校的重视,许多高校都成立了专门的大学生就业指导部门,几乎各个高校都把大学生就业指导纳入课程教学体系。但是,许多大学毕业生却反映他们既非常渴望就业指导,又对就业指导教育的效果非常失望,折射出当前大学生就业指导工作的现实必要性与实践低效性的尖锐矛盾,其根本问题集中在就业指导理念落后、指导内容和指导模式缺乏创新。王秉琦等人指出,原来停留在择业期的"问题性"就业指导已不能满足目前大学生供求关系形势的需要,构建"发展性"的就业指导机制应成为当前就业指导的核心理念、当务之急和主要内容。[②] 增加大学生就业指导的人员与经费投入,改革就业指导过分依赖课堂的陈旧形势,创建全程化、多元化的就业指导模式是改革和完善大学生就业指导工作、提高就业指导促进就业成效的工作途径。

第四,就业促进政策的落实不够,形式化较为严重

在"自主择业"阶段,中央力量推进的大学生就业促进政策在基层加以推进和落实的时候,存在着为完成指标任务不切地方需求实际盲目安排、缺乏相关的政策配套、由于缺乏政策评估和政策监督导致政策执行的形式化严重等种种问题,造成动机良好的政策成为相关人员谋取私利的工具,被社会所诟病。例如,大学生"见习"政策成为用人单位廉价使用毕业生劳动力的合法途径,甚至还可以套取大量的见习补贴;"大学生村官"政策在执行过程中被诸多村民反映"村官不进村"或进村工作也被排斥在村庄政治势力之外,成为摆设。相当一部分大学生村官的就业目的不是服务基层,而是假借基层工作捞取以后就业发展的政治资本。例如,一些大学生村官不进村,却拿着工资准备报考公务员,录取时却可以名正言顺地享受"大学生村官"的岗位特设、面试加分、优先录取等优厚待遇;由于配套政策不到位,许多大学生以创业为名获取了国家的创业补贴后,创业

---

① 池忠军.大学生就业指导的理论和实践模式探讨[J].高等工程教育研究,2000(2).
② 王秉琦、李寿国、彭璟.构建发展式大学生就业指导新模式探索[J].中国高等教育,2007(Z2).

项目却遭遇流产。防止政策只有形象而没有绩效的根本在于对政策执行过程的监督和执行结果的评估,否则,就业促进政策不但不能促进大学生就业,还会浪费国家大量财政资金,造成不良的大学生就业观念和风气,形成负面的社会舆论。

综上,与我国经济发展的水平和经济体制改革的进程相一致,我国的大学生就业的政策变迁历经了依赖国家的计划分配、国家计划与双向选择相结合、市场化的"自主选择"三个重要阶段,形成了目前依靠市场进行大学生劳动力资源配置的"学生缴费、自主择业"的大学生就业分配制度,调动了大学生通过完善自我积累人力资本的积极性、职业选择的自主性和用人单位选拔人才的自主性,提高了大学生人力资源配置的效率。但是,目前我国的市场经济体制还不完善,劳动力市场还不成熟,市场失灵现象依然存在,政府通过政策干预来促进就业成为必须且非常重要。面对日趋严重的大学生就业压力,不断创新和完善从中央到地方的大学生就业促进政策体系任重而道远。

第四章
大学生就业市场问题研究

一、我国大学生就业市场现状与存在的问题

1. 我国大学生就业市场状况

目前,我国大学生就业市场还处于初级阶段,尚未真正体现其市场作用,无法准确区别优秀人才和普通劳动者。近年来,随着高等院校的不断扩招,每年毕业的大学生数量不断增多,但是由于金融危机的影响,许多企业减少了招聘人数,给大学毕业生的就业造成了极大的压力。在各大招聘会现场,都可以看到大学生排长龙,等待进场应聘。我国大学生就业市场往往呈现的是一种传统的、大型的人才招聘形式,大学生就业应聘渠道较为狭窄,基本局限于各类大型招聘会。但是在大型招聘会上求职成功的概率往往较小,造成了一种表面较为热闹、实则缺乏实效的情况,体现了数量不足的问题。当然在制度上也存在一定的缺陷,大学生踏入社会或工作岗位之前基本没有接受过相关的各种职业培训,造成了从学校到用人单位的脱节,无法快速良好地衔接,并且大学生的角色转换往往较慢,不能马上进入职业角色。

通过实证调研以及统计分析发现,面对当前严峻的就业形势,大学生普遍降低了自己的薪资要求,以期望能够找到一份工作。其中大多数大学生倾向于进入国家机关、国有企业等相对稳定的工作单位,对于进入中小企业还是存在一定的顾虑,特别是在金融危机影响全球经济的大环境下,国家机关、国有企业更是成为求职大学生眼中的"香饽饽"。但与此相对的,大学毕业生缺少实践经验,在严峻的经济形势下,用人单位在招聘人员的时候都十分谨慎小心,于是在招聘的条件上就往往设置较高的门槛,并且要求具有相关经验,这给大学生就业造成了较大困难。这也是目前我国大学生就业市场存在的比较突出的问题,大学生缺乏职业经验,无法快速融入用人单位,实现良好的角色转换。

面对严峻的就业形势,国家和政府都积极行动起来,推出各种优惠政策来促进就业,特别是针对大学毕业生就业。国务院办公厅在《关于加强普通高等学校毕业生就业工作的通知》中明确指出:各地区、各有关部门要把高校毕业生就业摆在当前就业工作的首位,采取切实有效措施,拓宽

就业门路,鼓励高校毕业生到城乡基层、中西部地区和中小企业就业,鼓励自主创业,鼓励骨干企业和科研项目单位吸纳高校毕业生就业。强化高校毕业生就业服务和就业指导,充分发挥人力资源市场配置资源的作用,强化公共就业服务的功能。提升高校毕业生就业能力。大力组织以促进就业为目的的实习实践,确保高校毕业生在离校前都能参加实习实践活动。完善离校未就业高校毕业生见习制度,鼓励见习单位优先录用见习高校毕业生。从 2009 年起,用三年时间组织一百万未就业的高校毕业生参加见习。强化对困难高校毕业生的就业援助。对困难家庭的高校毕业生,高校可根据实际情况给予适当的求职补贴。[①]

目前,我国一些大中城市的大学生就业市场已初具规模。上海作为中国最大的经济中心,其发展目标是建设国际经济、金融、贸易和航运中心。因为其对城市的目标定位,所以造成了上海产业结构的变化,第一、第二产业的就业比例逐年下降,第三产业的就业比例持续上升,到 2010 年将超过 60%;高技能职业技术人才的比例,将提高到 15% 左右,接近发达国家的水平[②]。因此,这就决定了上海这样的一个城市,需要的是各种高学历、职业化的综合性人才。在上海,金融、国际贸易类的人才市场需求极大,其次就是近年来物流人才的需求不断增长,这是符合上海建立国际航运中心这一个目标的。然而,受全球金融危机的影响,大学生就业面临巨大压力,除了上海本地生源的大学生以外,还有许多外地大学生也希望在上海找到一份工作,客观上加大了就业难度,根据市教委的数据统计,2009 年上海高校毕业生有 15.8 万人,加上外省市来沪的毕业生,共有近 20 万"就业大军"在沪求职;此外,对于急需就业的青年人来说,还由于自己的各种主观因素加大了就业难度,例如缺少符合新型产业发展要求的专业技能和职业经历、独生子女家庭存在对职业的过高期望而造成自愿性失业等。面对这样严峻的客观就业形势,上海政府在各个方面做出了努力。推出见习岗位,由政府牵头组织多场针对应届高校毕业生的大型招聘会,出台各种优惠政策鼓励大学生自主创业,提供一系列的就业服务,这些政策和服务,给大学生提供了更多的就业渠道,也为建设良好的大学生就业市场提供了借鉴。

---

① 国务院办公厅关于加强普通高等学校毕业生就业工作的通知.[EB/OL]. http://www.moe.gov.cn/edoas/website18/19/info1234695385263719.htm.2009—01—19.

② 黄安余,经济发展与劳动就业[M].北京:北京大学出版社,2008.

2009年北京地区高校毕业生预计达到21万人,比2008年增加7000多人,为历年最多。其中,研究生5.7万人,本科生10.9万人,高职大专生4.4万人。按照北京市教委的要求,2009年北京地区所有高校不仅要建立起本校毕业生就业信息网。① 同时不断完善网络功能,形成政策发布、指导咨询、信息共享、网上招聘等功能比较齐全的就业网络。各高校要充分发挥供需渠道作用,加大经费投入,进一步构建以高校毕业生校园招聘市场为主体、区域协作市场和行业市场为补充的毕业生就业市场体系。

受全球金融危机的影响,各个企业都面临较大的困难,有些企业减少了招聘人员的数量,对本就严峻的大学生就业来说更是雪上加霜。在参加大型招聘会的时候,往往会发生这样的情况,排了几个小时的队,但真正能够投出去的简历却十分少;或者是投了许多简历,却都是石沉大海,连面试的机会都没有。自2008年第四季度起,广州市劳动保障部门对2008年企业用工情况调查,通过对广州397家用工在200人以上的企业摸底,调查样本涉及26.1万人,统计显示,2009年一季度全市需要招工的企业约占企业总数的58.7%,与2008年初的70%相比有较大的下滑;企业计划招工数占企业总人数的比例则只有7.12%,与去年同期的11%相比下降了近4个百分点。② 可见,金融危机对企业的影响十分明显,同时对大学生就业的影响也十分巨大。

2. 我国大学生就业市场存在的问题分析

虽然我国大学生就业市场建设已经取得了一些成绩,但是由于市场还处于初级和起步阶段,仍然存在着较多的问题,市场建设十分不完善、不健全。这样的不健全,给我国的大学生就业造成了极大的困难,特别是在全球金融危机爆发,经济环境不好的情况下,这种不完善更加突出,给大学生的就业造成了额外的压力。

(一) 就业市场划分不明确

我国的就业市场尚未进行细致划分,就业市场的定位十分不明确。

---

① 北京将采取多项措施帮助高校毕业生就业.[EB/OL]. http://news.xinhuanet.com/mrdx/2008-11/27/content_10420160.htm. 2008-11-27.
② 广州五大行业节后补员但缺口不大.[EB/OL]. http://www.btophr.com/b_article/20470.html. 2009-2-9.

就业市场划分是指通过制度规定,针对不同的求职对象(大学生、失业人员、外来务工人员),根据其不同求职特点,将整个就业市场进行有针对性的分类,提供适合这些对象的工作岗位和就业服务。

目前,我国各地已经纷纷建立和挂牌了许多的人才市场、劳动力市场,但是,往往针对的对象不明确,到人才市场往往可以发现这样的情形,来应聘的人员无论学历、工作经验都参差不齐,差异很大,给应聘者和用人单位双方都造成不便。不仅造成时间和精力的浪费,而且往往没有结果。人才市场所提供的各种岗位信息落差大,适应人群多,增加了各种不同类型人员的求职难度。对大学生来说,到人才市场寻找工作的时候,很多人都有过白跑一趟的尴尬经历,不但没有适合自己的工作,还浪费了体力和精力。

由于就业市场划分的不明确,给需要求职的各类人员增加了求职的成本和精力,从一定程度上造成了人力资源的浪费。

(二)学生就业市场存在"市场失灵"

作为人力资源重要组成部分之一的大学生,是人力资源开发的主要对象,是就业市场中的供方。我国自实行市场经济以来,大学生就业实行的是市场配置,即大学生毕业以后进入就业市场,在自愿的基础上,与用人单位之间实行"双向选择"。目前,我国的高等教育已经转向大众教育,每年有越来越多的大学生进入就业市场,但是市场所能够提供的岗位与大学毕业生的数量存在一定差距。因此,使得就业市场变得不堪重负,无法仅仅依靠市场本身运作解决就业问题,产生了"市场失灵"的现象。这样的市场缺陷主要表现在:不能保证充分就业的实现,就业市场只是为供需双方提供交易手段和实现机制,就业市场本身并不能保证充分就业的实现,也不具有实现充分就业的功能;不能制止交易中的不公正行为,大学生在就业过程中处于被动弱势地位,用人单位就利用其优势地位,抬高门槛,市场对这种现象是无法干涉的。[①]

(三)信息不对称问题较为严重

在大学生就业市场建设中,用人单位、高校、学生和政府四方之间存在着严重的信息不对称现象。首先,学生在报考高校的时候,往往非常盲

---

① 赵泽洪、廖敏.大学生就业中的市场配置与政府调空[J].黑龙江高教研究,2008(10).

目,对自己将要学习的专业缺乏最基本的认识和了解,更不要说了解在毕业后应该往哪个方向来开始自己的职场生涯。在面临毕业就业的时候,高校的就业管理部门对学生信息的了解是不全面的,内容较为单一没有特点,无法真正反映学生在校四年各方面的状况。其次,高校就业管理部门未能相当充分地了解到社会的经济发展状况,尤其是当地经济的结构、层次、前景,各用人单位的用人情况,用人单位对人才的需求情况。同样,用人单位对高校培养怎样的人才,培养出来的人才是否符合其要求,也没有确切的了解和认识。再次,大学生对用人单位发布的招聘信息不能够及时了解和知晓;相对地,用人单位对毕业生的情况、专业水平等没有充分认识。这样的现状对企业来说,会在招聘这个环节上造成人力成本的浪费,而对学生来说,也会浪费自己的求职时间,白跑很多公司进行面试,最后却发现职位根本不适合自己,同时错过了就业求职的黄金时期。另外,政府未能对当地用人单位的人才需求量有充分把握,从而出台相关政策。

各个方面之间的信息不对称,增加了大学毕业生就业的难度,同时,也不利于就业市场的建设和良好运行。

(四)大学生就业市场建设地区间发展不平衡

我国是一个地域辽阔的国家,各地的经济发展水平存在较大的差距,这导致了就业市场的建设水平也存在极大差异。在东南沿海经济较为发达的地区和较大的城市,由于软硬件各个方面都比较完善,使得大学毕业生都希望在这样的地方就业,能够获得高收入,拥有良好的生活质量,造成了这些地方的大学生就业市场呈现了供大于求的现象,地区间的失衡造成岗位数量和求职学生数量的落差。相反,在西部经济不发达地区,大学生却是供不应求,缺少有能力、优秀的求职大学生。长此以往,就形成了一个恶性循环,经济发达地区的大学生在烦恼找不到工作,面临巨大的就业压力,不断降低自己的期望值、薪资,做着低于自己能力的工作,造成人力资源的隐性浪费;而经济落后的地区,缺乏急需的优秀人才,更加减缓建设的速度,从而导致东西部地区间的差距越来越大。

东部地区大学生供大于求,西部地区则正好与之相反,形成了地区之间发展的不平衡,加大了东西部地区之间各个方面的差距。

(五)在大学生就业市场建设的过程中,政府存在责任缺位

在大学生就业市场建设的过程中,政府的责任缺失体现在多方面。

首先,我国的就业市场建设存在着制度滞后的问题。我国在2008年才正式推出《就业促进法》,和发达国家相比,这类促进就业的相关法律出台较晚。在就业促进法中,明确了促进就业是政府的重要责任。但是,这样的相关法律,仅仅一部《就业促进法》远远不够。例如如何消除就业歧视、如何保障大学生在就业过程中的权益等等问题,并没有通过法律加以明确。这些相关问题尚未明确,给《就业促进法》的有效推行,真正落到实处提出了巨大的挑战。其次,政府在大学生就业市场的建设过程中,缺少相关的就业服务。目前,我国政府正在向服务型政府进行转型,在这个过程中,如何真正体现服务功能是转型的重中之重。公共管理服务是体现服务型政府的重要方面,目前我国所谓的服务窗口仅仅停留在形式上,服务的分类、专业性上都存在较大的问题,基本上就是政策解释。再次,要促进大学生就业工作,职业中介机构也是十分重要的一方面。但是,由于长期缺乏规范管理,在我国提到职业中介机构经常给人"黑中介"的印象。在就业市场成熟的国家,职业中介是必不可少的一部分。如何建立规范完善的职业中介机构,是要致力建设服务型政府所必须面对的一个难题和挑战。

在全球金融危机的影响下,政府为缓解就业压力,组织了多场招聘会,但是这其中就出现了一些问题。在招聘会现场确实有很多的企业来参加,但是这些企业是否真正计划要招聘人员,所提供的岗位是否真正存在,我们均不得而知,形成了一种所谓的"招而不聘"的现象,甚至有的企业根本没有计划招人,也来招聘会现场凑热闹,收了许多的简历,却石沉大海,造成了就业市场的混乱。面对这种现象,政府缺乏对其的必要管理,应尽到市场监督者的职责,维护就业市场的正常秩序。

(六)职业指导培训体系不完善

在我国现在的大学毕业生中,普遍存在一个问题,绝大多数学生在离开校园之前没有接受过任何形式的职业培训。这给尽快进入企业,走上工作岗位增加了难度;同时,对于用人单位来说,由于大学生缺乏实际操作经验,进入企业之后需要一段适应时间,无形中增加了其用人成本,在招聘大学生时,会有所顾虑和犹豫。在我国的高等教育中,也缺乏职业培训教育。多数大学生在寻找工作时,并没有对自己的职业生涯有一个完整的规划,总是用走一步算一步的心态在寻找工作。没有职业规划,就自然不会有针对性地参加职业培训,对自己的职业前景一片茫然,找到什么工作就做什么工作。职业指导培训的缺乏,是我国大学生在就业过程中的最大致命伤,成为横亘在大学生面前最大的绊脚石。然而,面对这样的现实状况,我国在大学生就业市场建设过程中,仍未重视职业培训体系的建立,职业指导和职业培训成了"被遗忘的角落"。并且大多数的高校毕业生对在校期间的职业课程设计和实施也存在一定的误区,职业培训的实施多数停留在形式上。根据调研报告的问卷调查,大约有51.72%的大学生认为在校期间的职业培训十分有必要,还有一些学生认为职业培训没有必要。具体比例见下图。

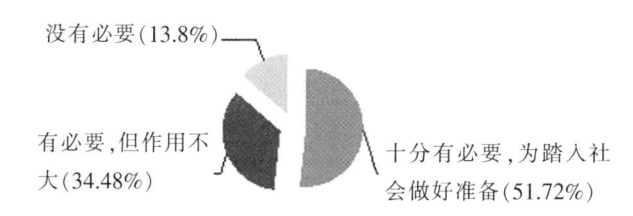

图 4-1 大学生对高校职业课程设置的态度

二、国外大学生就业市场状况

国外大学生就业市场主要分为两类:一类是以政府为主导的就业市场,主要以德国和日本为代表;另一类是以市场为主导,主要以美国和英国为代表。德国的大学生就业市场建设中,政府是青年就业市场的建设者、管理者和监督者。日本是以政府为主导,学校、社会和用人单位密切配合。美国的大学生就业市场建设完全是市场化的,由市场来调节,政府主要扮演服务提供者和媒介平台提供者的角色。英国也主要依靠市场机制来建设大学生就业市场。

1. 德国:可雇佣性导向

德国的高校毕业生就业率极高,这是因为德国课程设置的特点以培养毕业生的可雇佣性为导向,大学毕业生的胜任力与雇主需求相匹配。国际劳工大会(2000)将可雇佣性定义为个体获得和保持工作、在工作中

进步以及应对工作中出现的变化的能力。课程设置是提高大学生可雇佣性的关键,德国高校课程设置的特点是:

第一,注重实践,德国高等院校高度重视实践教学,实习是教学计划中必要环节,德国高校提供给大学生较多实习课时,让学生到工厂、公司去实习,并需要取得实习合格证书,在每半年中均安排有三个月左右的企业实训(或实习)。

第二,拓宽课程设置,拓展就业口径,德国的课程注重循序渐进,重视理论基础的学习,基础阶段的学习大多以拓宽知识面为主,所涉课程范围较广,此外,德国高校每年都对毕业生进行互补性专业知识培训,进一步拓宽知识面,其主要目的是为了学生毕业后更容易适应用人单位的要求,更容易找到满意的工作。

第三,注重能力培养,加强对学生进行综合能力的培养,尤其是动手能力、实际操作能力的培养,还注重培养学生的自主学习能力,自主学习是指主动地、有主见地学习,从进大学起,除校、系提供的书面指导材料外,学习上的一切问题的发现与处理,都靠学生自己。

第四,以市场需求为导向,德国高校的专业设置以社会需要为依据,专业设置的应用性更为突出,专业紧密结合社会发展的实际,及时反映人才市场的需求,因而其毕业生在人才市场上具有很强的竞争力,就业率高于一般大学的毕业生。[①] 除此之外,德国高校的课程设置往往参考企业的建议,以此来培养企业真正需要的人才。

除了较为有特色的高校教育之外,德国在促进青年就业方面还有其他各种政策。在德国,青年就业在法律法规上得到较为系统的保障,先后颁布《职业教育和培训法案》《职业教育促进法》《青年人劳动保护法》,使青年就业项目的实施以及就业前的培训成为一种专门性、强制性的社会义务,也成为历届政府执政期间必须考虑的要务。在德国,青年人从学校到就业的过渡分为两步:第一步是寻求见习机会;第二步则在于雇主是否决定雇佣而成为正式的成年工。

2. 日本:统一就业制度

日本政府从自身的经济发展和独特的雇佣制度出发,形成了有别于

---

① 高嘉勇、潘晨.德国高校课程设置与可雇佣性研究[J].天津市教科院学报,2008(4).

西方以就业信息为中心的模式。在大学毕业生就业工作中,日本采取的是政府为主导,学校、社会和用人单位密切配合,协调一致的统一就业制度。高校毕业生实现充分就业主要得益于一套完善的就业促进体系。具体就是由中央政府设立国家一级负责毕业生就业工作的职能部门:文部科学省和厚生劳动省,地方设学生职业中心和职业安定所,全面负责毕业生就业问题。

文部科学省的主要职责:一是制定大学毕业生就业促进政策,进一步深化高等教育改革。具体包括:促进各个大学的毕业生就业指导体制的充实和强化;负责国立大学就业指导专门员的配置;指导各个大学实施旨在培养学生职业观和自主选择能力的职业生涯教育;培训高等学校中就业指导担当者,通过专业技术指导,提高其业务水平。二是做好和毕业生就业相关的调查和统计分析。调查的主要内容包括就业希望率、考研希望率、供需比、签约率、就业率等。

厚生劳动省的主要职责:一是对应届毕业大学生的就业支持。劳动省在东京设立了学生职业综合支援中心,在其他各大区的中心城市设立了学生职业中心,在其他各县府所在地设立了职业相谈咨询室,用信息网络将其连接起来,专门负责学生职业指导、职业咨询、职业介绍、信息发布和查询,供求见面等。二是对未就业毕业生的就业支持。对未就业毕业生,学生职业中心等职业安定机构会继续提供就业支持,为未落实单位的毕业生开拓就业市场,帮助尽快落实工作单位。三是推广就业体验制度。就业体验制度指的是所有学生在学期间,在企业等社会组织中进行一定时间的职业劳动生活体验,初步形成职业价值观及获得职业机会的就业体验活动。各地方政府的劳动部门在毕业生就业中起辅助作用,设有学生职业中心、公共职业安定所,是劳动省的派出基层单位,负责具体事务。[①]

3. 美国:市场主导

美国大学毕业生就业完全依照市场规律运行,已形成了良性的运行机制。美国联邦政府不直接干预大学生就业工作,在就业中起着法律保

---

① 王萌.美国、日本、德国在大学毕业生就业中政府作为的研究[J].科技信息(学术版),2008(5).

障和信息引导作用。美国劳工部和教育部主要负责开发就业渠道、调查和制定宏观政策、信息统计分析和发布等;各州政府设有发展局,负责推进就业工作,经费由联邦政府核拨。政府行为主要体现在两个方面:一是及时准确地发布岗位信息,预测就业环境变化与就业趋势等,为大学生就业提供信息指导和帮助。二是制定促进大学生就业的相关法律政策。主要体现在四个方面:一是完善法律保障体系,通过法律来保障高校毕业生的就业权利和用人单位的合法权益;二是制定相关的免除学生贷款义务的就业促进政策;三是政府通过调整产业政策、金融政策、财政政策和失业保障政策等促进就业机会的培育,以缓解毕业生就业问题;四是政府鼓励大学生创业,联邦政府在创业贷款审批程序及审批费用等方面提供了便利条件。

在美国,高等学校是大学生就业指导体系的核心。各高等学校都非常重视大学生的就业指导工作,把就业指导置于学校日常工作的中心。为了增强毕业生的市场竞争能力,美国各高校加强了人才培养改革,强调通识教育和学科交叉,提高综合素质和适应能力,强化实践应用和研究能力,培养创新精神,并根据社会和市场需求的变化自主灵活地调整学科和专业设置以及学生所选课程,并通过自身所具有的较强的自我调控机制和能力,弱化了学校教育的滞后性,增强了毕业生对社会需求的适应性。

美国有为数众多的职业中介机构,其中有一些非营利性机构,在学生就业中发挥了重要作用。用人单位强化协调用人机制,积极为毕业生提供实习机会。[①]

4. 英国:就业教育

在英国,学校教育的目的主要是为了学生就业,英国高校大学生实行的是自主择业模式,其特点是大学生就业的社会化、市场化。高校课程设置紧紧围绕就业市场的需要,学生所学课程的实用性很强。英国高校非常注重为学生提供入学前的咨询服务,每个学校都有定期的"开放日"(Open Day),学生可以到自己拟申请的学校详细了解专业设置、就业前景和各专业历届学生就业状况等,在上大学前对自己将来可能从事的职

---

① 卢仁山、沈国华.美国大学生就业指导体系构建对我们的启示[J].技术经济与管理研究,2006(3).

业有个初步了解。在校期间,除了专业知识以外,十分注重实践能力的培养。英国高校一般都设有"毕业生就业指导服务部",既是学生们就业信息的主要"数据库",又肩负着为他们排忧解难、对症下药的心理辅导任务。英国大学生就业指导部门同用人单位保持着长期联系,及时了解用人单位人才需求的情况,并向学生提供就业信息,帮助分析学生的具体情况、计划求职方向、面试过程中的注意问题,为这些刚刚走出校门、缺乏工作经验和社会经验的大学生提供更好的服务。[①]

三、完善我国的大学生就业市场建设的建议

大学生就业市场的建设,是需要多方面共同配合的。作为大学生就业市场参与者的高校、政府和用人单位,应该各司其职,明确自己的义务,建设一个成熟、完善、规范的大学生就业市场。

1. 建立规范的大学生就业市场

大学毕业生是一个特殊的就业群体,在就业之前,他们在学校读书,没有相关的工作经验,对很多政策不太了解,甚至在就业过程中不知道怎样维护自己的合法权益。建立规范的大学生就业市场可以有效地为高校毕业生提供他们所需要的各种服务,对大学生来说,在求职过程中,也可以节约许多时间,尽快找到适合自己的工作。建立规范的大学生就业市场是指建立具有专门的场所和人员,提供就业推荐、举办经常性招聘会、为毕业生提供培训和其他就业指导服务的具有公益性质的大学生就业服务机构。大学生就业市场的服务内容涵盖大学生就业的一切事宜,从求职前的培训测评等就业指导到毕业生就业信息的收集、发布和招聘会的举办以及毕业生人事代理等后续服务,形成一个从求职到就职的完整服务体系。

2. 强化政府在大学生就业市场建设中的责任意识

人力资源的有效配置主要依靠市场来调节,但是市场不是万能的,也

---

① 黄海平.英国大学如何帮助学生就业[J].中国地质教育,2004(2).

会存在"市场失灵"的现象,这时政府的适当介入十分必要。政府应制定优惠政策,来促进大学生就业。面对2008年下半年开始的席卷全球的世界金融危机所造成的大学生就业困难,政府推出许多优惠政策来缓解这一难题。中央、国务院出台了一系列促进就业的政策措施,还专门制定了加强高校毕业生就业工作的通知。各地区、各有关部门要开拓渠道,落实政策,搞好服务,扎扎实实做好高校毕业生就业工作,国家机关、事业单位和国有企业要发挥带头作用,力争招聘人数不低于去年。特别是针对西部经济不发达地区缺乏大学生的现实,国家制定了一系列优惠政策来鼓励优秀的大学生改变就业观念到真正需要的地方实现自身价值。在上海,政府出台大学生创业优惠政策,包括享受免费风险评估、免费政策培训、贴息贷款担保及部分税费减免四项优惠政策,来鼓励大学生拓宽就业渠道,改善大学生供需不平衡现象;还有推出大学生见习制度,由财政出资,解决大学生就业问题,通过见习制度让大学生先积累工作经验,弥补实践经验的不足。

今年在金融危机影响下,国家人力资源和社会保障部、教育部、共青团中央、国资委、国家工商总局等七部门制定推出了《"三年百万"高校毕业生就业见习计划》,来促进大学生的就业,切实履行政府在推动和稳定就业方面的责任。2009年至2011年,七部门将组织一百万名离校未就业的高校毕业生参加就业见习;拓展和规范一批用人单位作为高校毕业生见习基地;进一步完善离校未就业高校毕业生见习制度;通过努力,提高参加见习的高校毕业生的综合素质和就业能力,丰富其工作经验,增强市场就业竞争力[①]。

3. 减少大学生就业市场中的信息不对称现象

建立反映大学生在校期间综合能力的档案。通过建立档案,能够反映大学生各方面能力,包括理论知识学习情况、社会实践情况等等,使得用人单位在选择人才时能够最大限度地了解大学生能力,减少信息不对称的影响。当然,信息沟通是双方面的,对企业来说也要积极介绍自己企业的概况、企业文化等等,让大学生在求职的过程中能够对企业有一定的

---

① 组织一百万高校毕业生"就业见习".[EB/OL]. http://www.moe.gov.cn/edoas/website18/48/info1239842784408448.htm.2009-04-16.

了解,然后选择最适合自己的企业去应聘。另外,作为高校来说,也是就业市场中的一部分,应该要为大学生提供各种就业信息,减少由于信息不对称而造成的就业困难,并且根据和用人单位之间及时的信息沟通,了解用人单位的人员需求,对自己学校的学生进行针对性培训以达到用人单位的要求,提高学生的就业效率。

另外,随着科学技术和信息技术的快速发展,人们的沟通通过互联网变得更加透明和及时。因此,利用网络,建立一个由政府、用人单位和高校三方参与的信息网。政府发布促进就业的各种优惠政策和信息;用人单位发布其用人和岗位信息;而高校则负责根据这些信息来推荐合适的高校毕业生进行就业。最大程度地缓解信息不对称现象,来提高大学生的就业效率,加快就业市场的信息互换速度,加强就业市场的平台作用。

4. 完善高校的课程设置,为学生踏入社会做好准备

目前我国高校课程设置仍然十分重视理论知识学习,缺乏对可雇佣性课程的设置。通过对国外发达国家高校课程设置的了解,可以发现拥有成熟大学生就业市场的国家其高校课程设置无一例外十分注重实践教学,以可雇佣性为导向。以德国为例,每半年的学习中就要安排三个月的企业实习,以便学生毕业以后能够尽快进入企业开始工作。但是,目前我国高校课程设置缺乏实践活动。所以,针对这一问题,我国高校在课程设置的问题上,应该加大对实践课程的设立,改变现行的教学模式,少讲多做,注重动手能力的培养,注重实践教学。由学校出面和一些用人单位合作,建立实践基地,让学生能够真正深入企业去学习和实践。并且在推行的过程中,一定要保证这样的实践课程真正落到实处,而不是仅仅停留于形式。另外,在课程设置上也应该转变观念,以市场为导向,根据市场调研和雇主访谈,及时增设市场需要的专业与课程,尽量避免专业设置的滞后。另外,还要加强高校中的职业指导。通过完善课程设置,来提高我国大学生的可雇佣性,实现企业、高校和学生三方共赢。

5. 充分发挥职业中介组织在就业市场建设中的作用

从美国的青年就业市场体系中,可以发现各种中介组织和非营利机构在大学生就业中发挥了重要作用。政府无法解决所有的问题,需要社

会各种组织来共同推动大学生就业市场建设。其中,各种中介组织是社会组织的重要组成部分,因此,建立规范的中介组织十分必要。但是,在我国,职业中介组织是整个就业市场中最为薄弱的环节。大学生就业中介机构可以借鉴国外就业中介机构的运行模式,结合我国实际国情,以政府为依托,以学校为基础,以企业为纽带,形成相对独立于政府、学校,为社会公共服务的就业中介机构。建立规范的职业中介机构,制定职业中介机构设立的准入资格制度,规定所有的职业中介机构必须拥有合法的资格,从事与市场相适应的人事代理、信息服务,真正建立一个良性的专业化职业中介机构。配备专门的就业指导人员,同时对就业指导人员进行定期的专业培训,提高其业务能力。通过细致规范的法律规定,提高职业中介机构的业务能力,使得职业中介机构真正能够成为劳动者实现就业的一个重要渠道。

6. 完善职业指导培训体系

我国在职业培训方面还是较为薄弱。首先,要制定相关的职业培训法律,来促进职业培训体系的建立。其次,通过这样的职业指导,让大学生能够针对自己的特点制定职业生涯规划,明确自己职业发展方向,以提高就业效率。在大学生进入企业以前,应该参加相关的职业培训或实习实践,为进入企业,走上工作岗位,做好心理和能力上的准备。另外,还要加强对大学生职业培训意识的教育,让大学生自己意识到要积极参加职业培训和社会实践,真正从内心来接受。使得职业培训和职业指导能够真正落到实处,而不仅仅停留在形式上。

还应通过职业培训和职业指导,使大学毕业生这样一个初次就业的群体,在进入社会和企业之前,做好心理和能力上的准备,能够尽快实现角色转换。

7. 严格审查,杜绝"招而不聘""虚设岗位"的现象

针对大学生就业市场中出现的"招而不聘""虚设岗位"的现象,政府必须要出台一定的政策和规定来杜绝。首先,在大型招聘会开始之前,应该派遣专门的人员对那些需要招聘人员的企业进行核实,确保其提供的岗位是真实的,确实有用人需要的。其次,就是在招聘会结束以后,需要

有人员进行一段时间的跟踪调查,确保投递简历的劳动者,能够获得就业岗位。通过这样的规范,减少并且杜绝"招而不聘""虚设岗位"现象的发生,真正建立一个有秩序的市场,来满足广大高校毕业生的就业需求,提高就业效率。

大学生就业市场建设需要通过政府、用人单位和高校三者之间相互合作建设。政府需要做好政策制定、市场监督的工作,为大学生就业市场的建设做好政策方面的保障。用人单位要和学校加强合作,建立相关的职业指导计划,给予踏入社会的大学生一定的职业培养和训练,提高其就业竞争力。高校需要在课程设置上有所改善,以可雇佣性为前提进行课程规划,做好学生和用人单位之间的桥梁工作。通过三方之间的合作,来完善和规范我国的大学生就业市场建设。

大学生就业市场建设不是一朝一夕就能完善的,需要考虑到方方面面,希望通过本书,对我国的大学生就业市场建设有一定的积极促进作用,为更好地建设这个市场提供一定的借鉴。

第五章
大学生就业现状与就业难的原因分析

随着我国高等教育改革的不断加快,大学教育已从精英教育走向大众化,每年毕业的应届大学生人数急剧膨胀。当下,大学生已经不再是上个世纪人们眼中的天之骄子,就业难成为了我国人才培养过程中遇到的一个严峻问题。而造成这一问题的主要原因可从以下几个方面进行探究,具体包括:我国经济发展不平衡、产业结构不合理,陈旧僵化的高校教育以及大学生自身的就业观念。除此以外,我国政府在大学生就业问题上责无旁贷,其立法不足、政策执行力度不强和监督不力也是造成当今大学生就业难的主要原因。

在当今社会,莘莘学子们都有共同的愿望:有个稳定的工作、较高的收入和良好的发展,实现自己的价值。例如公务员、大型国企及事业单位,稳定、收入高的职业是他们人生理想的职业和价值选择。近两年来,二、三线城市甚至西部地区迅速发展起来,其生活成本低而薪水并不低的就业机会使北上广深等大城市的魅力稍减,但仍有大部分的大学生愿意选择大城市和沿海发达地区就业,因为那里的生活环境比较优越,拥有更多的就业机会,可提供更多的发展空间。然而优越的环境必然导致人才的聚集,大城市职位供给趋于饱和,必然导致人才竞争的激烈。现实情况是,我国广大的中西部人才短缺,东部地区就业竞争加剧;有些用人单位如中小企业、乡镇企业招不到毕业生,而一些大型国企、外企、合资企业等却人满为患。

而在大学生追求优质职业的同时,用人单位对毕业生的要求也在提高,既注重学生的综合素质,也注重学生的实际工作能力。但目前我国高校教育在社会实践教学方面做得还不太成熟,存在着严重的知识学习与社会脱节的现象。经验不足,实践动手能力差,不能吃苦耐劳等是现今刚毕业大学生普遍存在的问题。大学生素质与社会岗位需求存在的巨大差距,以及其就业预期与现实的不相符合,是造成大学生失业风险的重要因素,导致了我国高校毕业生的结构性失业和自愿性失业逐年加剧。

一、目前大学生的就业现状

1. 高校毕业生初次就业率走低

衡量大学生就业状况的指标有很多,其中最重要的是高校毕业生初次就业率。初次就业率是指离校时,已经确定就业去向的毕业生人数占全体毕业生总数的比例。当前我国对高校毕业生初次就业率的统计文献有很多,包括全国高等学校学生信息咨询与就业指导中心和北京大学教育学院联合编制的《全国高校毕业生就业状况》一书,该书运用的数据来源于全国各普通高校上报给教育部的毕业生初次就业情况的数据。学者岳昌君[①]在《高校毕业生就业状况分析:2003—2011》一文中采用了北京大学教育经济研究所于 2003 年、2005 年、2007 年、2009 年以及 2011 年进行的五次全国高校毕业生的抽样调查数据。[②] 王天一在《大学生就业率不高的深层次原因及对策》一文中整合了我国 1999 年—2010 年大学生的就业数据。[③] 由于统计口径不一,现有文献间的数据存在着相当大的差异,教育部公布的数据略微高于学者们的调研数据。考虑到教育部数据存在水分,本文认为调研数据更具可靠性并在此基础上整合了一组数据,数据涵盖了 1996 年—2012 年毕业生的初次就业率。(见图 5-1)

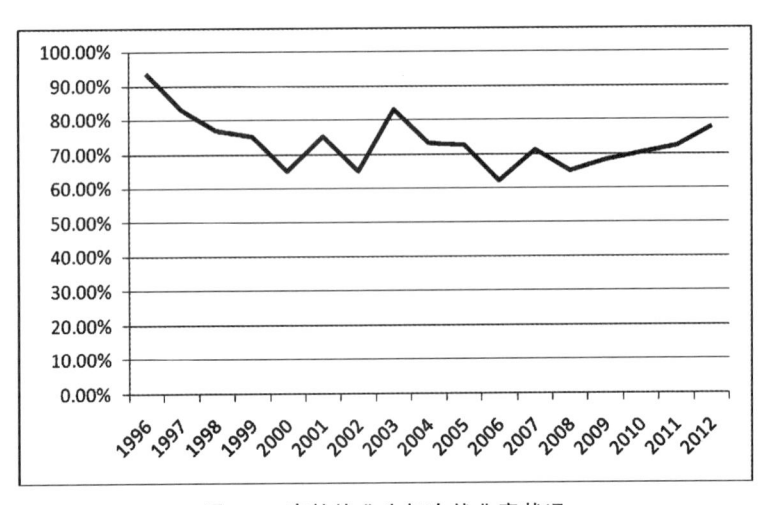

图 5-1 高校毕业生初次就业率状况

从图 5-1 我们可以看出,自 1996 年起,我国应届大学生初次就业率整体处于下降趋势,1996 年初次就业率为 93.70%,2006 年达到最低点,

---

① 岳昌君,高校毕业生就业状况分析:2003—2011[J].北京大学教育评论,2012(1).
② 从 2003 年始,北京大学教育经济研究所每隔一年对全国高校毕业生的就业状况进行问卷调查,调查对象是当年的应届毕业生,调查时间是当年的 6 月份。
③ 王天一,大学生就业率不高的深层次原因及对策[J].天津职业院校联合学报,2011(7).

就业率仅有62%,下降了21.7个百分点。在金融危机的影响下,2008年、2009年高校毕业生的初次就业率也只有65%和68%。由于近两年政府出台了一系列促进大学生就业的政策,2010年—2012年间,大学生初次就业率略有回升,但也只是维持在70%—80%之间。随着每年大学生毕业人数的基数在不断地扩大,这就导致了每年未能实现就业的大学生人数在迅速地增加。

2. 学历的就业效应逐渐减弱

长久以来,我们总存在一种观念,就是学历越高越容易找工作。然而,近年来就业市场上呈现出"学历倒挂"的现象。随着社会的发展以及高校毕业生规模的扩张,学历贬值现象日益突出。在求职的过程中,学历于求职者只是一张进入社会的门票,用人单位需要的是同时具备知识与技能的复合型人才,并且在这两者之间,企业更青睐能力强的学生。然而,目前许多大学生的学历与能力并不相符。他们的书生气太浓,空有知识的空中楼阁,实际动手能力却不强,难以达到用人单位的期望。在此基础上,以技能教育为核心的大专院校的学生逐渐在求职市场中突围而出。

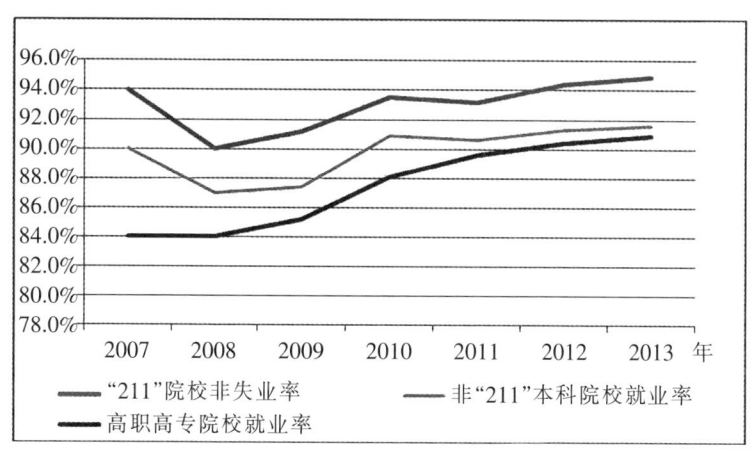

图5-2 2007届—2013届大学生毕业半年后就业率/非失业率变化

(数据来源:麦可思研究院编著:《中国大学生就业报告》,社会科学文献出版社)

从图5-2我们可以发现,2013届"211"院校非失业率为94.9%,比2012届上升了0.5个百分点,基本持平。非"211"院校和高职高专院校的就业率分别是91.6%和90.9%。更值得我们注意的是,"211"院校、非"211"院校以及高职高专院校在2009年金融危机后,三者的就业率差距持续缩小。这进一步反映了当下就业市场上,学历的就业效应逐渐减弱。

3. 毕业生的工作意向单一

在众多大学毕业生眼中,国企、政府机关才是最理想的工作单位。国有部门稳定的工作和较高的薪酬福利待遇对毕业生有着巨大的吸引力。其次,外企较高的薪酬水平以及系统的员工培训、较为自由的工作环境也深受大学生追捧。许多进入民营企业工作的学生都有点无奈接受的状况。例如,每年的"公考热",有些岗位达到了一比几千的竞争比例。加之我国难以从体制外转换到体制内工作的国情,造成了许多学生自愿失业也不愿随便地选择一家中小企业的现状。

大学生在就业前就有着一定的职业偏好,一项关于毕业生就业单位选择的实证研究表明,在大学生就业单位选择中事业单位、政府机构、外资/中外合资、民营企业依次递减。[①]

关于高校毕业生就业的宏观统计数据亦证实了大学生就业单位选择中存在以上偏好顺序,根据全国高等学校信息咨询与就业指导中心在《全国高校毕业生就业状况》一书中的统计,2004—2008年间,事业单位和企业是高校毕业生就业的主要单位。其中,在事业单位就业的比例2004年为23.8%,2008年为11.4%;而在企业就业的毕业生2008年达到了58%。2009年—2010年,企业是高校毕业生的主要就业单位。2009年其就业比例为61.6%,2010年上升到了68.3%。根据麦可思的研究,2011民营企业/个体是大学毕业生就业最多的用人单位。民营企业的突围在一定程度上也折射出当下大学生就业形势的严峻。

4. 高校应届毕业生的收入状况不佳

近年来,大学生毕业起薪问题受到大家的广泛关注。根据人力资源与社会保障部给出的统计数据显示,2013年,我国大学毕业生的月平均

---

① 余启军.高校毕业生就业单位去向选择的影响因素分析[J].统计与决策,2014(23).

起薪3378元,高于农民工的月平均工资2609元,低于全国城镇非私营企业在岗职工的月平均收入4289元。总体来说,大学生的起薪在整个社会的工资层中,仅能达到中等偏下收入水平。根据2011年清华大学中国经济社会数据中心发布的大学生收入报告,大学应届毕业生的平均初始工资为2719元,其中69%毕业生起薪不到2000元,最低为500元,起薪为5000元以上的毕业生仅占3%。而与此同时,在"用工荒"的大背景下,农民工收入增幅达22.7%,大学毕业生的起薪与农民工工资的差距正在不断地缩小。

另外,全国不同区域,大学生的收入水平的差距甚大。据统计,我国东部的工资水平要远远高于中部、西部和东北部。北京、上海、广州以及深圳四个城市月平均工资为2529元,高出其他地区27%。西部地区月平均工资为2048元,高于中部和东北。

5. 应届毕业生的就业渠道狭窄

当前,大学生主要通过以下一些途径获得就业信息。

第一,学校就业指导中心发布的信息。这一项一直都是毕业生求职重要的信息来源,2011年其所占的比例为29.7%。但是这一项就业渠道存在一定的局限性。在现实中,许多高校对搜集就业信息并不积极,他们更多时候是等用人单位的主动联系,与当下倡导开拓就业市场的方针相悖。其次,由于高校搜集的就业信息一般来源于高校所在地,对高校所在地以外的企业的招聘需求存在搜集不足的现象,无法给学生提供全面的就业信息。

第二,网络招聘平台。随着网络技术的发展以及普及率的提高,越来越多的学生喜欢在网络平台上搜集招聘信息。与2003年比,该渠道在大学生就业中发展迅速,2011年该项比例达到了19.6%。颇受学生喜欢,做得比较成功的招聘网站有智联招聘、中华英才网、应届生以及搜仕网。但是这些平台毕竟以营利为目的,主要为招聘企业服务,更加关注一些知名的大企业。打开网页,我们就可以发现置顶的往往都是那些世界500强的外资企业,对社会上一些小单位的招聘信息关注力度不足。

第三,校园宣讲会和招聘会。每年,全国各地都会举行多场招聘会,一些知名企业也会巡回到一些高校进行宣讲。但在实践中,很多企业参与其中并不是为了招聘人才,而是借此进行宣传。而且,招聘会上,主办方没有对入驻企业进行合理地分类，一些优秀的企业会吸引大量的学生排队应聘，而小企业则门庭冷落。从而造成很多学生一天下来只能面试一家企业，其低下的效率长期被人诟病。

除此以外，大学生还可以通过亲朋好友的介绍搜集工作信息，2011年该项所占比例为20.7%，与以往持平。总体来说，大学生的就业渠道仍然比较狭窄。更重要的是现有的招聘渠道都存在各种局限，无法向学生提供全面深入的就业信息，尤其对一些二、三线城市的就业信息更加宣传不足，进一步局限了大学生的就业选择。

6. 应届毕业生创业效果不佳

联合国教科文组织在《21世纪的高等教育：展望与行动世界宣言》中明确指出，提升高校创业教育质量，使学生"具备创业意识，创造就业机会"已成为当代大学教育的重要组成部分。可见，加强大学生的创业教育是当今世界高等教育的发展潮流。目前，我国大学生创业中仍然存在许多问题，呈现出"三低"现象。(1)创业率低。根据麦可思研究院的研究，目前有76.7%的在校大学生有创业的热情，26.8%的学生打算毕业后创业，然而真正走上创业道路的应届毕业生却少之又少。2010届大学生自主创业率仅为1.5%，2011届为1.6%，2012届为2.0%，2013届为2.3%，增长幅度很小。2013届大学生中高职高专毕业生自主创业比例为3.3%，远远高于本科毕业生的1.2%。大学生创业率低的一个重要的原因是大学生们缺乏创新能力。教育部曾经对中小学生做过一个调查，调查显示，只有4.9%的人具备创造人格。加之，我国的学生从小接受的都是应试教育，创造性思维没有得到充分的锻炼，在创业的过程中很难找到一些创新性的项目，也较为容易受到各种局限。(2)创业成功率低。创业不是一件容易的事情，许多有经验的创业家都会遇到困难，挫折甚至失败。大学生首次创业面临的问题就更多了，如：如何合理利用资金，如何筹集资金，如何安排人员关系，如何运营等。如果大学生对创业的艰难性没有做好足够的准备，在遇到困难的时候也没得到帮助和指导，他们往往会半途而废，选择放弃。据不完全统计，大学生创业成功率不足3%，与美国等发达国家20%的成功率相比仍然有很大的差距。(3)创业层次低。我国大学生在创业道路上选择的项目一般都是传统项目，是他们认为已经在市场上发展得较好的行业，而极少选择一些风险程度高或者相对市场而言创新型的项目。一项调查显示,2010年2.9%的大学生创业选择服务业,包括商贸业、房地产和社会服务等,19.5%选择IT产业。他们选择这些行业最重要的原因是这些行业需要的科技含量不高,资金投入少。如果仅从这个角度出发,必然使得大多数创业毕业生在选择创业方向时与自己大学所学的专业不符。虽然今天的大学生就业并不强调专业对口,但依然会造成人才浪费的现象。同时,这些行业的层次较低,不足以体现大学生群体的优越性。最后,大学生在创业过程中的资金来源主要依靠父母、亲友和个人储蓄,来自商业性风险投资和政府资助的比例较小。

总的来说,我国大学生的就业状况仍然存在诸多问题。由于大学生群体在不断地扩大,其就业问题已经关系到我国社会整体的就业协调与稳定,政府、高校以及大学生本人都应该对该问题给予足够的重视。

二、大学生就业难的原因探析

1. 造成大学生就业问题的客观原因

(一)高校毕业生供过于求

自1999年教育部出台了《面向21世纪教育振兴行动计划》以来,高校扩招的步伐不断加快,大学毕业生人数在逐年增加。据统计,2001年全国大学毕业生总数仅为115万,但到了2003年,我国首批扩招本科毕业生进入就业市场导致人数倍增,达212万。到了2010年,大学应届毕业生规模为631万,2011年更达660万。到了2013年,大学应届毕业生人数高达699万,是2001年毕业生总数的6倍,增幅达513%。大学生扩招的幅度远远大于经济增长的幅度,社会每年提供的岗位已不足以满足大学生每年的供给,这在客观上成为导致大学生就业难的重要原因。

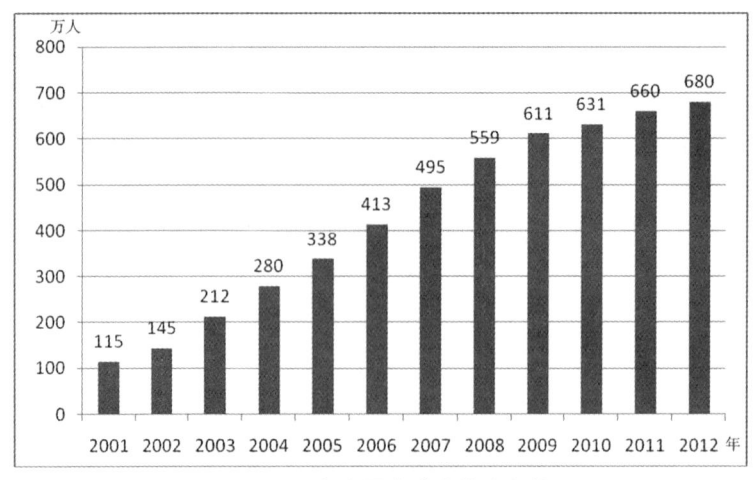

图 5-3　历年应届大学生毕业人数

数据来源：http://career.eol.cn/kuai_xun_4343/20130129/t20130129_898345.shtml

（二）我国区域间经济发展不平衡

我国经济发展一直都是东强西弱，城乡之间也存在着严重的差距。这种不平衡的发展使得东部沿海地区无论是在工资水平、社会保障抑或是生活质量上都优于中西部地区，许多大学生毕业以后都希望能够到这些发达的地区工作。图 5-4 和图 5-5 分别显示了 2013 届本科和高职高专毕业生就业地的分布。我们可以看出毕业生就业区域主要集中在：泛长三角区域[①]，分别占了 27.2% 和 23.2%；泛珠三角区域[②]，分别占 20.2% 和 20.6%；以及泛渤海湾区域[③]，分别占 23.6% 和 23.3%。

然而这些发达地区提供的就业岗位相对有限，远远不能满足大量毕业生的就业需求。我们常说的大学生就业难，事实上也仅是东部等大省市地区就业困难，在西部或者一些经济欠发达的地区，或者一些二、三线城市，大学生就业难并不存在。而且这些城市往往因为大学生净流出率过高，未能吸引到一些优秀的人才而进一步阻碍了地区经济的发展，这种恶性循环不利于我国经济长远的发展。

---

① 泛长三角区域经济体：包括上海、江苏、浙江、江西、安徽。
② 泛珠三角区域经济体：包括广东、广西、福建、海南。
③ 泛渤海湾区域经济体：包括北京、天津、山东、河北、内蒙古、山西。

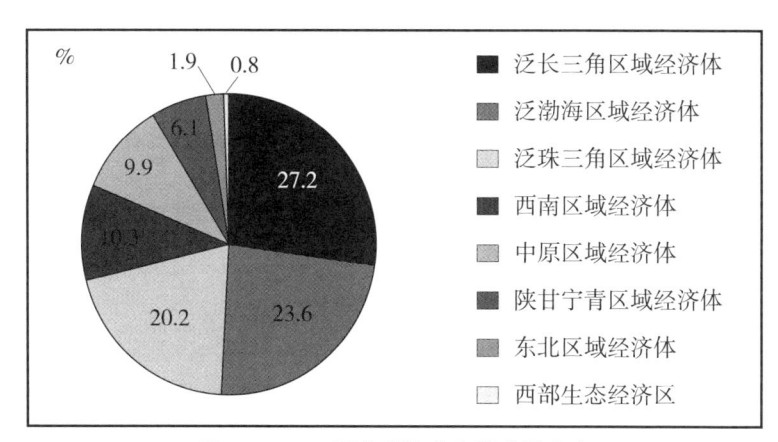

图 5-4 2013 届本科毕业生就业地分布

数据来源:2014 年中国大学生就业报告蓝皮书

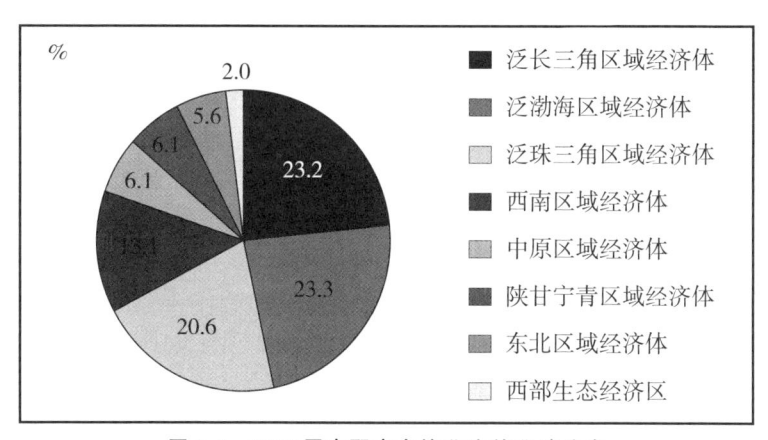

图 5-5 2013 届高职高专毕业生就业地分布

数据来源:2014 年中国大学生就业报告蓝皮书

(三)我国第三产业发展不够充分

产业结构与就业结构是相互影响的。根据配第—克拉克定理,随着经济的发展和增长,人均国民收入水平的提高,劳动力将首先从第一产业向第二产业转移,当人均国民收入水平进一步提高时,劳动力便向第三产业转移。国内许多学者也对我国产业结构与就业的关系进行了实证研究,得出结论:在经济增长过程中,第三产业对就业的带动能力最强,第二产业次之,第一产业最弱。因此,产业结构的转变必然带来就业结构的转变。当前我国的产业结构存在许多问题,如产业层次低、资源浪费严重、技术含量低、产业集群程度低以及产业链不完整等,劳动密集和资源密集型产业仍然是现阶段我国的优势产业。而大学生就业主要与信息技术、金融服务、信息咨询,教育服务以及科学研究等知识密集型和技术密集型的行业相关。这类型行业发展缓慢在一定程度上减少了社会对大学生提供就业岗位。这也是为什么时下农民工的工资水平高于大学生的重要原因。2012年我国三大产业增加值的比重分别为第一产业增加值占国内生产总值的比重为10.1%,第二产业增加值比重为45.3%,第三产业增加值比重为44.6%。第三产业发展滞后使其无法成为推动大学生群体的就业的强大动力。

(四)后危机时代的影响

2007年美国次贷危机席卷全球,我国的实体经济也受到了严重的冲击。金融危机通过产出下降压缩了社会整体劳动力包括大学生在内的就业。据国家统计局公布的数据,2009年城镇登记失业率为4.3%,此后2010年—2014年五年间城镇登记失业率均为4.1%,比2009年下降了0.2个百分点。就业不景气对大学生的冲击尤为严重,因为大学生属于市场新增就业范畴,但企业需要缩减劳动力时首先就是减少雇佣新劳动力再考虑解雇原有劳动力。其次,长期以来我国过分依赖外贸拉动经济的发展,金融危机过后,我国容纳较多大学生就业的外贸企业举步维艰,甚至有许多企业纷纷倒闭。最后,在金融危机的影响下,非国有制的企业会降薪,而与此同时,政府等部门工资刚性较强。在中国现有的人事制度下,毕业生工作后再想进入政府部门的可能性较小。因此,许多大学生十分重视自己的第一份工作,这扭曲了大学生的就业行为,造成大学生等待性失业或体制外自愿性失业的增加。

2. 高校人才培养与社会需求不匹配

我国现行的高等教育制度和培养模式比较陈旧,不能迅速适应社会对人才的需求,在一定程度上也造成了大学生就业困难。

(一)高校专业设置不合理

根据马丁·特罗的高等教育理论,高校的专业设置必须与产业结构的演进相对应。然而我国高校的专业设置违背了这一规律。例如:我国许多大学都想建设成"综合性大学"。为了实现这个目标,在发展的过程中,这些大学的在专业设计不以打造优势专业为立足点,而是追求"全面"。全面即意味着,学校不顾自身的教学能力和师资力量而设置各种专业。如,我国几乎所有的高校都设有金融、经济、贸易、管理、法学等,仅法律专业全国就有近40万在校大学生。高校之间重复的专业设置造成了同类人才的大量积压,给就业带来了明显的压力。2007年—2009年连续三届失业人数最多的专业有:法学、计算机科学与技术、英语、国际经济与贸易、工商管理、电子信息工程、会计学。2011年最新公布的红牌专业[①]中,法学、英语、国际经济与贸易再一次上榜。虽然存在着高失业率的风险,这些专业仍然是当下高校每年招生人数最多的专业。针对我国社会要求高校提供生产领域和技术型的人才,而大量服务型管理人才的输出造成了一方面我国大量的高校毕业生找不到工作,另一方面造成产业发展急需的专业人才紧俏。结构性失业正逐渐成为大学生就业难的又一重要影响因素。

(二)高校教育重理论轻实践

目前我国高等院校中,研究型院校占较大比例,技术型院校或职业院校占比少。而研究型院校的教学内容一般与实践脱节,导致大学生的实践动手能力较差,这已经成为用人单位长期诟病的问题。因沿袭传统的应试教育模式,重分数而不重联系实际,许多大学生存在"高分低能"的现象。此外,大多数毕业生均为理论型人才,而企业有较大需求的恰恰是技术型、实战型人才,这也就解释了为什么一些专科生反而比本科生更容易找到工作,理工科毕业生比商科毕业生能更好地就业。

(三)高校教育质量有待提高

目前,高校对人才的培养有滥竽充数的迹象。首先部分专业的设置仅为了满足家长和学生所好,追求专业名称时尚,但课程设置、教学内容与专业名称相差甚远,专业特点不鲜明。其次,许多高校对学生课程的考核较为简单和松散,部分老师,尤其是重点大学的教师重视科研而忽视教学,责任心不强,导致学生们专业知识不扎实,专业技能不强。此外,我国

---

① 红牌专业是指失业量较大、就业率较低、月收入较低、就业满意度较低的专业,为高失业风险型专业。

高校课程教授形式僵化,普遍采取老师教授的方法,学生们缺乏自主学习的精神,进而也缺乏创新能力。最后,高校对大学生缺乏就业信息、就业观念、就业技能以及就业心理的指导。教学不足导致输出的学生质量不高,学生们在招聘中缺乏竞争力也是其就业难的一大原因。

3. 政府促进就业措施的缺失

(一) 政策制订不足

过去的 10 年里,我国针对大学生就业先后颁布了一系列的法律法规。如《普通高等学校毕业生就业工作暂行规定》《国家发展计划委员会、教育部关于对普通高校毕业生收费有关政策问题的通知》《关于规范高校毕业生招聘工作维护教育教学秩序的通知》《关于进一步深化普通高等学校毕业生就业制度改革有关问题意见的通知》《关于切实做好普通高等学校毕业生就业工作的通知》《国务院办公厅关于做好 2003 年普通高等学校毕业生就业工作的通知》等。但这些法律法规主要是政策引导性,以及带来一些经济上的优惠,如取消对大学毕业生不合理收费、鼓励到基层工作等,但对大学生就业保障性的法律较少,且不全面,缺乏可操作性。例如,我国规定对到偏远地区以及部分经济落后地区就业的大学生采取免除助学贷款政策。但是,到这些地方就业以后,大学生能不能转回城市工作呢?需要多少年才能转回呢?要怎么转回呢?在这些地方工作,大学生还享受什么样的体制保障呢?如果要继续留在偏远地区工作,政府又会有什么样的补助和激励措施呢?家庭成员的保障,子女的上学……都是需要纳入法律的考虑范围,让这些内容有章可循,有法可依,才能引起大学生对到偏远山区就业的注意。除了操作性不强以外,我国在大学生就业方面的法律总体上比较笼统。如,在《劳动法》和《就业促进法》中虽然也有一些反对就业歧视的规定,但大学生在找工作期间还是会遇到各种各样的歧视,包括身体、年龄、工作经验、户口所在地以及性别等,现行法律难以涵盖我国目前劳动力市场上大量存在的歧视现象。最后,在创业政策方面,近几年我国出台了不少扶持大学生创业的政策,但具体实施细则混乱不清,市场准入门槛较高,创办企业审批手续比较烦琐、周期长、费用高、收费项目多。

总的来说,政府制定的政策远远不能涉及大学生就业的方方面面,在这过程中仍然有许多问题需要得到政府立法上的保障。政府在制定合理可行的相关法规和社会政策方面严重滞后,在一定程度上阻碍着大学生就业。

(二)监督不够、执行不到位

政府出台的促进大学生就业的政策未达到预期效果,主要是因为政府部门对就业政策执行力度不够和监督不力。在我国的《就业促进法》中明确规定不得有就业歧视现象,但当前大学生就业中性别歧视、户籍歧视却一直存在,同时一些用人单位不顾国家政策规定,把毕业生当作廉价劳动力,与毕业生签订不平等协议,不按规定给毕业生缴纳"三金"及相关保险,甚至以各种手段迫使毕业生违约。用人单位有法不依的现象一直存在,主要是因为政府部门未能大力打击这种行为。此外,在就业市场上也存在不公平的现象。每年公务员考试、国有企业招聘在编人员,黑幕操作获得职位现象已经是公开的事实,这在一定程度上扭曲了大学生就业环境的秩序。还有很多不法人员利用大学生找工作的急迫心理在就业市场上散发虚假招聘信息。这一切都与政府监督不到位,政策运行效果的检查力度不够有着重要的关系。因此,政府一方面应该加强就业立法,另一方面应加强地方部门对相关政策的执行力度。要求地方部门对相关政策进行细化,明确政策的操作执行条例,以增强政策的可操作性和就业吸引力。

(三)政府权力错位

大学生就业政策选择中政府权力的错位主要表现为:政府并没有把促进大学生就业作为一项责任,而是作为一项体现政绩的工程;没有将促进大学生就业作为自己应尽的义务,而是作为为自己谋求利益的途径。为了营造良好的政绩,个别政府给属下的高校和下级政府机构制定了硬性的毕业生就业率,甚至会将就业率作为一所高校来年录取学生的衡量指标。为了完成上级这个不合理的任务,高校不得不弄虚作假。某些高校对不提供三方协议的学生不给予毕业证,这样又迫使学生与社会上一些机构共同作假;有些高校将毕业生的户籍档案放在人才市场以此来统计毕业生就业率。随着高校就业率上升,地方教育主管部门可以完成上级教育部门的指标,形成"政绩工程"。但是这样做的实际结果不但没有促进大学生的就业,反而阻碍着大学毕业生的正常就业与工作派遣。

4. 政府社会保障和服务的缺失

（一）服务不到位

目前政府在促进大学生就业过程中，服务指导不到位。在履行服务职能时还存在着一些"官本位"思想。也就是说，政府并不积极地负责任地参与到大学生就业的工作中，对大学生就业服务并不上心，该管的事情没管好，不该管的事情反而诸多限制。如，在毕业生就业问题上，政府部门分工太细。大学生就业管理属于教育部门管理，劳动力市场属于劳动部门管理、人力资源市场属于人事部门管理，这样多头管理，各自为政，大大降低了毕业生找工作的效率。此外，多头管理，还会加大政府在执政过程中推卸责任，相互推脱的可能性。其次，在加强就业实习和培训、提供就业援助、就业指导等方面政府也做得不尽如人意。同时没有很好地促进中介机构的发展。中介机构存在着散、乱、差现象，即不规范、乱收费、诚信度差，严重影响了就业服务质量。再次，政府尚未建立全国性的网络信息平台，就业信息渠道不畅通，尚未能实现网络化供需见面、双向选择，缺乏有效的反馈机制，致使政府的服务职能没有发挥好，影响了大学生就业。大学生就业过程还涉及到相关职能部门，政府在其中起着协调的作用并不明显，没有有效地消除部门摩擦、解除人为羁绊，为毕业生就业创造有利条件。政府未能及时为高校提供超前的社会和经济发展的人才需求预测，使得高等教育与社会服务存在一定的滞后性。政府部门在组织招聘会时，没能做到真正的有序或专场，这就导致了参加招聘会的大学生爆满，参加人数的巨大导致了低效率，就业市场出现了不畅通的情况。

（二）保障制度不到位

就目前来讲，非公有制企业的社会保障制度仍然是残缺不全，许多单位不参加社会保险或者有选择性地让一部分员工参加社会保险。灵活就业的劳动者更是以无法参与社会保险为代价。在社会保障制度不健全的背景下，大学毕业生到非公有制单位就业意味着工作与生活风险会成倍上升，大学毕业生自主创业更是需要自己承担起全部的工作与生活风险。

2006年9月4日，国家劳动和社会保障部出台了八项促进就业措施，其中有一项就是对大学生失业的保障，即从2006年9月1日起，没有找到工作的应届高校毕业生将可以在户籍所在地办理失业登记,对进行失业登记的毕业生,街道社区劳动保障工作机构将发放就业服务联系卡,对登记失业毕业生中家庭困难、求职困难的将纳入重点帮扶范围。此项措施对之前出台的"对毕业半年以上未能就业的大学毕业生实行失业登记制度,按社会保障制度给予基本生活补助和就业培训"做了进一步的补充。然而,就实际情况而言,"失业登记制度"对失业大学生来说并没有太大作用,基本的生活补助不能维持他们的基本生活,虽然大学生们感觉这一保障制度非常好,但是对于改善他们的实际状况并没有明显作用。因此,社会保障制度不健全是损害大学生就业环境公平性的重大制度因素。

(三)我国人事制度滞后

我国人事制度改革相对滞后,大学生就业渠道不通。在我国城乡、区域发展不平衡的背景下,人的身份色彩依然很浓,甚至某些大中城市为缓解城市压力,设置障碍阻止人才的合理流动。少数用人单位都偏向于录取当地生源的毕业生,甚至一些政府招聘的公务员也会存在地域歧视,优先考虑当地人才。如北京市朝阳区 2012 年出台的《关于做好朝阳区 2012 年毕业生接收工作的通知》规定"在同等条件下,优先招聘北京生源、优先引进北京院校的应届研究生"这一政策规定明显对劳动力市场上的微观经济运行干预过多,不仅阻碍了人才的自由流动,也侵犯了用人单位的自主选择权。侵犯用人单位的自主选择权也是政府在企业经营活动上越位的一种典型表现。当前很多地方政府政策要求企业在雇佣劳动力时优先雇佣大学毕业生,也是在侵犯企业的自主选择权。

综上所述,2013 年,被称为"史上最难就业年",再一次引起了人们对当前大学生就业难问题的恐慌。尤其随着当下 90 后进入就业市场,他们是一群在我国经济高速发展年代出生的年轻人,多数是独生子女,缺乏艰苦教育,在求职上,他们关注的更多是职业的发展而不是维持生活的薪酬,对于这样一群新的求职者,新的求职诉求,我国市场的企业还未能做出及时的反应,加上我国区域经济发展、产业结构不平衡依然存在,大学生就业难现状在未来几年仍然难以改变。在这种情况下,进一步凸显了政府在大学生就业问题上的职责。毋庸讳言,造成当下大学生就业难现状,政府也要承担一定的责任。因此,政府的职责不应仅仅停留在培养大学生的阶段,还应该延伸到如何帮助大学生就业的方面,为促进大学生就业提供积极的帮助和服务。

5. 我国社会组织在就业促进中存在的问题

社会组织除了自己本身消化了一批就业人员之外，还积极组织招聘会、提供就业信息、进行职业培训，搭建各种有利平台，为促进就业提供帮助。但是，从上海市各种社会组织促进就业的现状来分析，达成的效果并不是十分显著。招聘会组织很频繁，规模也很大，但签约率并不高，意向率平均只有20%左右，签约率10%都不到；虽然主观上为求职者进行了信息提供、就业指导与培训，但真正培训的适销对路的人才并不多，客观上没有为求职者找到匹配的岗位。这种结果的产生，一部分归咎于我国劳动力过剩和金融危机阶段的社会大背景，另一方面也暴露出社会组织本身，以及社会组织借以成长的外部土壤存在着很多问题，只有充分认识到这些问题并且找出深层次的原因，才能找到更好的方案来提高社会组织在就业促进方面的作用。

20世纪80年代以来，随着社会进入转型期，特别是90年代以后，建立"小政府、大社会"的政府与社会管理模式已经成为一种趋势。"大社会"要求扩大社会的自治功能，政府给予社会更大的自主权，积极培育第三部门和非营利组织，协同政府一道来履行社会职能。但是由于我国的社会组织起步较晚，并且长期以来受计划经济的影响，社会组织的发展至今仍面临很多困难。

（一）社会组织独立性不足，无法自主帮助求职者

社会组织的民间性与独立性的特点决定了它们代表的是公—私二元领域之间的一种中介机制，它是政府进行社会管理的合作伙伴和得力助手，但不是依赖于政府的附属物。政府只能对社会组织制定法律规制、扶持政策和财政支持，以保证社会组织存在的合法性和健康、顺利地发展，而不能直接决定社会组织的人员任免和决策方案。而在我国的现实情况中，政府的行政权力渗透到非政府的社会组织的各个领域。

首先，登记在册的合法社团要受登记单位和主管部门的双重管制，灵活性和自主性遭遇绑架，大大减小了社会组织根据需要增加或减少服务以及采取多样性的服务模式、提供多样的就业渠道的自由度，不利于社会组织的发展。相比较，一些社会组织因找不到政府中的业务主管部门而被列为"非法社团"，完全失去了志愿工作的积极性。

其次,社会组织参与公共管理是执行而非决策。社会组织本应是政府与社会的桥梁纽带,反映民意,影响决策,但由于我国相当多的社会组织的领导职务由党政机关领导干部兼任,人事任免、目标方案的确立乃至工作的安排中有很多都是受政府有关部门的领导,我国一半多的社会组织没有自己正式的决策机构,缺少民主决策机制和制度保证。仅限于提供公共服务,以执行性参与为主,无法介入政府行政的咨询决策。例如浙江省的441个省级非营利组织中,由党政领导人兼任主要负责人的有301个,占总数的70%;2002年上海社会组织常务负责人中,来自政府机关为55人,占35.71%;事业单位和企业各位44人,各占28.57%;组织内部为6人,占3.90%(见图5-6)[①]。这些情况造成社会组织对政府有很大的依赖性,无法发挥独立的决策权,社会组织的影响力很大程度上取决于党政负责人的权势,而不是依赖自己的工作业绩,导致了社会组织的主动性、创造性的缺乏和效率的低下。

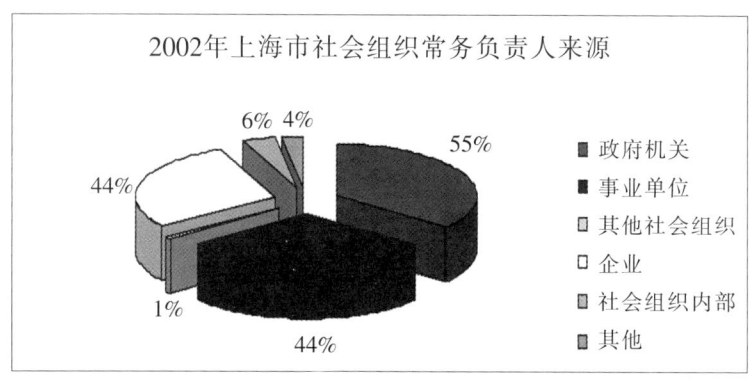

图5-6 2002年上海市社会组织常务负责人来源

最后,社会组织演化为"二级政府",保存了"官"性,却少了"民性"。例如,上海市工会主席,妇联主席,基金会董事长都属于政府公务员编制。这样就使社会组织逐渐丧失了民间性、自治性和志愿性,成为真正的"影子政府"。因此,在社会组织的发展过程中,要逐步改变政府单向地对社会组织的活动进行直接领导和干预的局面,逐步建立健全非营利社会组织的民主参与制度和渠道,使政府各职能部门与相关领域的社会非营利组织的对话协商成为一种日常制度。社会组织可以接受政府的授权,但

---

① 黄晓勇.民间组织蓝皮书[M].北京:社会科学文献出版社.2008:180.

却独立于政府行事。独立就意味着承担责任和使命,这样就可以促使社会组织创造性地采取灵活的措施和手段来有效地展开就业促进等各项社会工作,避免有力无权的尴尬。

(二)社会组织监管的法律体系不健全,就业者缺乏完善的法律保障

虽然总的来说,我国社会组织管理法律体系的建设已取得可喜的成就,但是法制化建设任务仍十分艰巨。这表现在,一方面,立法工作滞后于社会组织的发展,有关社会组织的法规还不完善。我国关于社会组织的法律法规目前主要有《社会团体登记条例》《基金会管理条例》以及《民办非企业单位管理条例》,条例的法律约束力不强,覆盖面还不完全,都不能得到保障,产生了较严重的社会认同危机。社会组织自身的合法性都得不到保障,更不可能有余力去帮助和服务于求职者了。另一方面,我国社会组织立法的层次和质量不高,一些具有法律效力的条例的内容侧重于登记程序,不仅与其他法规衔接性差,而且在具体问题上缺乏可操作性。更为重要的是,我们还没有真正完整的针对社会组织监管的法律文本,有关的社会组织登记管理条例都称不上是完整的社会组织法。由于监督的匮乏,许多社会组织内部管理涣散、组织财务混乱,工作面临停顿的危机。这些情况说明,我国社会组织监督管理的法制化程度还相当低,跟发达国家严密的非政府组织法律体系相比,差距还相当远。面对弱势求职者的求助,社会组织往往表面应付,或者即使想管也心有余而力不足。

(三)一些社会组织变质为营利性的商业化经营,丧失了公益性

当前各个国家的非营利的社会组织都面临资金匮乏的困境。人们普遍认为社会组织的经费可以由民间的自愿捐款来解决,其实依靠民间捐款和组织自筹的经费只占社会组织开支的很小一部分,大量活动经费还要依靠政府的资助来解决。例如,荷兰90%的第三部门的活动经费由政府资助,瑞典60%的组织经费由政府资助。很多社会组织为了得到政府的资助,而对政府工作人员进行"寻租";或者在政府客观上确实无力资助时,社会组织就很容易寻找其他"不合理"的途径来解决。

例如,我国很多本来以公益为目的的社会组织,像医院、学校等,由于资金的短缺或者营利动机的驱使,将太多的精力放在了营利活动上,甚至

对营利的兴趣完全压倒了提供公益服务和福利服务的兴趣,借用国家对非营利组织的优惠政策,为自己或本机构"渔利",忽视甚至损害了公共利益和社会效益。还有些社会组织以从事商业活动的方式赚取大量利润,从而与商业化企业的界限日益模糊,潜移默化地改变了这些组织的性质。特别是有些社会组织打着非营利的名号,从事商业活动欺骗求职者,为求职者介绍工作,收取大量的名目繁多的介绍费,严重侵害了求职者的利益,对求职者来说,本应该是雪中送炭却恶化为雪上加霜。这些途径和活动导致了非营利部门的营利化,志愿组织的不志愿,丧失了公益性和志愿性的特征。

(四)社会组织之间的竞争不足,缺乏为求职者提供帮助的动力

社会组织虽然不以营利为目的,但仍然需要业务上的竞争,以激发组织的创造力,提高管理和服务水平。但在我国,政府很少对社会组织的工作绩效进行考核和奖惩,而且对社会组织之间的竞争持反对态度。政府为了节省开支,降低资助的额度,还经常合并一些宗旨、业务范围相同或相似的社会组织,而不管这个社会组织经营的社会效果和存在的价值。《社会团体登记管理条例》和《民办非企业单位登记管理暂行条例》也都明文规定:在同一行政区域内,已有业务范围相同或者相似的社会团体和民办非企业单位,没有必要成立的,对于社会团体和民办非企业单位的申请不予批准。政府的目的是为了控制社会组织的数量,便于管理,但结果弊大于利,不仅使社会组织产生垄断的现象,并且造成了大量的社会组织自我优越感过高,进而忽略了其"服务性"这一重要本质。

(五)社会组织的自我生存与发展能力薄弱

尽管近年来我国社会组织的数量保持了较快增长,但社会组织的注销、撤销和取缔率也很高,这表明社会组织的自我生存与发展的能力还相当薄弱。目前我国社会组织筹资能力弱、渠道少,普遍面临经费匮乏的问题;由于社会组织是民众志愿参与的公益性组织,其行动的动力来源于道德信念和自我激励,一旦社会组织自身的生存都无保证的时候,这种信念和激励就会慢慢退去,他们放弃自己的使命也是出于无奈,社会对此无可厚非。由于社会组织的薪金待遇不如企业和政府部门,而且用人制度不规范,民办非企业单位在编制问题上缺乏与其他部门的衔接,其专职就业人员在户口、档案管理、人事流动、职称、工资、福利、社会保障等方面的一

系列困难,很难吸引和留住优秀的人才。例如,许多民办学校普遍反映的一个问题就是优秀人才的流动性太大,对学校教学质量的稳定和提高都非常不利。

社会组织的从业人员多为兼职,负责人多由离退休人员担任,人员总体素质不高;管理和服务理念滞后,工作技巧和能力亟待提高。以2002年的上海社会组织统计数据为例:从社会组织专兼职人员的年龄结构来看,在上海的154家社会组织中,50—59岁的占37.07%,60岁及以上的占18.44%。这两个年龄段的人员合计到了总数的55.51%,也就是说50岁及以上的占到了一半以上,这在一定程度上影响了社会组织的活动能力(见表5-1)①。所以,国家要对非营利性的、带有极强公益性的社会组织的发展给予政策、财政上的支持,例如税收减免、所得税收返还,或者收益按比例留存,优秀人才补贴、工作人员的社会保障等,而且这种支持与优惠必须对社会组织的生存与发展具有明显的实实在在的益处,绝不能是象征性的"糖衣"。社会组织不是社会低素质人才的收容所,而是社会人才展示本领的大舞台。只有从软件、硬件资源上给予社会组织大舞台足够的支撑力,才能保证社会组织的正常运转,卓有成效地完成服务社会的光荣使命。

表5-1 2002年上海市社会组织专兼职人员年龄结构

年龄	人员人数(人)	占比(%)	年龄	人员数量(人)	占比(%)
29岁及以下人员	123	7.54	50—59岁人员	605	37.07
30—39岁人员	157	9.62	60岁及以上	301	18.44
40—49岁人员	446	9.62	合计	1632	100.00

社会组织的专兼职人员的来源,在1641人中,来自离退休人员为505人,占30.77%;来自政府机关的266人,占16.21%;来自事业单位的271人,占16.51%;来自企业的341人占20.78%(见图5-7)②。可以看到离退休人员是社会组织的主力,同时是一些退休下来的政府机关、事业单位的干部,在社会组织中发挥主要的管理作用。

---

① 黄晓勇.民间组织蓝皮书[M].北京:社会科学文献出版社,2008.
② 黄晓勇.民间组织蓝皮书[M].北京:社会科学文献出版社,2008.

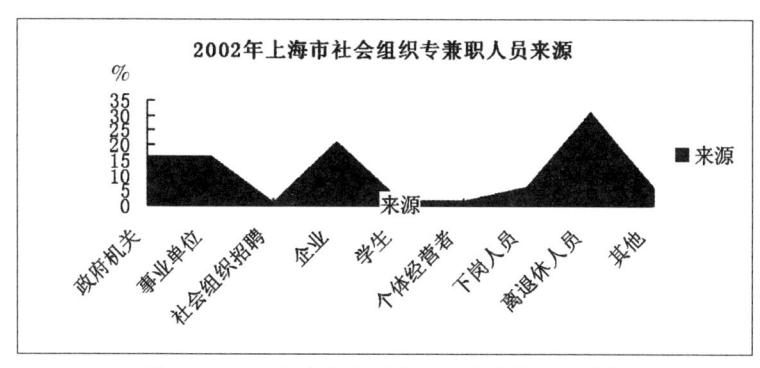

图 5-7　2002 年上海市社会组织专兼职人员来源

2002年上海市社会组织人员的文化结构,在1581人中,排在前三的分别为:大专515人,占32.57%;高中、中专485人,占30.68%;大学本科353人,占22.33%;研究生以上学历32人,只占2.02%(见表5-2)[①]。可见社会组织对高层次人员缺乏吸引力,高学历的人员不愿到社会组织就职。

表 5-2　2002 上海市社会组织专兼职人员文化结构

文化程度	人员数量(人)	占比(%)
初中及以下	196	12.40
高中、中专	485	30.68
大专	515	32.57
本科	353	22.33
硕士生及以上	32	2.02
合计	1581	100.00

随着当今世界国家公共管理的模式由行政管理转变到公共管理、另外政府主导的公共管理演变到以政府为核心、非营利组织为重要主体的、公众和私人部门共同参与的多元化管理,非营利组织在社会中的作用越来越凸显。因此有关现代国家治理中政府与非营利社会组织之间关系的理论,尤其是"第三方管理"的理论,也逐步进入了我国学术研究的领域和政府改革的视野。但这方面的理论探讨和实践,目前都还处于初步的探索阶段。就本文所论及的社会组织在就业促进中的作用而言,不可否认,我国社会组织在就业促进中发挥了积极的作用,如自身创造就业岗位、组

---

① 黄晓勇,民间组织蓝皮书[M].北京:社会科学文献出版社,2008.

织大型招聘会,开展职业培训活动等等,但是其就业促进潜力还没有完全被挖掘出来。社会组织在就业促进中的作用还有广阔的开发空间。这既需要政府从资金与政策上给予积极地扶持,更需要社会组织提高自己工作的水平和能力、挖掘自身潜能,为求职者开拓更广阔的就业空间。具体而言,可从以下几个方面寻求突破。

第一,扩大规模,创造更多的服务性就业岗位

2009年6月22日社科院举办的"国际金融危机下的中国社会政策"论坛上,社科院社会政策研究中心副主任杨团指出:中国社会服务业发展空间巨大,而在其间,非营利组织或机构有很大发展空间,至少可以再容纳892万人就业。① 截至2007年底,我国非农服务业人口仅占人口总数的3.19%,其中包括社会保障、社会福利在内的社会组织中就业的社会服务业人口只有50余万人,仅占服务业就业人口的0.2%;而在发达国家,服务业就业人口占非农就业人口的20%~30%。所以,如果我们国家的服务业就业人口能达到20%,那么在社会组织中就业的服务业人口将同比增加15倍,大约可以多容纳就业人口840万,所以杨团主任由此判断"促进社会服务中的非营利就业是一项长远的社会政策"。② 例如,统计数据显示,截至2008年底,全国需要再增加760万名护理员来照顾失能老人。这为非营利民办养老机构的发展提供了重要的社会契机。按1个人员照顾3位老人来计算,这些非营利的民办养老机构将解决250多万人的就业问题。因此,政府应该从软、硬件条件上扶持一大批形色多样、活跃于不同领域的社会组织建立起来,一方面扩大社会组织的规模,另一方面提高社会组织的工作效率,充分发挥社会组织促进就业的巨大潜力。以上海为例,在直接就业方面,2004年上海社会组织共有6265家,平均每家社会组织工作人员有16人,全市社会组织就业人员超过11万,其中民办非企业单位人员7.8万。③ 所以如果能够充分发挥社会组织的创造力与能动性,开创多样的服务种类与服务模式,社会组织在容纳就业者方面有巨大的空间可以充斥。下表是我国1999年—2007年以服务业为主的第三产业增加值、社会组织以及社会团体数据。

---

① 《社科院学者估计非营利机构至少有892万人就业岗位待挖潜》,中国经济导报,2009年7月19日。
② 温艳萍,民间非营利组织的社会与经济效益研究[M]上海:上海人民出版社,2009。
③ [美]莱斯特·M.萨拉蒙、赫尔蒙特·安海尔,公民社会部门[M].北京:社会科学文献出版社,2000。

表 5-6　1999 年—2007 年 GDP 增加值、第三产业增加值、社会组织以及社会团体

年份	GDP 增加值	第三产业增加值(亿元)	社会组织(个)	社会团体(个)	民办非企业(个)	基金会(个)
1999	89677	33784	142665	136764	5901	—
2000	99215	38714	153322	130668	22654	—
2001	109655	44362	210939	128805	82134	—
2002	120333	49899	244509	133297	111212	—
2003	135823	56005	266612	141167	124491	954
2004	159878	64561	289432	153359	135181	892
2005	183868	73617	319762	171150	147637	975
2006	210876	82993	354393	191946	161303	1144
2007	246619	98648	386916	211661	173915	1340

资料来源：民政部民间组织管理局网站。

由上表中的数据分布可知，社会组织的个数与相对应的第三产业的产值增加值（亿元）具有相关关系，而且具有线性特征。设社会组织个数用变量 X 表示，第三产业的产值增加量用 Y 表示，GDP 的增加值用 Z 表示，相关系数用 R 表示，则社会组织个数与第三产业产值的增加值之间的一元线性方程可表示为：

$Y = a + bX$

经统计学软件计算可得：

回归统计					
Multiple R	0.976094				
R Square	0.95276				
Adjusted R Square	0.946012				
	Coefficients	Lower 95%	Upper 95%	下限 95.0%	上限 95.0%
Intercept	−5314.6	−18955.8	8326.625	−18955.8	8326.625
社会组织	0.249272	0.199664	0.298879	0.199664	0.298879

社会组织个数与第三产业增加值的相关系数为 R=0.976094，由此可知社会组织的个数与第三产业的增加值之间有高度正相关的关系，社会组织的个数增加会使第三产业的产值迅速增加；社会组织与第三产

产值的增加值之间的一元线性相关方程为:Y=-5314.6+0.249272X。由此可以预测,2009年如果我国的社会组织增加到500000个,第三产业的增加值将达到 Y=0.249272*500000-5314.6=119321.4(亿元)。社会组织个数与第三产业产值的增加值之间的线性拟合图表示如下,由图5-8可知,实际曲线与预测曲线接近重合,拟合的效果与可靠性很高。

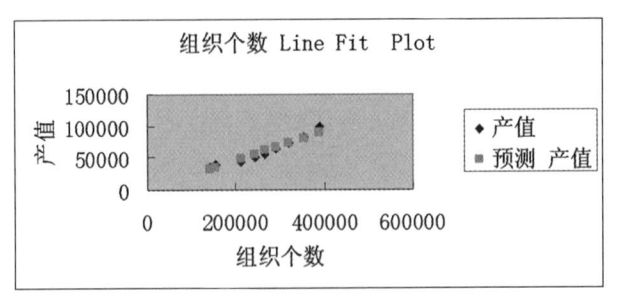

图 5-8 社会组织与第三产业增加值线性拟合

社会组织个数与 GDP 增加值之间的一元线性方程可表示为:

Z=c+dX

经统计学软件计算可得:

回归统计					
Multiple R	0.964572				
R Square	0.930399				
Adjusted R Square	0.920456				
标准误差	15190.91				
	Coefficients	Lower 95%	Upper 95%	下限 95.0%	上限 95.0%
Intercept	-11031.6	-52330.7	30267.54	-52330.7	30267.54
组织个数	0.614396	0.464208	0.764584	0.464208	0.764584

社会组织个数与 GDP 的增加值的相关系数为 R=0.964572,由此可知社会组织的个数与 GDP 的增加值之间也有高度正相关的关系,社会组织的个数增加与 GDP 增加同步变化。社会组织与 GDP 的增加值之间的一元线性相关方程为:Z=-11031.6+0.614396X。由此可以预测,2009年如果我国的社会组织增加到 500000 个,GDP 增加值将达到 Z=0.614396*500000-11031.6=296166.4(亿元)。

社会组织的数量与 GDP 的增加值之间的线性拟合曲线可表示为

下图：

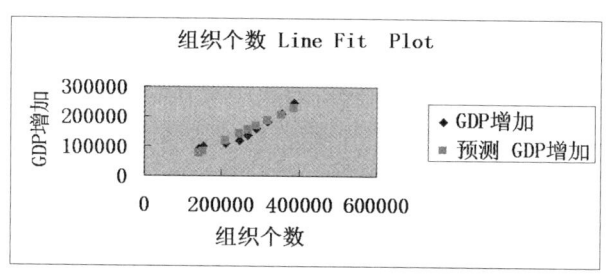

图 5-9 社会组织与 GDP 增加值线性拟合

从上面的两个曲线方程可以算出，在社会组织的个数达到 500000 时，社会组织的个数每增加 1%，第三产业产值的增加值就会在 119321.4 的基础上增加 1.037%；GDP 的增加值就会在 296166.4 的基础上增加 1.045%。也就是说第三产业产值增加量和 GDP 增加量相对于社会组织数量的弹性系数分别为 1.037 和 1.045。一般情况下，服务业相对于第一、二产业来说是就业弹性较高的行业。例如，2005 年，上海服务业的产值比重达 50.5%，比 1978 年增长 31.9 个百分点。2005 年就业比重达 55.6%，就业相对于产值增加值的弹性达到 1.743。如果按照这样的比例计算，就业相对于第三产业产值增加值和 GDP 增加值的弹性将超过 1.8，远远高于 GDP 对第一、二产业就业对 GDP 的平均弹性。第三产业对吸纳就业的贡献越来越大，而劳动力密集型的服务业在第三产业的构成中占据很大的比例，所以扩大从事现代服务业的非营利社会组织的规模是社会组织促进就业功能发挥的有效途径。

第二，强化自身职能，拓宽就业渠道

社会组织作为"第三部门"，所涉及的服务领域越来越广泛，不仅社会组织自身可以容纳大量的劳动力就业，他们还可以作为纽带，从外部联络各种用人单位来积极吸纳人员就业。由于社会组织具有志愿性、公益性的属性，社会组织在致力于促进就业、保障民生的高尚使命的感召下，应该自发地动员和利用丰富的社会资源寻求和拓展就业的空间。如果社会组织的志愿性活动得到企业等社会单位的回应和信任，这些单位就会力所能及地为求职者提供适量的就业岗位，甚至还很有可能为社会组织的发展提供经济资源（捐赠）和人力资源（志愿者），更好地保障社会组织促进就业工作的大规模展开。其次，社会组织身上附带的公益性标签可以使社会组织所倡导的理念和观点形成一股积极的社会舆论力量，帮助政府宣传促进就业的政策和理念,间接地帮助政府动员求职者本人积极地进行培训,通过提高自身素质来更快地寻求到新的职业。

第三,加强与企业的良性合作,提高企业社会责任感

萨拉蒙认为,只有在非营利的社会组织、国家以及商业领域之间建立起相互支持、高度合作的关系,世界范围内的民主和经济增长才可能实现。因此,社会组织需要加强与企业的良性合作。因为当各种非营利的社会组织都面临运营资金短缺的问题,如果社会组织能够积极地想办法实现与企业的良性合作,就可以实现企业与社会组织的双赢,使企业利益和公共利益同时实现。例如"希望工程"与农夫山泉的合作就是一个很成功的典型例子。社会组织应该从促成企业的公益形象入手,与政府的税费减免政策相结合,促使企业增加对残疾人员,大龄下岗职工、女工等弱势再就业人员的招聘,并大力宣传企业为解决社会的就业问题所做的贡献。对于企业来说,这样既可以帮助企业形成高尚的企业文化,提高企业社会责任感,又提升了企业的社会形象,从而带来更多的经济效益;对于社会来说,既解决了一部分社会就业问题,甚至还可以谋求到企业对社会组织的一部分资金捐助,保障社会组织进一步地更好地展开工作。

第四,加强与学校合作,提供职业培训

社会组织提供的公益服务遍及社会的各个方面,教育在社会组织提供的服务中所占的比重是相当大的。社会组织在大学生就业上比学校可以获得更全面的信息,可以帮助学校调整教育机制的改革,使大学生能更好地适应社会,帮助大学生提高自身素质,增加其就业率。

同时社会组织和学校之间可以订立一些培训协议,例如社会组织可以和培训学校订立定点培训,针对不同的社会就业状况提供系统的就业培训方法,同时为学校提供适当的信息,社会组织为求职者提供一些经济补助,有些特困人员可以享受免费培训等等。

由于社会组织也存在追求自身利益的内在性,所以政府不仅应从精神上给予工作优秀、成绩突出的社会组织以表彰和鼓励,还应该出台一些相应的由政府出资的物质奖励措施来激励他们的工作。例如,可以按社会组织自身或帮助解决大学生或下岗人员就业的人数给予不同额度的奖金等。这样可以克服社会组织对政府的依赖性,激励社会组织积极地发挥能动性和创造性促进社会就业。

第五,加强监督政府和企业的就业工作,同时自觉接受政府和社会的监督

社会组织作为第三方管理组织,可以监督政府和企业落实和实施就业政策的状况,对一些违反就业法律法规的企业可以提出建议或起诉。如:企业发表的虚假招聘信息;企业为了应付国家政策,故意抬高招聘门槛等等的行为。同时还可以监督政府对就业政策的实施,可以要求政府信息公开,就业政策宣传面扩大等等。作为公民自发的组织形式,社会组织是表达民意、传达民情、实现民权、维护民生的最为直接的一种制度安排。在现代社会,求职者可以通过自主地行使结社权,将彼此间的失业状况,共同的失业问题表达汇集起来形成合力争取在社会公共空间中的话语权,进而影响社会就业促进工作的政策制定和执行过程。

　　另外,既然社会组织的经费基本上来自社会和政府的资金,所以社会组织的活动也要接受政府和社会的监督。由于中国许多社会组织具有较浓重的"官"性,而且政府基本上不对其工作的业绩进行考核和监督,这些社会组织的成员就把自己当作政府工作人员,官僚气十足,每天例行做一些无关痛痒的工作,虽然没有带来社会效益,自己也不会因为无为而接受什么惩罚,组织成了他们养尊处优的安乐所。这些社会组织的存在,就像森林里的树,多一棵除了会给别人争夺养分外,没有什么用处。对于这种形同虚设的社会组织,政府该取缔的就要取缔,或者取消对其资助,使他们自己通过服务社会生存下去。还有些社会组织完全忘记了自己的非营利性和公益性,滥用国家提供的公共资源为自己谋利益,实属盗窃国家财产。例如,一些就业培训机构积极向政府寻租争取提供培训的资格和人员,当政府把培训补贴发到他们手里的时候,自己却对各种培训支出非常吝啬,购置劣质的培训器材,租赁简陋的培训场地,雇用低水平的培训人员,只追求培训的数量,不追求培训后就业的效果。结果是往往国家划拨了很多经费,饱了培训机构的私囊,求职者的工作却依然无望。所以,政府,特别是社会,非常有必要加强对社会组织促进就业工作的监督,制定正当的考核目标,把其行为的目标约束在非营利性和公益性范围内。

　　第六,加强国际沟通,开拓国外就业市场

　　改革开放三十多年以来,我国已步入了高速发展的国际社会。国际的交流越来越多,社会组织可以与国际社会组织接轨,形成网络化模式,与国际社会组织建立合作关系,在世界各地分享就业信息;针对我国不同的求职者的需求收集相关的信息,为求职者推荐就业;按照国际标准,开发培训人力资源,提高劳动力的素质,转变"廉价劳动力输出"的传统模式,把我国庞大的人口扩展到世界各地。同时我国政府应该积极与国外政府磋商与合作,以保障我国公民在外就业的安全。在此前提下,社会组织可以把就业的目光投向世界,接受国外政府或组织的"服务外包",拓宽求职者的就业渠道,缓解国内就业压力。

第六章

我国大学生创业环境问题分析

一、大学生创业服务体系现状

1. 目前对大学生就业环境的有益探索

我国大学生创业服务体系建设目前仍然处于起步和摸索阶段,但也取得了一定的成效。政府为大学生创业提供服务的时间主要集中在在校学习期间和毕业初期,大学生在校学习期间的创业服务主要体现在创业教育方面,而毕业初期的创业服务主要体现在创业扶持上。

第一,政府高度重视,制定并落实相关政策

近年来,我国政府相继出台了一系列支持大学生创业的优惠政策,并积极督促落实。如南京市政府制定出台了《关于实施万名青年大学生创业计划的意见》,从2012年到2015年末,将扶持1万名青年大学生创业,带动5万人就业,建成大学生创业园(基地)20万平方米。据介绍,扶持群体由原先的"普通高校毕业生"放宽到"大专以上文化的大学生和海外留学人员以及毕业5年内的大学生"。《意见》涵盖七条创业扶持政策,包括资助优秀创业项目、支持创业载体建设、提供创业场地扶持、鼓励多渠道融资创业、减免相关税费、鼓励创业带动就业、加强创业指导和培训。从2012起,南京市每年将遴选出200个可行性和预期成功率较高的大学生创业项目,每个项目给予10万元至20万元的一次性补贴。

第二,加大贷款和税收优惠政策实施力度

国家和地方政府不断完善创业服务体系建设,不仅关注在高科领域创业的大学生,对一般行业创业的大学生也给予大力支持。2012年大学生自主创业优惠政策中就规定商业银行、股份制银行、城市商业银行和有条件的城市信用社要为自主创业的毕业生提供小额贷款,并简化程序,提供开户和结算便利,贷款额度在2万元左右。贷款期限最长为两年,到期确定需延长的,可申请延期一次。贷款利息按照中国人民银行公布的贷款利率确定,担保最高限额为担保资金的5倍,期限与贷款期限相同。

第三,出台并付诸实施各项创业服务新举措

近年来,国家和地方政府采取了许多新举措来促进大学生创业,比如举办全国高校创业教育研讨会;举行"挑战杯"全国大学生创业计划竞赛、

"挑战杯"全国大学生课外学术科技作品竞赛;开办大学生创业培训班、女大学生创业培训营,成立创业学校和创业协会等;通过提供店铺、开设大学生创业街等,为大学生创业提供服务。

高校为大学生创业所提供的服务更是丰富多样,比如改革课程设置,增设创业教育内容,围绕大学生创业举办多种形式的培训、讲座、论坛、创业大赛等,同时树立大学生创业榜样,活跃创业文化,营造创业氛围。建立与创业相关的社团组织,注重对这些学生社团的引导和支持。目前,全国已有100多所院校建立了创业社团,许多高校还成立了由专家和学生工作者共同组成的大学生创业协会、大学生创业研究会等学术团体,加强对大学生创业的研究和指导。

2. 目前大学生创业环境存在的不足

面对当前严峻的就业形势,我国大学生创业服务体系还很不完善,政府、高校、社会在大学生创业支持方面还有很多地方需要改进。

(一)政府扶持机制缺位

其一,政府作用发挥不够

由于大学生还不是我国现有创业大军的主体,工商、税务、人力资源等政府部门对大学生创办企业还重视不够。虽然国家和地方政府针对大学生创业相继出台了一些优惠政策,但大学生在创业中对相关政策不甚了解,多数大学生都是听说过有优惠但不知怎么办,甚至一些高校的就业指导老师也说不清楚。这是因为政府相关部门在制定政策时沟通不够,不同部门的创业政策不够协调,同时政策制定之后宣传力度不大或宣传途径不畅,致使这些政策不能很好落实,发挥不了应有的作用。

其二,财政支持水平不高

我国高等教育的公共投资占国民生产总值的比重仍低于1.15%的国际平均水平,加之地方财政收入不稳定,各级政府对大学生创业的财政支持犹如蜻蜓点水,满足不了实际需求。大学生创业面临着资金短缺,自身经验、社会保障不健全等诸多问题,因而在创业过程中出现了重复投资和资源浪费等现象。另外缺乏人才支持、信息失灵、基础设施落后的风险,使创业企业的发展举步维艰。就目前情况来看,我国财政对大学生创业的支持力度远远不够。

其三,创业扶持力度不够

政府对大学生创业的支持主要表现为国务院领导下的各职能部门和地方各级政府齐抓共管,但主要是为了缓解大学生就业压力。所以,出台的政策缺乏整体规划和长远考虑,体现在政策导向层次低、设限条件多、操作难度大;政出多门,措施零散,缺乏系统性和协调性。大学生创业过程中遇到的管理、法律等服务方面的问题更是缺失。

(二)高校创业教育缺乏

其一,创业教育体系不完善

目前在我国高校还没有建立起完整的创业教育教学体系,创业知识匮乏、经验不足等因素成为大学生创业的制约瓶颈。大学的培养方案还没有把创业精神作为大学生培养的目标之一,虽然许多大学开展了创业教育课程,但是仍然存在着许多问题。

首先,创业教育课程缺乏系统性、科学性。高校的创业教育课程多是引自国外的教育体系,不太适合中国国情。创业教育课程的内容多以知识传授为主,缺少实践环节。创业教育课程大部分被列入选修课,有的甚至是作为某一管理类课程部分内容来安排,对大学生创业的帮助很有限。其次,创业教育师资水平有待提高。从事创业教育的教师大多是学生工作部门的工作人员或者辅导员,缺乏创业实践经验,在教学中多是理论说教,实际操作性不强,大学生对这类课程也不感兴趣。再次,创业教育的措施不得力。多数高校或者没能力或者不重视为大学生创业提供相应的政策和资金帮助,缺少体验创业的场地和设施。

其二,教学管理机制不灵活

由于政府教育主管部门还没有出台系统性的创业教育教材和大纲,所以一些高校虽然建立了创业指导的服务机构,配备了相应的工作人员,提供了一定的活动经费,也开展了一些创业指导活动,但多是只有形式,没有作为。大学生创业指导师资整体来说缺乏系统的专业知识和专家的素养。一些学校虽已先后开设创业教育课程,教学内容还不完善。

其三,创业教育推广不够广泛

目前,真正开展创业教育的主要是一些重点大学和大城市的本科院校,多数院校的创业教育才刚刚起步,没有开设专门的创业教育课程,有的只是开一些讲座,介绍一下创业的基本概念。笔者在对上海、广州两市10所大学的调查中发现,有22.87%的学生所在高校开设了创业教育课程(图 6-1),更多的院校并没有将创业教育课程纳入正式学科,甚至选修课都没有开设。

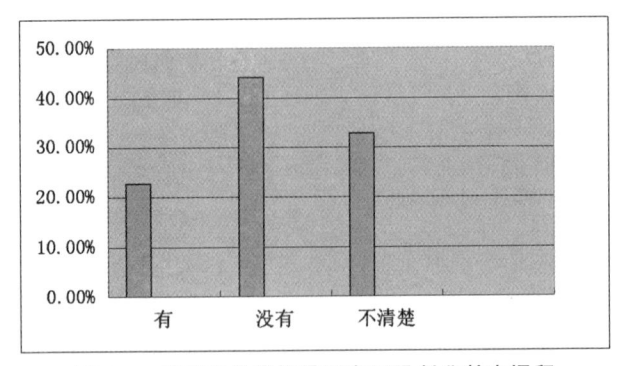

图 6-1 您所在的学校是否有开设创业教育课程

(三) 社会创业辅助不够

其一,对创业的认识不明确

人们普遍认为,大学生创业是为了缓解不断扩大的就业压力。但从世界范围来看,这种认识是有局限性的。在欧美国家创业教育已有几十年的历史,尤其是美国,已形成了一个完整的创业教育体系。欧美国家许多大学生在毕业之后甚至在大学期间就走上了创业之路,微软、雅虎、惠普等著名企业都是美国大学生创业的成功案例。如今美国95%的财富是来自于1980年以后受到良好创业教育的"创业一代"。

大学生接受过完整的专业教育和专门训练,掌握了完整的知识体系,是人力资源市场的优势群体,有责任也有能力担负起促进经济发展和创造就业机会的社会责任。因此,大学生创业不仅是缓解就业压力的需要,更是促进我国社会经济不断发展的需要。

其二,创业服务机构不健全

我国社会各创业服务机构地位不明确,职能不清晰,工作不到位,在创业咨询、创业培训、创业融资、风险评估等方面还没有发挥足够的作用。就整个社会而言,大学生创业服务体系还没有真正建立起来,现有的一些创业服务机构大多是以营利为目的的中介、网站和猎头等,也不乏利用大学生创业心切的不法分子把大学生作为犯罪对象从事非法活动。

其三,资金支持不到位

创业的门槛不仅在于更高的个人能力,还在于它需要投入足够的资金以启动项目。在麦可思完成的最新调查中,"父母/亲友投资或借贷"是超过一半创业者的启动资金来源,政府的资助只有2%,微不足道,甚至民间的风险投资是政府资助的3倍。大学毕业生的家庭和自己承担了几乎全部的资金投入,这一资金门槛把许多有心创业的大学毕业生挡在了外面。如果政府资助能够以优惠商业贷款或风险投资形式支持大学毕业生创业,消除资金障碍,会使更多的大学毕业生加入资助创业。

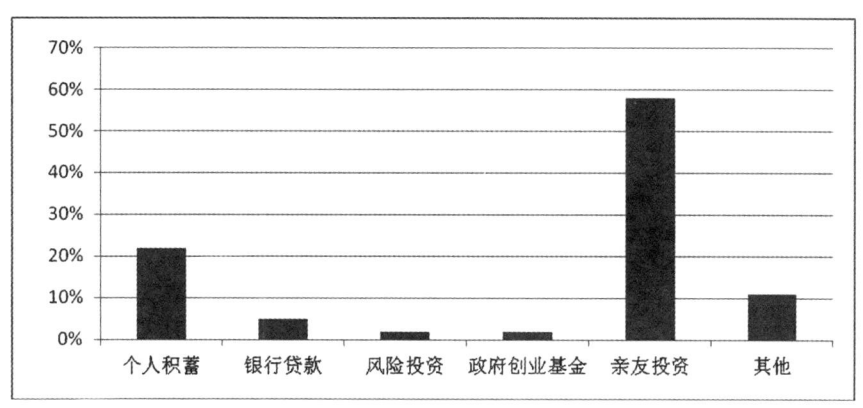

图6-2 全国2008届大学毕业生自主创业的资金来源
数据来源:麦克斯一中国2008届大学毕业生求职与工作能力调查

二、完善大学生创业服务体系思考

1. 政策支持

(一)完善创业保障机制

建立完善的创业保障机制是提高大学生创业成功率的有效措施。工商部门可以从创业者最关心的知识产权转化、商标培育、品牌推广等方面帮助创业大学生解决生产经营中的实际困难;人力资源和社会保障部门要加强人力资源和社会保障服务,为创业大学生提供档案管理、职称评定等服务,解除创业大学生的后顾之忧;同时鼓励社会各方建立服务创业的社会组织,为缺乏市场经验的大学生创业团队提供企业管理和法律支持等服务,帮助创业大学生增强维权意识,充分保障其合法权益。

(二)建立创业激励机制

建立有效的创业激励机制是保护大学生积极创业的有效措施。比如,大学生自主创办符合产业发展导向的企业,应给予办理落户手续,使外来创业大学生与本地居民享受"同等待遇";建立创业激励基金对高新技术产业创业给予支持等,促进知识资本尽早转化为生产力。

(三)降低创业准入门槛

按照国际惯例实行工商注册"零首付",降低大学生创业的准入门槛。实行工商注册零费用,免除大学生创业过程中涉及的工商注册、验资、银行开户等所有手续费。取消大学生创业时申请个体工商户、合伙企业、独资企业登记的出资数额限制。

(四)取消经营场所限制

在符合法律法规的条件、程序和合同规定的情况下,允许创业大学生将家庭住所、租借房、临时商业用房等作为创业经营注册地址。

(五)实行税收减免优惠

根据国家和地方的有关规定给予大学生创业规费优惠和减免。首先支持大学生创办高新技术产业,同时鼓励大学生到经济欠发达的地区和社会发展更需要的领域去创业,并按规定落实税收减免等优惠政策。财政部和国家税务总局 2011 年发文指出,自 2011 年 10 月 1 日—2014 年 9 月 30 日,对家政服务企业由员工制家政服务员提供的家政服务取得的收入免征营业税。企业从事符合条件的环境保护、节能节水项目的所得,在创业时可以适当减免税收。

(六)建立创业政策体系

可以参照相对成熟的大学生就业指导体制建立相对独立的大学生创业指导体制。国家和地方各级政府都要成立相对独立的大学生创业指导机构,负责采集大学生创业信息、制定创业服务政策、提供创业指导服务等事宜。在总结经验的基础上制定出国家层面的大学生创业政策体系、区域层面的大学生创业政策体系、地方层面的大学生创业政策体系,为大学生创业提供完备的政策指导和服务。

2. 教育支持

调查显示,28.57%的调查者认为开设教育课程"很有必要",75.32%的调查者认为开设教育课程"可以考虑"。可见,多数大学生认为创业教育对创业很有影响。所以,政府的教育主管部门要为高校提供良好的创业教育支持。

(一)完善创业课程体系

创业教育旨在培育学生的创新能力和企业家精神。首先,课程设置必须以市场为导向,让学生懂得市场竞争的各种规则。其次,成立创业教育教学指导委员会,制定全国统一的创业教育教学大纲,编写创业教育教材。

(二)培养优秀的创业师资

只有优秀的创业师资才能正确引导大学生的理性创业动机,有效培养大学生的创业能力。因此,师资配备要合理,要配备专业的创业课程教师,加强对创业教师的专业培训,制定相应措施,鼓励青年教师与学生一起参与创业实践。同时,把一些成功的创业者请进课堂为学生授课。

3. 金融支持

(一)建立大学生创业基金

各级政府应统筹安排并逐年增加扶持创业的专项资金,用于创业培训、创业实习、创业孵化基地建设、创业成功奖励等;建立大学生创业基金,用于大学生创业的启动资金;应鼓励民间资本支持大学生创业,形成大学生创业投资的良性机制。

(二)完善创业贷款担保机制

银行基于风险控制的需要不愿为大学生提供大额创业信贷服务。各级政府的金融管理部门应加强对金融机构的协调,建立小额贷款担保基金,加大对大学生创业的资金支持。同时抓好落实。

(三)放宽创业贷款限制

各级政府应根据实际需要适当放宽小额贷款担保限制,将大学生创业项目纳入小额担保贷款及财政贴息范围,适当提高小额担保贷款额度。对已办理小额担保贷款并按规定还本付息的创业者,可重复借款。对于从事微利项目创业的应给予全额贴息;对于从事非微利项目创业的可按比例贴息。鼓励各类金融机构和企业以投资或担保等形式为大学生创业提供启动资金。

就业催生了创业,创业又带动了就业。政府的政策支持、高校的创业教育支持及社会的创业资金支持,对大学毕业生创业缺一不可。

第七章
我国大学生就业能力评估与分析

前文对我国大学生就业、创业面临的市场环境,以及大学生就业、创业基本状况做了细致的分析,并从政府、社会、高校等外在方面探讨了导致大学生就业、创业困难的原因。然而,外因始终是通过内因起作用的,就业能力是影响大学生就业的重要内在因素,上述分析的外因对大学生就业的影响在很大程度上也是通过影响就业能力来起作用的。本部分将从多维视角出发,阐述大学生应具备的就业能力,描述并分析目前大学生的基本技能情况及其与社会需求的匹配情况。通过对大学生自身情况的分析,为公共管理部门制定相关就业政策提供依据,确保大学生就业政策的制定有的放矢。

一、多维视角下的大学生就业能力要求

1. 就业能力构成

就业能力或工作能力,是指从事某项职业工作必须具备的能力。1999年美国贝弗里奇最早提出就业能力概念,并用以区分能雇佣的劳动者和不能雇佣的劳动者。[1] 经济全球化以来,就业能力成为劳动力市场工作选择的考量工具。早期关于就业能力的表述体现着对弱势群体的关怀,从实现充分就业的社会经济目标出发,政府制定政策力图提高弱势群体的就业能力,以再次进入劳动力市场,关注的是劳动者的就业态度和自我形象。20世纪70年代以来,则主要从社会宏观视角出发,考察个体在职业方面的专业知识和技能,及其在劳动力市场上所体现出的价值。加拿大劳动力开发委员会(CLF)认为,就业能力是在特定的环境下,以及在个人与劳动力市场的交互作用下,个人获得有意义就业的相对能力。[2] 不同时期对就业能力的表述有所不同,关注的主要对象也不同,但基本明确的是,个体雇佣者就是就业能力的载体。希拉杰和波拉德认为,就业能

---

[1] 王霆、唐代盛.国外就业能力框架和模型研究发展综述[J].求实,2006(3).

[2] Canadian Labour Force Development Board. Putting the Piece Together: Towards a Coherent Transition System for Canada's Labourforce. Ottawa: Canadian Labour Force Development Board

力就是最初获得就业、维持就业和获得新的就业,并在工作岗位上取得优异绩效的各种素质。[①] 万德赫旦认为就业能力意味着个体获得、保持和利用某种资质或能力,以应对不断变化的劳动力市场的行为倾向。[②]

在阐述就业能力概念的同时,学者对就业能力的构成亦做了表述。早期对就业能力构成的表述多集中于技能、态度、个人管理与适应性、解决问题以及人际交往方面。21世纪以来,学界对就业能力构成的表述则更加细致且系统化,如表7-1所示。这种对就业能力更具层次性的表述,有助于理解为什么以及如何提升就业能力问题,因而更具可操作性和现实意义。

表7-1 21世纪以来学者关于就业能力构成的认知

时间	学者	就业能力维度	就业能力含义与内容
2003	福瑞尔（Forrier）	个人能力	劳动力市场行为
		职业期望	
2004	福古特等（Fugate et al.）	识别职业生涯	自我认知的职业生涯
		个体适应性	学习知识,提高技能以满足环境需要的意愿和能力
		社会资本	拓展个人身份和实现职业生涯机会的社会网络
		人力资本	教育背景、工作经历和情商等
2005	麦奎德、琳赛（W. Mcquaid & Lindsay）	个人属性	基本社会能力,如可信任
		个人品质	勤奋、乐观、自信
		基本迁移能力	阅读和计算能力
		关键迁移能力	解决问题的技能、沟通、团队工作技能
		高水平迁移能力	自我管理、商业意识
		教育、专业背景	工作经验、职业技能
2006	赫德（Heijde）	—	专门职业知识、期望和最优化、个人的灵活性（适应性）、联合的意义、平衡

资料来源:王雅荣.基于企业/雇主视角下高等院校大学生就业能力培养问题研究,经济科学出版社,2014年版,第22页。

[①] Hillage, J. Pollard, E. Employability: Developing a Framework for Policy Analysis. Research Brief. Department for Education and Employment, 1998(3).

[②] 郭志文、宋俊虹. 就业能力研究:回顾与展望[J]. 湖北大学学报(哲学社会科学版). 2007, 34(6).

21世纪初,我国高等教育扩招,大学毕业生就业压力剧增,此时大学生的就业能力也开始受到关注。根据麦可思的大学生就业调查,就业能力可划分为职业工作能力和基本工作能力。前者是从事某一特定职业所需要的特殊能力,后者则是从事所有工作都必须具备的通用性的能力。参考美国SCANS标准,麦可思将基本工作能力细分为35项,并划归为5大类,分别是理解与交流能力、科学思维能力、管理能力、应用分析能力和动手能力,同样参照SCANS标准,将职业工作能力/核心知识划分为行政与管理、人事与人力资源等28项。[①] 据调查,在2013届本科毕业生中,最重要的基本工作能力为有效口头沟通能力、针对性写作与科学分析能力、谈判技能、疑难排解能力、电脑编程能力;而在核心知识中,最重要的是销售与营销知识。[②]

2. 企业视角下的大学生就业能力

企业是大学生就业的主要去向,直接决定着大学生能否实现就业,当毕业生的条件与能力符合企业要求时,企业才会与求职学生建立雇佣关系。因此,探讨企业对大学生就业能力的要求具有现实意义,熟知企业要求才能更好地提升大学生自身能力,实现就业。

近年来,从雇主的角度出发,对大学生就业能力的研究已不在少数。王静波等通过问卷调查数据对大学生的就业能力做了细致的分析,并利用因子分析方法提炼出了雇主对大学生就业能力五个方面的要求,即人际能力、个人品行、职业发展能力、通用技能和处理工作的能力。[③] 王雅荣和徐苗苗通过访谈得知,企业对大学生就业能力的期望可以概括为个人属性、群体效果能力、成就动机和动态完善四个维度。[④] 邓群、何杨通过对少数民族大学生就业的分析,将企业对大学生就业能力的要求归纳为自我管理、沟通能力、解决问题、计划组织、团队合作五个方面。[⑤] 王雅荣基于企业视角下,对大学生就业能力培养的研究指出,企业

---

① 麦可思研究院.2014年中国大学生就业报告[M].北京:社会科学文献出版社,2014年.
② 麦可思研究院.2014年中国大学生就业报告[M].北京:社会科学文献出版社,2014年.
③ 王静波、王翡翡.雇主视角下大学生就业能力状况探析[J].现代大学教育,2011(4).
④ 王雅荣、徐苗苗.企业基层管理者可雇佣性类属建构[J].开发研究,2011(1).
⑤ 邓群、何杨.从企业需求角度看少数民族大学生就业能力的培养[J].中国成人教育,2013(6).

所需的就业能力可划分为专用能力、通用能力、个人品质三大类。① 具体分析见表 7-2。

表 7-2　企业视角下大学生应具备的就业能力

时间	学者	维度	内容
2011	王静波 王翡翡	人际能力	口头表达、开朗乐观、组织领导等
		个人品性	吃苦耐劳、诚实正直、认真细致等
		职业发展能力	国际化思维、专业领域、外语能力等
		通用技能	计算机、写作能力、信息收集等
		处理工作能力	独立工作、适应能力、执行力等
2011	王雅荣 徐苗苗	个人属性	积极主动、明确定位、端正态度、时间管理等
		群体效果能力	有效沟通、团队合作、自我管理、专业技能等
		成就动机	解决问题、工作诀窍、责任承担、创新思维
		动态完善	适应性
2013	邓群　何杨	自我管理	责任感、独立工作、时间分配等
		沟通能力	口头表达、领悟能力等
		解决问题	逻辑清晰、积极主动等
		计划组织能力	策划水平、分清主次等
		团队合作	团队中的角色、了解团队中其他成员的优点
2014	王雅荣	专用能力	专业知识技能、数学思维、计算机应用能力
		通用能力	发现解决问题、沟通、自我管理、学习、创新等
		个人品质	诚信、责任心、奉献意识、道德意识等

随着社会经济的发展以及产业结构的升级，企业对劳动者的要求逐步提高。大学毕业生人数的增加为企业提供了丰富的劳动力资源，同时也为大学生实现就业带来了压力。前文分析表明，企业对大学生就业能力有着较为全面的要求，这些要求既涉及大学生的个人品质也涉及相关职业规范与技能。个人品质的锤炼重在平时，这就要求大学生在日常生

---

① 王雅荣.基于企业/雇主视角下高等院校大学生就业能力培养问题研究[M].北京：经济科学出版社,2014.

活中要提高对自身的要求,加强个人修养。职业技能与规范的获得需要对某一行业有足够的了解,因此,大学生应尽早做好职业规划,明确未来就业中的行业选择。一项关于产业结构升级与大学生就业能力的研究表明,大学生就业能力具有很强的行业间属性,技术水平不同的行业对大学生就业能力的界定与评价存在明显差异,而包括责任心在内的基本素质是决定大学生能否顺利实现就业的门槛性要素,学习能力、科研创新能力等中高端素质是大学生就业能力的质量构成要素。[1]

3. 求职者视角下的大学生就业能力

成功的就业实质上就是求职者与雇佣者之间的匹配,雇佣者对求职者的就业能力提出了相关要求,而求职者对自身就业能力的评价与预期往往与雇佣者的要求出现偏离。在时下日益严峻的就业市场中,大学生如何看待就业能力是一个值得思考的问题。了解一个成功的求职者具备哪些就业能力,对于大学生实现就业具有较高的指导意义。近年来,与此相关的研究也得到了学界的重视。

刘丽玲、吴娇对管理类和经济类大学毕业生的就业调查指出,大学毕业生认为就业能力是决定其初次就业成功率和初期就业质量的重要因素,在各类就业能力中对初次就业成功与否影响最大的是沟通能力和人际交往能力,其次是解决问题的能力、决策能力、学习能力和积极的人生态度。[2] 马绍壮等对应届大学毕业生的问卷调查显示,社会交往能力、个人展示能力和就业求职能力是大学生成功求职应具备的主要能力,并指出这三个维度的能力体现了在当前中国社会环境下实现人力资本价值的大学毕业生就业能力的组合。[3] 一项对"90"后大学生求职就业能力的研究表明,大学生应具备的就业能力可归结为内在品格素质、基本工作能力、情绪管控能力以及规划自省能力四个维度。[4] 以上关于就业能力各维度的

---

[1] 朱勤,产业升级与大学生就业能力构成要素实证研究——基于浙江省327家企业的问卷调查[J].中国高教研究,2014(5).
[2] 刘丽玲、吴娇,大学毕业生就业能力研究——基于对管理类和经济类大学毕业生的调查[J].教育研究,2010(3).
[3] 马绍壮、朱益宏、张文红,中国大学毕业生就业能力维度结构与测量[J].人口与经济,2012(4).
[4] 杨旭华,"90"后大学生就业能力结构模型研究[J].人口与经济,2012(2).

具体内容见表7-3。已有的研究表明,大学生对就业能力的重要性有着清醒的认识,但这种认识是一种事后的认识,即在经历了求职之后才有的认识。在求职前,大学生对就业能力的认知较为模糊,有了求职经历并成功就业后,大学毕业生通过对自身经历的总结进而概括出自身应具备的就业能力。

表7-3 成功求职视角下的大学生就业能力

时间	学者	维度	内容
2010	刘丽玲 吴娇	—	沟通能力、人际交往能力、问题解决和决策能力、学习能力和积极的人生态度
2012	马绍壮 朱益宏 张文红	社会交往能力	考虑别人、学习能力、人际关系等
		个人展示能力	表达能力、说服能力、善于表现等
		就业求职能力	职业规划、简历制作、面试准备等
2012	杨旭华	内在品格素质	敬业奉献、道德品质、社会公德等
		基本工作能力	人际交往、自我营销、组织协调、应变能力等
		情绪管控能力	自我控制、心理调适、忍耐力
		规划自省能力	时间管理、竞争意识、主动积极等

比较表7-2与表7-3中关于就业能力的描述可知,大学生与企业对就业能力的阐述有一定的偏差。大学生对就业能力的表述更侧重于个人属性方面,如社会交往、自我管理等,而企业对就业能力的表述则涉及到了职业发展、计划组织等更为细致的方面。由此可见,尽管大学毕业生有了成功的求职经历,但其就业能力的理解与企业的要求还是存在着一定的差异,这就需要大学生在今后的工作中不断调整自己,扩展自身的就业能力,以满足企业的要求。

二、大学生就业能力评价与影响因素分析

1. 供需匹配下大学生就业能力评价

当今社会大学生就业难一方面体现的是劳动力供给过剩与需求不足

之间的矛盾,另一方面也体现出了劳动供需间的结构性矛盾。求职者具备的知识、技能与雇佣者需求间的不匹配,是造成失业的一大原因。因此,从供需匹配的角度来评价大学生的就业能力显得十分重要。图 7-1 展示了 2008 届至 2013 届大学毕业生在毕业时掌握的基本工作能力水平和岗位要求的工作能力水平情况。其中,毕业生掌握的基本工作能力水平指正在工作的大学毕业生所理解的在刚毕业时对调查中 35 项基本工作能力实际掌握的级别,从低到高分为一至七级,一级表示该能力的最低水平,取值1/7,七级表示该能力的最高水平,取值为 1。岗位要求的工作能力水平是指大学毕业生所理解的工作对 35 项基本能力的要求级别,取值规则同上。

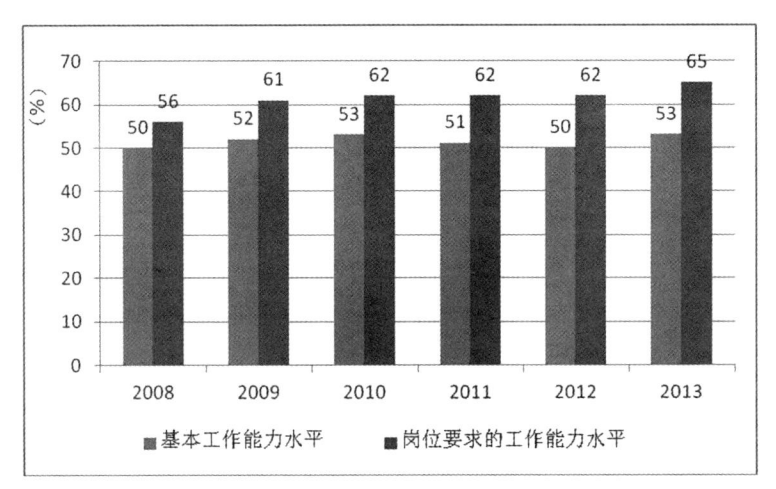

图 7-1 2008 届—2013 届大学生毕业时的基本就业能力与岗位要求的就业能力水平
资料来源:麦可思—中国 2008—2013 届大学毕业生社会需求与培养质量调查

从图 7-1 中可以看出,转换成百分制后,2008 届毕业生在毕业时的基本工作能力水平为 50 分,而岗位要求的工作能力水平为 56 分,存在 6 分的差距;2013 届大学毕业生在毕业时的基本工作能力水平为 53 分,岗位要求为 65 分,差距为 12 分。从 2008 届到 2013 届,大学毕业生在毕业时的基本工作能力水平比较稳定、波动不大,而岗位要求的工作能力水平呈缓慢上升趋势,因此,毕业生的基本工作能力与岗位要求之间的差距在缓慢上升。这是一个值得关注的现象,企业对大学生就业能力的要求在提高,而大学生具备的就业能力少有提升,长此以往将恶化大学生的就业形势与就业质量。

上述调查采用的是毕业生自填问卷的形式,即毕业生基本工作能力与岗位要求的工作能力这两项内容均由毕业生凭自己的理解与感知来回答，如此难免出现偏误，尤其是在反映企业对大学生就业能力的要求方面。在一项关于大学生就业能力的调查中，研究者向大学生所在的企业发送问卷，由企业管理者对单位招收的大学生就业能力进行评价。问卷中对各项工作能力赋值1到5分，表示能力由弱到强，调查结果如表7-4所示。

表7-4 企业对大学毕业生就业能力评价

因子	项目	得分		得分
基础工作能力	专业知识	3.470	信息综合能力	3.474
	专业技能	3.170	数学思维能力	3.400
	计算机应用能力	3.680	文字表述能力	3.290
胜任工作能力	发现、解决问题	3.132	团队合作能力	3.561
	沟通能力	3.590	学习能力	3.476
	自我管理能力	3.392	组织协调能力	3.446
	适应能力	3.510	职业发展规划能力	3.134
	创新能力	3.274		
个人工作品质	诚信	3.981	奉献精神	3.360
	责任心	3.573	道德意识	3.983
	积极工作态度	3.962		

资料来源：王雅荣.基于企业/雇主视角下高等院校大学生就业能力培养问题研究.经济科学出版社,2014年版,第87~90页。

利用因子分析方法可将大学毕业生的各项就业能力总结为三个主因子，即基础工作能力、胜任工作能力和个人工作品质，这三个维度的工作能力各自平均得分分别为3.414、3.391、3.772。可见，企业对大学毕业生胜任工作能力的评价最高，个人工作品质次之，而对大学毕业生基础工作能力的评价较低。胜任工作能力在一定程度上也反映了毕业生的主观努力程度，由企业对毕业生该项能力的评价可知，毕业生对待工作的主观努力程度较高，大学生能够认真对待与投入工作。基础工作能力反映了大学生在校期间习得的个人能力，企业对毕业生此项能力的评价较低，这表明大学生在校期间接受的训练较为薄弱。

从各项具体的就业能力评分来看，得分最低的三项分别是发现与解决问题能力、职业发展规划能力和专业技能，得分最高的三项分别是积极工作态度、道德意识、诚信。前三项能力的培养需要在工作环境下进行，毕业生在工作中不断摸索、总结,从而提升个人在此方面的能力。刚毕业的大学生仍处在由学校环境向工作环境的转换中,在这些方面得到的历练较少。后三项体现了大学毕业生的基本个人素质,道德意识、诚信这些与工作没有直接的关系,也并非在工作环境中才须具备的品质,但企业较为看重大学生在这些方面的素养。

2. 大学生就业能力的形成与影响因素分析

前文分析了大学生就业能力与企业要求的匹配情况,本部分将探讨大学生就业能力的获得途径及影响大学生就业能力获得的因素。纵观已有研究,大学生应具备的就业能力涉及个人品质、专业技能等多方面的内容,这些内容有的是大学生在高校期间习得的,也有的是在其过往的生活经历中得来的。余长春等对大学生就业能力进行了相关研究,调查结果指出,大学生认为就业能力的获得主要有以下途径:其一,从课本知识中学得;其二,参加校内学生活动锻炼得来;其三,随生理成熟自然获得;其四,从小培养得来。[①] 具体调查结果如图7-2所示,调查中有35.3%的大学生认为从课本知识中能够获得就业能力;64.7%的大学生认为从校内学生活动的锻炼中能够获得就业能力;有26.3%的大学生认为就业能力是可以随生理成熟而自然获得的;21.8%的大学生认为就业能力是从小培养得来的。

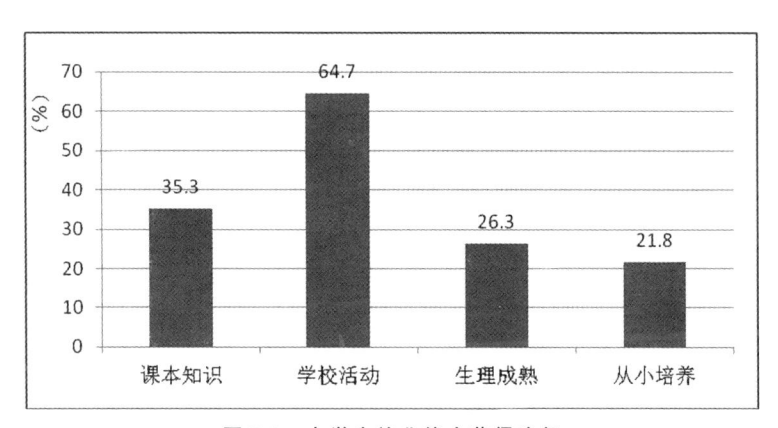

图 7-2 大学生就业能力获得途径

[①] 余长春、王润斌.大学生就业能力与社会需求的匹配[M].北京:社会科学文献出版社,2014年.

在以上四项形成就业能力的途径中,课本知识与学校活动是与高校紧密相关的,而生理成熟和从小培养与个人成长经历有关。由调查数据可知,在形成就业能力的四项途径中,校内学生活动更受大学生的推崇,得到了超过一半的被调查者的认同。在高校学生学习与生活中,学生活动是一个重要的部分,也是学生主要的校内实践方式,通过学生活动,大学生能够接触更多的同学甚至校外人事,有助于培养自己的沟通与人际交往能力。

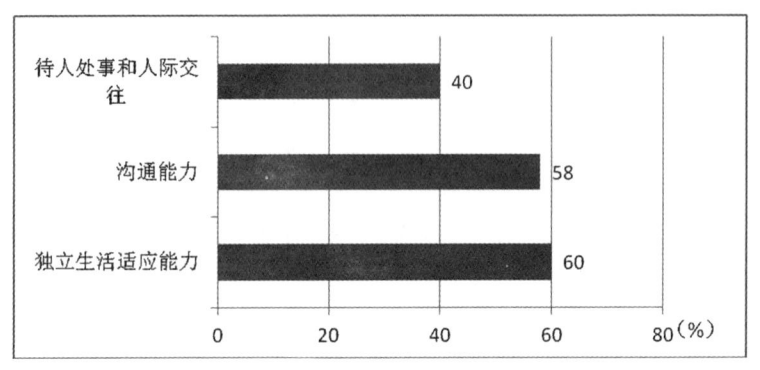

图7-3 在校期间最易获得的就业能力

- 待人处事和人际交往：40
- 沟通能力：58
- 独立生活适应能力：60

数据来源:余长春、王润斌,大学生就业能力与社会需求的匹配,社会科学文献出版社,2014年版,第48页。

相应的,被调查大学生认为在高校环境下最容易获得的就业能力为独生生活适应能力、沟通能力、待人处世和人际交往能力。如图7-3所示,60%的大学生认为独立生活与适应能力是在校期间最容易获得的就业能力。在我国高校中,住校生占了很大的比例,这些学生离开家庭来到陌生的大学,首先要学会的就是独立生活,在经过四年的大学生活后,大学生独立生活的能力已基本形成,其适应新环境的能力也得到了培养。另外,调查中58%的大学生认为沟通能力是在校期间最容易获得的就业能力,40%的大学生认为,在校期间最容易获得的就业能力是待人处世与人际交往。这些都与大学生的校园生活息息相关,在日常生活中大学生需要与不同的学生、老师交往,在长期的交往中逐渐培养了自己的相关能力。

高校是大学生就业能力形成的主要环境,在此环境下大学生频繁交往与交流的对象则成了影响其就业能力形成的主要因素。调查显示,个人素质、教学模式、教师素质、校园环境是影响大学生就业能力形成的主要因素,如图7-4所示。其中63.9%的大学生认为个人素质对就业能力的形成有影响;51.1%的大学生认为教学模式影响着就业能力的形成;25.6%的大学生认为教师素质对就业能力的形成有影响;63.2%的大学生认为校园环境对就业能力的形成有影响。可见,在以上影响因素中最受大学生重视的是个人素质,一半以上的大学生认同个人素质对个人就业能力形成的影响,这也反映出我国大学生具有较高的自律性,对个人素养比较重视。校园环境与教学模式也颇受大学生的重视,校园环境构成了大学生与他人互动的情景,教学模式则决定着学生与学生、学生与教师的课堂互动情况,而大学生在校期间就业能力的形成多依赖于和他人的互动。

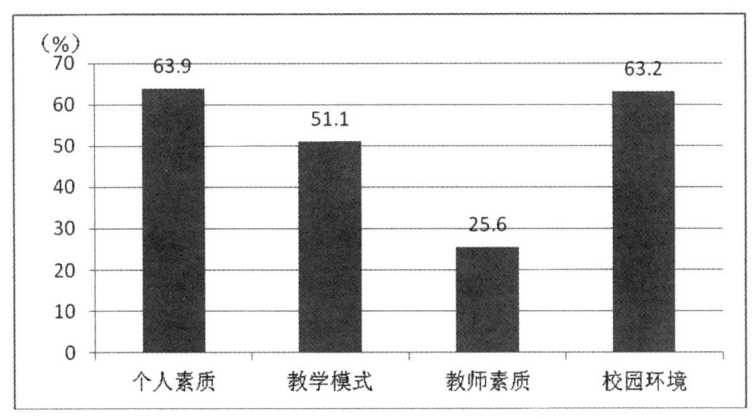

图 7-4 影响就业能力获得的因素

数据来源:余长春等.大学生就业能力与社会需求的匹配[M].北京:社会科学文献出版社.2014年.

高校环境对大学生获得就业能力的影响也得到了其他学者的证实,如彭树宏对大学生就业能力影响因素的实证研究表明,在校期间的社会实践活动和实习对大学生就业能力有显著的正向影响,该研究还指出家庭收入、家长职业身份对大学生就业能力均有显著的影响。[①]

综上所述,大学生就业能力的形成受多方面因素的影响,家庭环境与高校环境对大学生就业能力的培养有着直接的影响,另外,个人素质也是影响大学生获得就业能力的重要因素。家庭与高校为大学生培养就业能力提供了外在环境,好的环境有助于就业能力的培养与提升,其实良好的家庭环境也为大学生培养就业能力提供了物质基础。这些有利于大学生

---

① 彭树宏.大学生就业能力结构及其影响因素的实证研究[J].教育学术月刊.2014(6).

在专业技能、沟通、人际等方面能力的培养,而个人素质则决定了大学生在道德观念、人生态度方面的成长。

三、基于大学生技能培养的对策建议

1. 校企合作,学历教育与职业教育并重

传统的校企合作主张学校为企业定向培养学生,学校通过企业反馈与需要,有针对性地培养人才,结合市场导向,注重学生实践技能,培养出社会需要的人才。这种校企合作,做到了学校与企业信息、资源共享,学校利用企业提供设备,企业也不必为培养人才担心场地问题,实现了让学生在校所学与企业实践有机结合,让学校和企业的设备、技术实现优势互补,节约了教育与企业成本,是一种"双赢"模式。然而,这种模式更加注重职业教育,某种程度上背离了高校的学历教育。在当前的就业形势下,既要维持高校学历教育又要考虑学生就业,可在高校尝试新型校企合作模式,兼顾学历教育与职业教育。如学校可聘请企业高管为客座讲师,对大学生进行职业教育,既可以讲座的形式向学生传授基本职业知识与技能,也可以见习的方式带学生去企业学习。

高校环境、教学模式、教师素质是影响大学生就业能力形成的重要因素,这些因素受高校条件的影响而存在局限性,更多地表现出"学历教育"性质。通过校企合作可以在这些因素中融入"职业教育"成分,聘请企业人员为高校客座讲师、客座教授,将其纳入高校教育、教学之中,能够有效改善高校教学模式,提高教师队伍的综合素质,因而更能促进大学生就业能力的形成。

2. 加强通识教育,培养优质学生

在多样化的现代社会中,人们出于各种原因而聚集成一个存在差异性的人群。通识教育能够在现代多样化的社会中,为受教育者提供通行于不同人群之间的知识和价值观。以往的高校教育是一种专业化的教育,这种教育模式对我国社会发展发挥了积极作用,不过也存在明显的缺

陷,它过分强调专业划分,把学生的学习限制在一个狭窄的知识领域,不利于学生全面发展。高等教育的专业化做得越好,学生就越难适应变换了的工作,其就业情况可能越糟糕。因此,加强通识教育能够为大学生在不同行业间转换工作提供便利,开拓了大学生的求职就业空间。

  个人素质也是影响大学生就业能力形成的重要因素,而个人素质的培养与其所处的环境密不可分,除家庭外,高校也是影响大学生个人素质的主要环境。在高校教学中可以尝试开设更多的个人素养课程与通用技能课程,一方面提升大学生的个人品质,如诚信、敬业等基本素养。另一方面可以强化大学生的思维能力以及搜集、处理信息等基本技能。

第八章
大学生就业的公平性研究

一、大学生就业公平性的研究意义

2014年3月,国务院总理李克强在十二届全国人大二次会议《政府工作报告》中强调,要促进教育事业优先发展、公平发展,继续加大教育资源向中西部和农村地区倾斜,促进义务教育均衡发展,使贫困地区农村学生上重点高校的人数再增长10%以上。政府对教育事业的大力关注表明了教育事业在我国现代化建设中的重要性,教育为国家的现代化建设培养人才,而人才价值又是通过就业实现的。为此,要想进一步促进教育的发展就必须解决好大学生的就业问题。然而,当前大学生的就业形势却日益严峻,尤其是在大学生毕业数量逐年增加的背景下,解决大学生就业就显得尤为重要,因为这不仅关系着我国现代化建设中的人才资源问题,更关系着民生和社会稳定问题。2014年我国大学毕业生规模为727万,预计2015年这一规模将会达到750万,届时,大学生就业压力将会进一步增大。

当大学毕业生面临巨大的就业压力时,就业的不公平问题也日益显现在他们面前,并严重影响了大学生的就业。调查显示,大约32%的学生遭到过相貌歧视,29%的学生遭到过学历歧视,21%的学生遭到过身高歧视,78%的女生遭到过性别歧视。另据调查显示,大约60%的大学毕业生表示,在工作的过程中遭遇过诸如性别、户籍、学历、专业、经验、相貌、健康等不同形式的歧视。各种形式的不公严重影响了大学生就业市场的健康发展,带来了一系列严重的恶果,如不及时加以纠正,这种不良趋势必将严重影响到我国教育的发展,进而影响到我国的现代化建设和民族复兴。从李克强总理的政府工作报告中,不难得出这样的结论:即当前我国教育发展不平衡,这种不平衡的集中表现是教学资源分布不公,而教学资源的分布不公又直接导致贫困地区和广大农村地区学生进入高等教育的层次不同,这种层次的区分最终在很大程度上决定了其就业状况。

1. 公平性研究的意义

数据显示,我国每年新增劳动力1500多万,而其中大学毕业的规模就达到了700多万,可见,解决好大学生的就业,就将会极大地缓解我国劳动力市场上的就业压力。然而,影响大学生就业的因素有很多,其中,解决好大学毕业生的公平就业问题便可以视为解决大学毕业生就业病症的一剂良方。

就业关系到国计民生,它不仅是一个社会经济问题,同时也是政治问题。就业的有效落实和保障与人们的生活息息相关,也是关系到社会稳定的大事件。大学毕业生作为我国青年劳动力的主力军,他们的稳定和付出,是我国现代化建设的重要保障。因此,必须解决好大学生的就业问题,为其发挥自身才能,贡献自身力量,创造良好健康的社会环境。

综上所述,对大学生就业的公平性研究,消除大学生就业过程中的歧视因素,具有重大的现实意义。

第一,消除大学生就业过程中的不公平性问题,有利于促进大学生就业,保障经济社会的稳定和健康有序的发展。

大学生是接受过高等教育的高智商群体,是社会建设和发展的重要主力,同时又是未来社会的领导者,对他们的关怀就是对我国未来社会主义建设的关注,因此不容忽视。近些年,大学生数量的不断增长,使其成为劳动力供给的重要组成部分,由于他们是刚刚跨入社会的青年,一方面在他们身上还有青年学生的激情和活力,另一方面,毕竟是刚刚进入社会,还没有形成正确的人生观、价值观,容易受到一部分不健康社会思潮的影响。所以,必须给予其一定的安抚和关照,而稳定的工作正是最好的良方,安定的社会环境自然是最有利于其树立正确价值观。大学生作为高级知识分子,一旦他们的工作生活得到安定,就能更好地保障整个社会的稳定。除此之外,大学生作为新时期的消费者,其消费理念正是在我国当前社会主义市场经济环境下培养出来的,当他们有了稳定的工作,具有一定的收入,那么就能够不断满足其消费欲望。而消费的扩大是拉动内需的最主要的动力,消费作为拉动我国经济发展的三驾马车之一,其作用尤为重要,消费的扩大有利于我国市场经济的健康和可持续发展。因此,这种良性循环一旦形成,将会为我国的经济发展带来巨大的潜力,并最终成为我国可持续发展的持久动力。

第二,消除大学生就业过程中的不公平性问题,有利于大学生积极、主动地发挥其聪明和才智,从而更好地服务社会主义现代化建设。

消除大学生就业过程中的不公平性问题,也是解决社会不公问题的重要组成部分。当前,公平问题已经成为人们关注的主要问题,大众对权利滥用和暗箱操作等不公平行为痛恨已久。解决好这些不公平性问题,有利于营造良好的社会风气,良好健康的社会风气带来的是人们的心平气和,只有心情舒畅地工作和生活,才能少抱怨,从而全心投入到工作中去。如果全社会都以这种心态对待工作和生活,那么我国的社会主义建设将更有效率,其成果也会更加明显,有利于早日实现我们的现代化建设。

大学生就业过程中同样存在着严重的不公平问题,这些问题的存在不仅严重影响了大学毕业生的就业,而且还严重制约了他们发挥自己的聪明才智,回报社会的热情。不良的社会风气会一再地伤害到他们的热情和积极性,误导他们对社会的认识,在以后的工作和生活中产生更多的埋怨,这些都不利于社会的健康发展和社会秩序的稳定。故而,必须大力解决好大学生就业中的不公平性问题。这一问题解决得好不仅有利于大学毕业生的健康成长,更有利于社会主义的现代化建设,否则将严重影响和制约大学毕业生的成长和社会主义的现代化建设。

第三,消除大学生就业过程中的不公平性问题,实现大学生顺畅就业,关乎我国教育事业的发展。

对国家而言,教育是关乎国计民生的大事件。但是对单个的家庭来说,更多的是把教育作为一项投资,这种投资时间长、成本大,而且存在较大的风险。于是他们就会更加在意这种投资行为的回报问题,对他们来说,衡量投资回报的指标就是他们子女的工作情况,他们会着重考虑子女工作的性质和收入情况。但是,当前我国教育事业中,这一问题不容乐观。由于近些年高等教育的不断扩招,加之我国经济发展的现状——从高速发展进入中高速发展,经济发展的放缓加重了我国就业压力。一方面,大学毕业生数量不断增加,要求有更多的岗位来满足大学生的就业需求;另一方面,不断放缓的经济,对劳动力的需求增速也逐渐放缓。二者集于一点,就是我国劳动力市场的压力更大,竞争更加激烈。而大学毕业生作为高素质的劳动力,其就业需求又集中在中高端劳动力市场,这样一来,大学毕业生的就业问题就更加严峻。其后果就是,大量的大学毕业生找不到合适的工作,而处于待业状态。

大学毕业,却找不到工作,或者所从事的工作远远低于预期,那么这对于那些投资于教育的家庭来说,无疑是一个巨大的打击。当他们发现自己的辛勤付出最后很难得到回报,或者回报远远低于他们的预期,那么他们对教育的投资热情就会大大降低,甚至为了规避这种风险而放弃这种投资,让他们的子女在没有接受相应的教育之前,就过早地投入到劳动力市场,从事低端的体力劳动。如果整个社会一旦形成这种风气,那么对于我国的教育事业而言无疑是一个巨大的灾难,对我国的现代化建设和民族复兴大计也是致命的打击。所以,一定要解决好大学生就业的不公平性问题,促进大学生更好地就业。

2. 国内外公平性研究现状

国内相关研究主要集中在大学生公平就业的内涵界定、大学生公平就业的内容研究、大学生公平就业的政策研究以及大学生就业不公平所带来的影响。相比国内的研究,国外的研究主要集中在法律的制定方面。

表 8-1 国内关于公平的研究

国内相关研究	大学生公平就业的内涵界定	冯菊香(2006)认为就业的公平就是就业竞争起点的公平,就业竞争机会的公平,就业竞争规则、过程和结果的公平。
		覃伟丽(2010)认为就业公平是指具有就业能力的人,其个人利益和权利在获得就业机会、就业待遇、就业保障和就业服务等方面,受到公正平等的对待。
		程树明(2011),指出就业公平是在可比的平等规则下,全体公民享有公正平等的就业权利和机会,通过市场公平竞争实现就业意愿、从事一定的社会工作并取得劳动报酬或一定的经济收入的全过程。
	大学生公平就业的内容研究	栗芬(2008)认为当前我国已经进入高等教育大众化阶段,大学生就业市场受供求规律变动的影响,由"卖方市场"变为"买方市场"。
		朱蕾(2014)从中国大学生就业存在的主要问题出发,以大学生就业歧视问题为研究对象,通过经济理论和社会学理论分析大学生就业歧视存在的根源。
		吕莎(2014)运用贝克尔偏好歧视理论对大学生就业中的经验歧视现象进行分析,得出无经验大学生自然附着成本的存在是造成企业经验歧视的根本原因。
	大学生公平就业的政策研究	欧阳增铜(2008)认为现行的法律,除《劳动法》和《失业保障条例》对就业有原则性的规定之外,许多规范都没有法律保障。
		孙彦斌(2012)针对民办高校大学生就业歧视问题,从思想观念、管理体制、就业政策、政府问责和高校建设等方面提出了相应的对策建议。

续表

大学生公平就业的影响研究	冯菊香(2006)认为大学生就业不公平会造成落后地区对教育的群体性失望,不利于提高社会经济效率而且还会进一步淡化对人文精神的培养等。
	马克茹(2010)认为,消除大学生就业过程中的不公平性,有助于促进社会公平的实现,有助于大学生个人价值的实现以及整体国民素质的提高。

表8-2 国外关于公平的研究

国外相关研究	美国	《公平就业机会法》规定雇主不得基于种族、肤色、宗教、性别、血统而施加歧视;《同酬法》规定对于从事技能、责任和体力要求相等并且工作条件相似的工作的男女劳动者,雇主必须支付相同的报酬,禁止对女性受雇者以性别歧视;《年龄歧视法》规定,歧视任何年龄的求职者及雇员都是违法行为。
	加拿大	《人权法(1981年)》明文规定不得以下列理由歧视应聘者:种族、民族、出生地、肤色、出身、国籍、信仰、性别、性倾向、年龄、犯罪记录、婚姻状况、家庭和残疾。
	欧盟	《阿姆斯特丹条约》第十三款规定,欧盟理事会可以采取"适当的行为,与基于性别、种族和人种、宗教信仰、伤残、年龄或性别取向等行为进行斗争"。

二、公平就业的相关概念及意义

1. 公平与就业公平

(一)公平

公平问题是随着人类社会诞生和人类文明开化而产生的,其根源是权力阶层的存在。人类对公平问题的研究由来已久。在我国,《老子》第十六章也有"知常容,容乃公,公乃王,王乃天,天乃道,道乃久,殁身不殆"。这里老子把公平上升为治理国家的方针,说"无所不包才能处事公正,处事公正才能天下归顺",其中的"公"就是指"公平"。王弼在其《老子注》中也说道:"荡然公平,则乃至于无所不周普也。"《管子·形势解》中有"天公平而无私,故美恶莫不覆;地公平而无私,故大小莫不载"。在西方,对公平问题的研究源于古希腊时期哲学家对公平、正义等问题的思考和探讨。苏格拉底说,公平是一种美德,能是社会达到一种最好的状态。亚里士多德更是将公平视为"百德之总",是社会关系中的一种均衡状态。《理想国》中,柏拉图则从社会正义的角度出发来解释公平,他认为正义就是"三个等级"的人各司其职,在这个国度里每个人都可以找到最适合他的职务,关注自己的事情,而不去干涉别人。对比我国和西方关于公平的理解,可以发现,对公平很难有统一的界定,我国的先哲们主要是从人与自然或者是从智力国家的角度来阐述,而西方哲学家则更多是从社会伦理的角度来解释公平的含义。

从以上的总结不难看出,公平是一个哲学范畴,同时也会发现,公平又是一个历史范畴,在不同的历史条件下,人们对公平的理解和要求是不同的。但其本质都是在反映一定社会形态下的经济关系,公平的实现程度又受到当时社会经济发展状况的制约。新时期,继党的十七大提出"实现公平正义是中国共产党人的一贯主张,是发展中国特色社会主义的重大任务"之后,党的十八大又提出"使发展成果更多更公平惠及全体人民",并要求"加紧建设对保障社会公平正义具有重大作用的制度,逐步建立以权利公平、机会公平、规则公平为主要内容的社会公平保障体系,努力营造公平的社会环境,保证人民平等参与、平等发展权利"。

综上所述,本文认为,公平是人类一直追求的理想的社会状态,但是这种状态不会自然而然地产生,而是需要具有公平正义的管理者,制定制度规则,监督实施,方可达到的一种状态。在这种状态下,人们会得到与其能力(这种能力是指通过公平手段获得的)相当的地位和职务。但是要强调的是,公平不是绝对的平等,是承认个体差别基础上的平等自由,是在保证社会效率的前提下的公平,因为公平带来的是社会的文明和进步,而不是倒退。

(二) 就业公平

就业公平是社会公平的重要组成部分,更重要的是就业公平又是保障社会正常运行的经济基础,实现公平就业就能保证社会的安定和人们的日常生活,这都是经济社会发展不可或缺的条件。简单地讲,所谓就业公平就是指在平等的社会规则下，全体公民通过公平竞争来实现就业，从事相同的劳动者所获得的报酬和待遇均等，并享有相同的发展机遇，即就业的起点公平、过程公平和结果公平。对国家和政府而言，所谓的就业公平就是消除就业歧视，而对单个的劳动者而言，这种公平更多地体现为一种心理效应。下面本文将从结果公平的角度着重阐述就业公平的问题。

公平理论是美国行为科学家斯塔西·亚当斯于20世纪60年代提出的。该理论侧重于研究工资报酬分配的合理性、公平性及其对职工产生的影响。公平理论认为，人的工作积极性不仅与个人实际报酬多少有关，而且也与人们对报酬的分配是否感到公平密切相关。人们总会自觉或不自觉地将自己付出的劳动代价及其所得的报酬与别人进行比较，并对公平与否做出判断，这种公平感将直接影响到工人的工作动机和行为。所以为了更好地提高工作效率，更充分地利用有限的人力资源，就必须保证就业的公平。

2. 歧视与就业歧视

（一）歧视

歧视现象也是伴随着人类社会的诞生而产生的，所以对歧视问题的研究也离不开对人类社会的研究。从社会的角度看，歧视是不同利益群体间发生的一种情感反应和行为，歧视的行为对象由歧视方和被歧视方构成。所谓歧视，是指歧视方由于担忧被歧视方对自己的地位、权利、利益、习惯、文化等造成威胁或挑战，而在言论或行为上对被歧视方进行丑化、中伤、隔离、甚至伤害。歧视，本质上就是歧视方利用不当的理由或者是某种特权，维持不公平、不合理、不合法等行为，从而达到维护自身地位、权力和利益等目的。联合国人权事务委员会对歧视的解释是，基于种族、肤色、性别、语言、宗教、政治或其他见解、国籍或社会出身、财产、出生或其他身份的任何区别、排斥或优惠，以达到否认或妨碍任何人在平等的基础上认识、享有或行使在政治、经济、社会、文化或任何其他方面的人权和基本自由。

(二) 就业歧视

关于就业歧视最权威的定义莫过于国际劳工组织在 1958 年通过的《就业与职业歧视公约》(第 111 号公约),其中规定,就业歧视是"基于种族、肤色、性别、宗教、政治见解、民族、血统或社会出身的任何区别、排斥或特惠,其效果为取消或损害就业或职业方面的机会平等或待遇平等。"另外,"有关成员在同雇主代表组织或工人代表组织——如果这种组织存在——以及其他有关机关磋商后可能确定其效果为取消或损害就业或职业方面的机会平等或待遇平等的其他区别、排斥或特惠",也是歧视。"包含得到职业培训的机会、得到就业的机会、得到在特殊职业就业的机会以及就业条件"。

3. 大学生公平就业及其意义

本文研究的是大学毕业生就业过程中的公平性问题,所以就要明确大学毕业生就业的范围。这里所谓的大学毕业生指的是即将毕业和刚毕业不久的大学生,大学生就业指的是大学毕业生的初次就业。明确这两个概念以后,对大学毕业生的公平就业问题研究就有了一个明确的界定。

大学生公平就业是指大学生在择业、就业、竞争的过程中,在没有任何外力影响和干扰,没有任何偏见的情境下,大学生以个体能力及素质的高低公平享有竞争权利、竞争过程和竞争结果。

大学生就业公平之前是教育公平,只有在保证教育公平的前提下,才能更好地实现就业公平,否则就业公平就会很难实现,或者实现过程中会遇到很多困难和挫折。反之,如果能保证大学生的就业公平就会进一步促进教育事业的发展。如果每一个大学毕业生都能称心如意地工作,获得稳定的收入,满足实际生活所需,那么也就意味着实现了教育事业的一个目的。除此之外,大学生公平就业的实现也是社会公平的重要组成部分。改革开放以来,我国经济发展取得了不小的成就,这也使得保障社会公平有了坚实的经济基础,所以当前社会公平问题已经成为全社会关注的焦点之一。所以,保障大学生的公平就业就有了可能性和必要性,实现了大学毕业生的公平就业就能更好地保障社会繁荣和稳定。当前大学生招生规模的不断扩大,使得大学生就业的竞争压力日益激烈,就业过程中的歧视问题也日渐突出,严重影响了大学毕业生的正常和公平地就业。

三、影响大学生公平就业的因素

大学生就业中的不公平问题,既有一般劳动力市场上的存在问题,又有其特殊性。这种特殊性一方面由大学生特殊的身份决定,即他们是拥有高智商但缺乏实际经验的劳动群体;另一方面则是由于其从事的多是中高端劳务,这些特点就决定了其特殊性的存在。

1. 形式多样的就业歧视

第一,性别歧视

性别歧视一直以来都是就业市场上存在的一个严重问题,同样,在大学生的就业市场上也存在这样的问题。的确,有一些工作最好是由男性来担任,比如一些较危险或者是较重的体力活等,具有这些性质的工作基本上都是由男性担当,像消防员这类工作。但是,除此之外的很多工作原本是可以忽略性别问题的,有些用人单位从自身利益出发,却一味地忽略女性求职者,导致了对女性求职者极为不公。

导致用人单位歧视女性求职者的主要原因还是由女性自身的特点决定的。就女大学生而言,大多是 22 岁左右毕业,她们是一群达到法定结婚年龄的未婚群体,在接下来的几年里,都会面临着结婚生子的问题。而我国《劳动法》中规定,用人单位不仅要允许女性工作者休产假,而且产假期间的工资还要照常发放。按照惯例,用人单位一般要给女性工作者一个星期的婚假和至少四个月的产假,一旦给予她们相应的假期,就意味着相应的工作无人做或者不能按时完成,必将影响到公司的工作,特别是那些女性工作者较多的单位更是如此。更重要的是,这些女性在休假期间还要按时支付工资,这对企业来说,无疑造成用人单位成本的上升。除了这些原因之外,女性工作者还有退休早,以及因持家而不能全身心投入工作等问题。所以,对于同等条件下的求职者,用人单位更偏向于雇用男性,这也就是大学生就业市场上出现性别歧视的原因所在。尽管《宪法》和《劳动法》都明文规定,对女性求职者给予保护,并要求用人单位不能因为工种原因拒绝招聘妇女或提高对妇女的录用标准,但是由于缺乏相应的监督措施,导致有些用人单位对此法律条款熟视无睹。

第二,教育背景歧视

在所有歧视现象中,最明显、最直接、最严重的就是教育背景的歧视,这几乎是700多万应届毕业生都会遇到的事情,除去几所全国知名高校和海外知名高校的学生以外。这里的教育背景歧视包括学历歧视和学校歧视。

所谓学历歧视,顾名思义就是指由于不同的层次的学历,主要包括:网络教育、成人本专科、普通本专科、硕士研究生和博士研究生。而学校歧视则主要是普通院校和211、985院校之间的区别。用人单位之所以存在这种歧视,主要是受负晕轮效应的影响,这里的负晕轮效应是指,因为某一特性的不足导致对其他特性的评价普遍偏低的现象。在大学毕业生求职时,用人单位只考虑到求职者的学历或者是学校出身,就判定求职者的价值,而盲目地忽略那些学历较低或者是学校出身较差的大学毕业生。这种现象最大的弊端就是忽略了求职者的交际能力、动手能力等其他价值,这些问题主要由用人单位在人才选拔方面的缺陷和不足造成的,其导致的后果不仅是对求职者的不公平,而且对用人单位也是一种损失。很多用人单位在发布招聘启事时,都明确规定只招985或211学校的学生或者是在学历上要求本科及以上,甚至有的还要求硕士及以上。更有甚者,有些用人单位还规定,研究生学历的应聘者,除了要求其读研时所在学校是全国重点院校以外,还要求本科学校也是全国重点学校。用人单位之所以敢如此明目张胆地公布这些歧视条件,就是因为没有相应的监督和处罚措施来约束他们的这种行为。

其实,在2014年4月,教育部办公厅就已经发出了《关于加强高校毕业生就业信息服务工作的通知》,其中就有严禁歧视教育背景的内容。《通知》强调,凡是教育部门和高校举办的高校毕业生就业招聘活动,要坚决做到"三个严禁":严禁发布限定985高校、211高校等招聘信息,严禁发布违反国家规定的有关性别、户籍等歧视性条款的需求信息,严禁发布虚假和欺诈等非法就业信息,坚决反对任何形式的就业歧视。但是,尽管如此,用人单位在筛选应聘者的过程中仍然存在明显的歧视倾向,即淘汰大部分非211或985以及低学历的学生。

第三,户籍歧视

在众多的招聘信息中,经常会看到用人单位对应聘者的以下要求"限本地生源、本地户口",或者是具有这些条件者优先等。用人单位之所以会有这样的选人条款,主要是因为我国特殊的户籍管理制度造成的。在我国,户籍和就业、教育和医疗等紧密相关,加之我国《宪法》和《劳动法》的规定,雇用外地户口的人员将会给用人单位带来一定的麻烦,而且也会增加相关的成本。近年来,随着我国大城市户籍管理越来越严格,入户大城市将更加困难,成本也将越来越大,用人单位为了减少麻烦,降低用人成本,就更多地选择本地户口的应聘者,于是就造成了对非本地户口求职者的不公平。特别是对于农村大学毕业生而言,要想在这里谋求一席之地就更是难上加难。其中,最严重、最明显的就是公务员和一些事业单位的招聘。

第四,经验歧视

我国《劳动法》中的第六十八条有这样的规定:"用人单位应当建立职业培训制度,按照国家规定提取和使用培训经费,根据本单位的实际,有计划地对劳动者进行职业培训。从事技术工种的劳动者,上岗前必须经过培训。"所以,用人单位为了降低这部分培训成本,逃避社会责任,也为了让员工能更快更多地为自己创造价值,多倾向于选择有经验或者是有相关经验的求职者。但是,对于刚刚走出校门的大学毕业生,由于他们一直在校园里生活和学习,很少有机会从事相关工作,就更谈不上什么经验,所以这就构成了他们在求职过程中的劣势。

现在针对大学毕业生有了专门的校园招聘,这种招聘的出发点本来是针对高素质群体但是缺乏经验的大学毕业生的,用人单位看重的应该是求职者的可塑性和学习能力等,而不是上来就考察有无工作经验。但是,现在越来越多的校园招聘中都出现了拥有相关工作经验的择优录取,有的甚至直接要求应聘者必须具有相关的工作经验,而这些不合理的要求让很多前来求职的大学毕业生望而却步。其实,这些用人单位要求的所谓相关工作经验,只是要求有过类似的工作的经历。其问题所在,一方面,很多大学生在校期间不一定会有这样的机会,也就很难有类似的工作经历;另一方面,这种要求可能会促使一部分学生铤而走险,选择欺骗的方式,来满足招聘企业的这种要求,而这种失信行为又不得不令人担忧,担忧的是用人单位到底需要什么样的人。

第五,外在形象歧视

外在形象包括身高、相貌、体型和残疾等。其中,身高歧视较为普遍,然而在实际的工作中,身材的高矮与工作质量和效率真正相关的工种很少,可是很多用人单位在招聘的时候都会有身高要求,从而很多达不到要求的求职者被拒之门外。其实,关于身高和相貌等问题,都是由遗传决定,而这种最正常的自然现象却被故意地区别对待。这对处在求职过程中的大学毕业生来说不只是求职过程中的伤害,也是对其自信的打击,让他们无法从容求职,无法在求职的过程中表现真实的实力。对于身体存在残疾的大学毕业生,歧视就更加严重。虽然我国《残疾人保障法》第三十四条规定:"在职工的招用、聘用、转正、晋级、职称评定、劳动报酬、生活福利、劳动保险等方面,不得歧视残疾人",但是用人单位却常常对此置若罔闻。

2. 信息不对称的存在

信息不对称指的是在社会政治、经济等活动中,一些成员拥有其他成员无法拥有的信息,从而造成了信息的不对称。信息不对称的存在,就会导致拥有优势信息资源的成员获得更多利益,而拥有劣势资源的成员却无法享受应有的利益,于是就产生了社会不公平现象。

在大学毕业生求职的过程中,信息是十分重要的资源,透明、完全的信息能够保证求职者在第一时间获得好的求职机会,而且还可以避开激烈的竞争,从而能够帮助他们获得好的工作。对于信息不畅的大学生求职者,在他们还没有得到信息之前,可能那些提供优越职位的用人单位都已经结束招聘,这种不公平让这些大学生求职者在求职的竞技场上输在了起跑线上。

信息不对称的存在不仅给求职者带来了不小的麻烦,对于用人单位来说也是很大的问题。对用人单位而言,当然是希望找到最优秀的、最适合岗位要求的求职者,为此,他们要从大量的求职者中进行筛选。可是,在选择的过程中,由于信息的不对称,一方面,求职者对用人单位的信息不畅,导致前来应聘的求职者,特别是那些很有可能是符合该岗位要求的潜在人员没有得到招聘信息,从而也就无法前来应聘;另一方面,对于所有前来的应聘者,用人单位很难在很短的时间内,只是通过一些简单的考核就对应聘者做出正确的判断和取舍。很有可能是,错误的判断不仅没有选对真正适合本岗位的求职者,反而是错过了那些优秀的、真正适合岗位要求的求职者。其后果就是,用人单位花费了大量的人力、财力和物力,却没有达到预期目的,不仅造成了严重的浪费,还为自身的发展带来很多不利的影响。

除此之外,还有学校与用人单位之间的信息不对称,即学校与市场需求不对称。学校,是培养人才的地方,大学生在这里经过专业的学习,掌握了相关的知识和理论,在获得毕业资格以后,当他们去寻找工作的时候才发现,自己在大学所学的知识很难和实际相结合,甚至是社会上已经基本上没有与自己所学相关的工作。造成这种现象的原因就是,学校的教育没有及时跟上市场的要求,以至于培养的人才无法满足市场的需求,造成了人才的浪费,或者是大学的教育培养模式不合理,无法培养出合格的人才。特别是对有些本应该淘汰的专业,或者是市场需求较小的专业,学校在招生的时候不加考虑,盲目招生,最后导致他们毕业的时候一职难求,对于这些专业的学生来说是极为不公平的。

3. 教育的不公平性

当今世界,教育对任何一个有远见的民族来说都是不容忽视的大事,教育关系到国家和民族的发展和未来,教育为国家和民族培养人才,而人才是当今社会最宝贵的资源。

我国历届政府对教育事业都给予了极大的重视,使我国人均受教育水平大大提高,国民素质也大大改善。但是,教育事业是百年大计,任何时刻都不能放松,更何况目前我国的教育还存在很多问题。其中教育的不公平性较为明显,特别是城乡教育资源的分布不合理问题更为突出。当前,很多优秀的资源都集中在城市里,而对于广大的农村地区,特别是西部偏远落后地区则出现教育资源贫瘠,教育状况堪忧的问题。其直接后果就是,由于中西部偏远地区教育资源的落后,导致很多儿童辍学。

由于农村地区和偏远落后地区教育资源的分配不公,就导致了这些地区的学生其学习成绩和拥有优越资源的城市学生相比较差,而被称为人生最重要的那场普通高等学校招生全国统一考试的较量中,却没有区分考生是来自农村还是来自城市。这种情况下,来自农村的学生在这场较量中自然是处在劣势地位,他们很难和那些享受过优越教学资源的城市学生相竞争。此时,所谓的处在同一起跑线上的说法也就失去了意义。这种不公平在大学毕业生求职中的表现就是对非985学校和211学校的歧视,毕竟好学校是有限的,能进入到好学校的学生更是有限的,没能进入的就会受到这种歧视,承受着教育不公带来的后果。

4. 法律的缺失和执法不力

针对当前我国大学生求职过程中出现的不公平性问题,国家也有相关的法律约束,以保障大学毕业生的利益。但是,由于这些法律条款不够完善,加之判断标准难以衡量和执法、惩罚力度不够,使得这些法律条款形同虚设,有些用人单位也是肆无忌惮,无视相关法律的存在。

第一,相关法律制度不够完善

目前,在我国的法律体系中,涉及到能够保障大学毕业就业的法律有《就业促进法》和《劳动合同法》,再加上《宪法》和《劳动法》,这些法律条款共同构成了维护大学生就业权利的法律保障。但是就其效果和大学生就业过程中出现的问题来看,不难发现,这些法律的效果却不尽如人意。其原因就是,这些法律只是从原则上或者是从宏观层面出发,但却不够全面和具体,这也使执法者和受害人很难利用这些法律来维护社会公平。比如,对于如何判定就业不公和就业歧视,就如何认定、如何举证等都没有做详细具体的说明,而且对违法者应该承担什么样的责任、接受什么样的处罚等,都没有做明确的规定。更多的是"劳动者就业,不因民族、种族、性别、宗教信仰不同而受歧视""用人单位招用职员、职业中介机构从事职业中介活动,应当向劳动者提供平等的就业机会和公平的就业条件,不得实施就业歧视"以及"用人单位制定的劳动规章制度违反法律法规的,由劳动行政部门给予警告,责令改正;对劳动者造成损害的,应当承担赔偿责任"等字眼。这些法律条款更多的只是一纸空文,执行起来却是乏力,例如针对大学生经常遭受到的学历、经验、身高、健康等歧视,法律条文上都找不到。

第二,实际操作较难

执法难的体现,一是针对用人单位在招聘过程中的歧视现象很难认定,法律是讲究真凭实据的,而认定上的困难又带来取证难的问题。作为最直接的受害者,大学生在求职的过程中,在遇到不公正待遇的时候,尽管其本人能够体会到这种不公,但是苦于难以取证而无法将这一不公行为诉诸于法律,或者,即使提起诉讼也会带来成本过大的问题。于是,用人单位就会屡次触犯法律而毫无忌惮。二是当大学生在求职中遇到不公正待遇欲提起诉讼时,却又发现不知道该采用何种诉讼程序。虽然《就业促进法》中第六十二条规定:"违反本法规定,实施就业歧视的,劳动者可以向人民法院提起诉讼。"但是却没有指出采用何种诉讼程序,因为民事诉讼法中并没有关于就业歧视的条款,而宪法诉讼方面,由于我国没有实行宪法司法化,也就无法采用宪法诉讼制度。

这些问题的存在,都使得大学生在遇到歧视待遇的时候,即使想以法律武器保护自身的权利,却又苦于无从下手,最终使违法用人单位逃脱法律的制裁,对法律置若罔闻,屡次侵犯求职者的就业权利。

5. 社会资本对大学生就业的影响

所谓社会资本是指个人或团体之间的关联——社会网络、互惠性规范和由此产生的信任,是人们在社会结构中所处的位置给他们带来的资源。詹姆斯·科尔曼认为,社会资本就是个人拥有的,表现为社会结构资源的资本财产,它是由构成社会结构的要素组成,主要存在于人际关系结构中,并为结构内部的个人行动提供便利。

社会资本在大学就业的问题中既有有益的一面,也有不利的一面。所谓有利的一面,就是指社会资本可以在某种程度上弥补由于信息不对称造成的信息不畅,使一部分学生可以有机会获得更好的工作。但也正是基于这一原因,就形成了社会资本的弊端。因为当前社会资本发挥作用的前提是面临就业的大学生必须要有相当的社会地位、经济实力和人际关系等,否则,社会资本就无法发挥这种优势作用,对于那些没有这种社会资本的大学生则只能承受其中的不公。根据调查发现,社会资本中,社会关系的不平等,特别是其家庭背景的差距,是导致就业不平等最主要的根源。它的存在严重影响了大学生就业公平的实现,造成严重的就业不公,也构成了对社会公平的严重威胁,必须加以整治。

四、特殊大学生群体的就业问题探讨

进入 21 世纪之后,在高校扩招、大学生数目急速增加的形势下,同时出现了一些与众不同的特殊群体,即特殊大学生。特殊大学生通常特指某些群体在社会结构中特殊地位及其生存状况,主要表现为经济力量、政治力量和文化力量的低下。对于特殊大学生群体的定义,国内学者吴文兵(2007)曾指出:"由于不同的社会背景、家庭背景以及自身的原因,高校中形成了一些特殊的群体:特困生群体、学习差生群体、心理问题群体、痴迷网络群体及思想困惑群体等。"本文中所研究的特殊群体特指三类,分别为心理问题群体、经济困难群体和生理缺陷的群体。

经济困难和生理缺陷的部分大学生,如果不能及时予以援助和指导,则将极其容易转化为严重的心理问题群体。自闭、自卑以及其他心理问题的影响下,大学生极易失控而做出错误和消极的举措,不仅在就业和生活上的难题难以得到解决,还可能因此为高校和社会带来不安定的因素,催生近年来频发的恶性事故和大学生高自杀率等社会问题。综上,在大学生就业困难的大形势下,特殊大学生群体无疑面对更高难度和更为复杂的就业问题,解决此类问题需要更多的社会关注。

1. 特殊大学生群体的形成原因

第一,家庭的影响

在性格的形成过程中家庭的影响首当其冲,因此对于特殊大学生群体的形成,家庭与父母对其的影响作用不容小觑。一方面是经济能力的影响,家庭的经济紧张会使学生的经济状况陷入困境,尤其是对于来自边远山区和贫困地区的学生,家庭长期的举债度日会使其有低人一等的感受,久而久之经济的困难演化为自卑、压抑等心理问题,这些问题的解决难度更高,对于此类群体的生活和就业产生极大困扰。

另一方面是家庭环境,尤其是父母关系对子女产生的影响。如今离婚率的激增产生了许多离异家庭,据民政部发布的社会服务发展统计公告,2004年我国的离婚率仅为1.28‰,2010年突破2‰,到2013年,已经高达2.6‰。家庭矛盾的激发使生活在其中的子女精神高度紧张,对现实中的所有问题抱有逃避心理。进入大学之后,遇到学习或者就业问题这类心理的表现更为明显,逃避困难和抱怨社会便成为难以避免的问题。

第二,大学生自身原因

(一)信念的缺失

随着市场经济的发展,教育体制的改革例如自主择业制度的出台,市场竞争愈演愈烈。同时社会的不良风气和社会秩序不安定因素也随之侵入高校,大学阶段对于个人成长来说,是人生观、世界观和价值观形成与发展的关键阶段,受到以上因素的影响,有些学生不能正确客观的地评价当前形势,不能明确辨别真善美与假恶丑。有部分学生逐渐淡化了对远大理想的追求,崇拜金钱与安逸的享乐生活,从而出现了信仰的减弱和缺失。也有部分学生不关心时事政治,看不到社会的主流,反而受尽黑暗面的影响和侵害。以上的各种情况都促使当今大学生群体中越来越多的学生信念缺失,理想淡化,以至于产生心理障碍。

(二)情绪调节能力差

我国现有高校的大学生年龄集中于20周岁左右,因此对于工作与学习中遇到的困难,尚缺乏足够的沟通能力与解决能力。高校在校生独生子女的比重也越来越大,他们的成长过程中不可避免地存在不同程度的骄纵和任性,父母一方面盼子成龙心理较重,另一方面忽略子女的其他方面培养,尤其是自我情绪的调整与沟通能力。在进入高校独立生活后,遇到挫折则容易沮丧、灰心。例如学习的困扰、生活的贫困、就业不顺利、人际关系不协调等问题。由于心理承受能力差,意志力较为薄弱,一旦遭受挫折或者挫败,则很容易出现心理的扭曲和失常的表现。

2. 特殊大学生群体面对的就业难题

第一,缺乏对口的岗位

在特殊群体中占比例较小的为生理残障学生,正是由于此类比重较小,因此更容易受到忽视。对于此类学生的就业,最大的难题在于岗位的稀缺。如图8-1所示,每年安排的城镇残疾人就业人数从2000年至今并无较大的增长,甚至从2007年起出现了明显的下降趋势,可以看出新形势下残疾人的就业愈加困难。从残疾人的就业服务机构来看,2001年我国服务于残疾人就业的机构为2991个,至2007年增长到3127个为顶峰,此后就一直递减,直至2011年减少为2678个。这一数据可以显示,我国对于残疾人就业的关注力不增反减,针对大学生群体中这一特殊人群的关注力度就更加少之又少。

第二,缺乏沟通与信息接收能力

从1987年浙江大学首个开展心理卫生课程至今,大部分学院已经开展了心理卫生的选修课程,并设立了心理咨询和辅导部门,但是绝大多数形同虚设,而大学生群体中存在心理障碍的学生人数却与日俱增。对于这一部分特殊大学生群体而言,心理问题主要体现在焦虑、自卑、受挫能力下降以及自控力差等方面,严重的则出现抑郁症甚至自虐或自杀倾向。在毕业就业之际,就业信息的来源除了官方信息平台的通知之外,还有一部分来自于同学之间的传递。另外如今就业形势日益严峻,应聘过程中学生的挫败感也会急剧增加。因此同学间信息和情感的传递尤为重要，缺乏沟通、缺乏自信直接影响了接收就业信息的能力，并且容易造成恶性循环，产生更为严重的心理疾病。

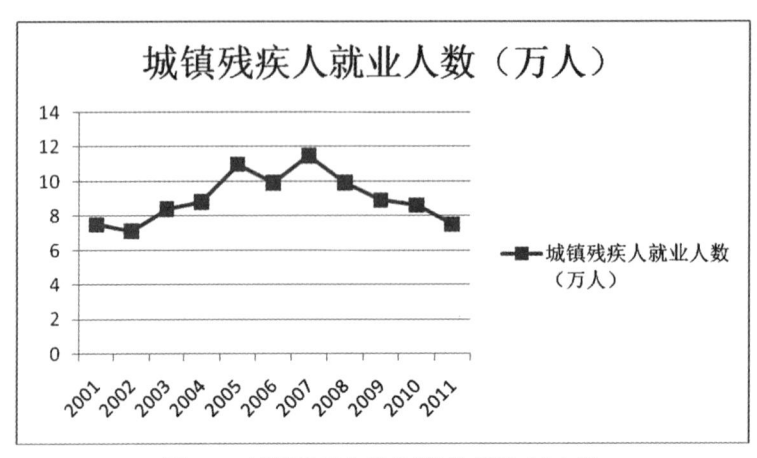

图 8-1　城镇残疾人就业（按比例就业）人数

数据来源：中国统计年鉴

第三，对未来职业的规划受到局限

目前职业规划的缺失是我国大学生择业时遇到的首要难题，对未来缺乏信心和规划不仅影响高校学生的一次就业率，还将在短期内产生高离职率，进而影响二次就业。尤其是对于生活贫困的学生，我国对贫困的大学生有各项补贴政策，例如入学的绿色通道，以及在校期间的国家励志奖学金、助学金，但是这些政策可以解决一时的燃眉之急，并不能对家庭环境的贫困带来改善。背负着家庭重担的特困生，部分同时还背负还清助学贷款的压力，在择业中，面对自己喜爱或者擅长的工作和相对高薪的工作之时，极易做出错误的选择，以导致短期内的离职和二次就业困难。

3. 解决特殊大学生群体的对策

第一，建立特殊群体的信息库

在对学生进行全面了解的基础上，大学生入学之后及时建立特殊群体信息库并进行信息的全面收集，以便在校期间对不同的特殊群体进行不同的教育与心理辅导，甚至是校园设施的改造，因材施教。例如广东省部分高校出于对极少数生理缺陷同学的行动考虑,在教学楼与食堂楼梯旁加建斜梯,以方便轮椅的行动更加顺畅。此类援助政策建立的基础必须是对学校特殊群体的了解,因此建立并逐渐更新完善高校特殊群体的档案,对学生的在校培养尤其重要。对于特殊群体的同学,有了更多的帮助和辅导,有利于独立人格的形成和自身素质的提高,这些无疑增长了其在就业市场的优势。

第二,加强对特殊群体大学生就业的援助

高校和社会对大学生就业难题的缓解都有着不可推卸的责任,一方面是对于心理问题的辅导和解决,不论是特困生群体还是心理障碍学生群体,在加入就业大军的队伍之前,必须减轻或者放弃心理包袱,这要求社会和高校共同努力。如今社会中的一部分不良风气,例如拜金主义风行,对高校学生的人生观价值观难免产生一定影响,加剧特困学生的心理自卑感,使其无法正确面对自己的价值,因此需要社会成员共同努力来改善社会风气和就业环境。从高校的角度来说,开展心理辅导的选修课是现行的最普遍做法,但是收效甚微。为了改善特殊群体的心理问题,增加专业的心理辅导机构和心理辅导人员则是根本的解决问题之道。

另一方面对于就业信息平台的完善也尤为重要。校内大学生的就业信息主要来自高校就业信息平台,获取此类信息没有明显的差异和困难。但是面对校外的招聘信息、相邻院校的招聘信息或者其他地区的招聘信息,除了来自网络的渠道外,同学之间的传递确实充当了主要的传递渠道。因此扩展和完善就业平台的建设,对于特殊群体的就业也有着举足轻重的作用,可以直接地避免一些冲突和困扰。

第三,完善就业援助体系的监控与效果评估

自从1998年高校扩招,及2008年金融危机之后,大学生的就业问题就提上日程,成为社会最为关注的问题之一。为了解决此难题政府实施的相关政策也数不胜数,但是并未收到显著的效果。一方面经济和社会环境的复杂多变着实影响了政策的实施和效果;另一方面不容忽视的是各项政策的实施与机构的建设缺乏相应的监测,以至于产生虎头蛇尾的现象。因此,与就业援助体系和就业信息平台的构建同样重要的是后期效果的监测和评估,做好就业援助体系效果的评估与监测不仅有利于对政策效果的评定,更有利于进一步的完善与扩展,成为推动特殊大学生群体的就业产生持续的助力。

五、促进就业公平的对策建议

通过分析得出,影响大学生公平就业的因素是多方面的,要想解决好这一问题也应该多管齐下。首先,是大学生要认清当前形势,从自身实际情况和社会实际出发,不可做过高的期望;其次,政府应该充分发挥其在社会和市场经济中应有的作用,从立法、调节、引导和监督等方面入手,加强对大学生的保护,解决大学毕业求职中的不公问题;再次,高校和用人单位也要根据当前形势和自身条件出发,加强合作,共同为解决大学生就业难和就业中出现的不公平问题出谋划策;最后要建立和发挥社会组织的作用,以弥补政府、高校和用人单位在解决该问题中的不足,充分发挥其不可替代的作用。

1. 认清当前形势,准确定位

目前,我国就业市场形势依然严峻,对大学生而言竞争会更加激烈。由于之前高校的不断扩招,导致现在每年大学生毕业数量不断增加,而相对于大学生毕业数量的逐年增加,我国经济增速开始放缓,所能提供的岗位相应减少。劳动市场上的这种供求失衡必然导致求职者的竞争更加激烈,而且有些用人单位也趁机对求职者提出各种无理的要求,从而进一步加深大学毕业生求职过程中的不公平问题。

对此,大学生首先要认清当前的形势,即在劳动市场上,身为供给方的大学生处于劣势地位,故而在求职过程中应当放低身价,不可提出过高的要求,因为对用人单位来说,他们的选择有很多,不会青睐要求过高的求职者。另外,大学毕业生在找工作的过程中,不要一味地强调工作地点、工资水平等,因为就工作而言没有最好的,只有适合自己的。有时还可以退而求其次,选择"骑驴找驴",毕竟工作是个长期性的事情,并非一朝一夕就能解决好的,要学会打破"一次择业,终身就业"的观念束缚。

2. 加强宏观调控、完善法律法规、加强监督和引导

首先,政府应该加强宏观调控,大学生就业难正是因为市场所能提供

的就业岗位不足造成的。如果市场能够提供足够的就业岗位,那么大学生就业难的问题也就会迎刃而解。政府作为宏观调控的执行者,其要履行的经济职能有:稳定物价、促进就业、保持经济增长和国际收支平衡。既然促进就业和保持经济增长是政府职能的一部分,那么政府就应该认真履行其职能。而促进就业和保持经济增长在某种程度上又具有一致性,因为保证经济的快速健康发展就是促进就业最好的保证。根据我国学者对奥肯定律的研究我们得知,我国GDP每下降一个百分点,将会减少就业岗位100万至200万个,而且出口每下降一个百分点,将会有30万至50万人失业。所以一定要保证我国经济的稳定发展,只有经济的繁荣发展,市场才能提供更多的劳动力需求,从而应对大学生就业难的问题。另外,产业结构对就业的影响也不容忽视,三大产业中,第三产业能提供更多的就业岗位,因此,政府应加以适当的引导,增加第三产业在产业结构中的比例。

其次,政府应不断完善立法,让法律成为大学生可以利用的武器。而要让大学生利用法律武器保护自己就业权利和享受求职过程中的公平待遇,就必须完善法律法规,提高法律的可操作性,而不仅仅是停留在一纸空文上。当前,我国的法律体系中虽然有相关保护就业的法律,但其操作性相对较差,使得大学生在遇到就业歧视的时候,想诉诸于法律却又苦于无从下手。因为当前法律并没有具体的条款,更多的只是概括性总结,可现实中大学生在求职过程中所遇到的就业歧视可谓是层出不穷、花样百出,当他们遇到这些不公行为时只能是默默承受。因此必须要完善相关法律,并加强对大学生法律意识的教育,使其懂得并且可以在自身利益得到侵犯时能够拿起法律武器捍卫自己的合法权益。为此,立法部门在完善相关法律的时候可以扩大劳动争议的受案范围,重视就业歧视的争议处理;细化就业歧视的行为,这一点至关重要,因为用人单位的就业歧视行为多种多样,立法部门可以对其一一列举,这样就更为明确可行;还应该规定求职者遭受不公平待遇时投诉的途径和诉讼权利等。

再次,相关职能部门要严格执法,加强监督。法律的意义在于震慑,让行为人因为惧怕法律的威力而不敢违法,从而达到维护社会的公序良俗,这是法律存在的意义。法律的震慑力体现在对违法者的惩罚上,严格执法,让法律成为任何人都不可触碰的红线,对任何违法者都不徇私枉情,做到违法必究,违法必惩,只有这样才能更好地树立法律的震慑力,让遵法守法的法律意识深入人心。在就业市场上,同样如此,对用人单位的歧视行为,应该以法律为准绳来进行衡量,针对其无视法律的行为加以惩处,加大其违法成本,只有这样才能更好地维护劳动力市场的公平和市场经济秩序正常运行。在对违法行为进行惩处以后,还应加强监督,警示用人单位在遵守法律的前提下开展公平的招聘,预防违法行为的发生。同时还要注意监管变相的歧视行为,坚决维护大学生的合法权益。

最后,政府应该加强宣传和引导。当前,我国就业市场形势十分严峻,一方面,大量的大学毕业生在辛苦地找工作;另一方面,我国很多企业,特别是制造业却又因为招工难而无法按时完成生产任务。与此同时,中西部地区也需要大量的人才参与建设。针对这种矛盾的局面就需要政府出面引导,通过制定一系列的优惠政策,吸引大学毕业生到中西部地区或者是投身制造业的发展,以避开东部就业压力大,就业竞争激烈的现状。

3. 高校应采取的对策

第一,完善教学改革,保证教学质量

随着我国高校的不断扩招,学生规模的不断扩大,使得师资力量、教学设施等无法满足教学需求,从而很难保证教学质量。而教学质量的下降会很难满足用人单位的要求,从而导致大学生就业难的问题产生,某种程度上,高校对大学生就业难和求职过程中遭遇的歧视负有不可推卸的责任。对于中国教育的改革,尤其是高等教育的改革,可谓是仁者见仁、智者见智。目前,我国高等教育是大众化教育,这种模式对于普及国民教育,提高国民整体素质有很大的推动作用。但是,其缺点也很明显,那就是盲目的扩招难以保证教学质量,而且还会导致大学生就业市场上的"供过于求"的局面,最终造成用人单位很难找到适合的优秀人才,而大学生也面临着就业难的困境。针对这一问题,高校可以和用人单位建立紧密的联系,了解其用人要求和标准,时刻把握市场动向,依据市场需求培养人才,在合作中还可以为在校大学生争取实习锻炼的机会,让他们在实践中找不足以提高自己。另外,还要建立严格的考核制度和毕业标准。因为当学校的教学改革达到市场需求以后,关键的就是要保证学生的学习效果,通过建立严格的考核制度,对大学生施加适当的压力,让其能够真正学到有用的知识,从而达到预期的教学质量和效果,让毕业生能够经得住市场的检验。

第二,加强对大学生的就业辅导

通过对大学生就业观念和就业心理的辅导,也可以在一定程度上减少大学生在求职中遇到的歧视遭遇,减轻就业歧视现象对大学生造成不利影响。当前,还有很多大学生有这样的就业思想,即"宁要城市一张床,不要乡村一栋房"。如果大学毕业生都抱有这种思想,那么就会出现大城市有大量找不到工作的毕业生,而与此同时,在同样需要大学生的广大农村和中小城市却因缺乏人才而难以发展。而且,就业是一个长期性的事业,不是一朝一夕之事,要做好长期性和随时应对挫折的心理准备。为此,高校必须要承担转变大学生的这种就业思想,大城市固然好,但中小城市同样美丽,要教会他们灵活的就业思想。另外,就业辅导还应该包括如何在求职的过程中维护自身的合法权益。近些年,因为不懂法,不熟悉法律而上当受骗的情况屡有发生,从而使大学生蒙受损失。

第三,建立高校毕业生公平就业促进委员会

该类组织多由政府部门、高校、用人单位和中介机构等构成,其作为一个准司法机构,其作用是对违反相关法律的就业歧视行为,进行调查并代表申诉者向法院提起诉讼,或者对受害人进行各方面的救济等。截至目前,我国成立高校毕业生就业促进会的省份有上海、北京、广东和吉林等。尽管如此,那些已经建立高校毕业生就业促进会的省份,仍存在对大学毕业生权益的保护力度不够等现象,致使其应有的作用没有得到充分的发挥。

4. 用人单位应该规范用人行为,避免短期效应

用人单位要在维持盈利的情况下,勇于承担社会责任,减少招聘过程中的歧视,坚持任人唯贤,不以貌取人,不唯学历至上。用人单位要合理预算人力成本,遵循人职匹配理论,尊重每一个人的独特人格特征与能力特点,做到人尽其才,人尽其用。所谓兼顾社会利益,承担社会责任,就是为大学生的公平就业创造积极健康的就业环境。用人单位应该做到"英雄不问出处",不以名牌院校和一般院校分门别类,要做到一视同仁,以自身的实际情况来评判和选择人才,否则是对社会人力资源的巨大浪费。人才问题是企业发展的关键问题,企业只有建立长远的人才培养计划,拥有自己的人才队伍,才能维持其长远的竞争力和发展,做到既不浪费人才,同时又重视人才资源的充分利用。

关于保障女大学生就业权利的问题,企业应该严格遵守《就业促进法》的相关规定:"用人单位招用人员,除国家规定的不适合妇女的工种或者岗位外,不得以性别为由拒绝录用妇女或者提高对妇女的录用标准"和"用人单位录用女职工,不得在劳动合同中规定限制女职工结婚、生育的内容"等条款。针对女性职工在产假期间的费用,有人提出用人单位先照常支付女职工在计划生育和哺乳期间的工资,而后再从上缴的税收中予以扣除;或者是女性职工在产假期间的工资由用人单位和国家共同承担,毕竟女性的生育关系到国家和民族的繁荣与可持续发展,故而政府也应承担相应的费用,不能将所有的成本都加在用人单位身上,一味地增加用人单位的压力。

5. 建立和发挥社会组织的作用——大学生工会

工会指的是基于共同利益而自发组织的社会团体,一般而言该团体内的成员都是在某一产业领域内工作的个人,其存在的意义在于工会可以同雇主谈判工资薪水、工作时限和工作条件等等。大学生工会,顾名思义是由即将毕业或刚毕业不久的大学生组成,旨在维护其利益,与普通工会不同的是,这种维权是在工作之前,而以往工会的维权是发生在工作之中或工作之后。之所以要建立这样一种社会组织,主要是因为:

首先,当前大学生规模庞大,我国每年新增的劳动力中,有近一半是大学毕业生,而且他们又是刚刚踏入社会,缺乏相关经验,在激烈的市场竞争中更容易受到伤害,所以必须加以保护。其次,建立这种组织,专门解决大学生就业中的歧视问题,可以逐渐积累和总结各种案例,发现问题根源所在,并提出针对性的解决方案,这不仅为立法部门提供了立法的方向和依据,而且在保护大学毕业的就业权利过程中会更高效。

第九章

大学生就业的金融支持研究

大学生是国家的未来,关系到国家和民族的命运,因为他们是实现现代化建设的生力军,是一群充满青春和活力的高素质人才,是未来社会潮流的引领者,是国家和民族最宝贵的资源。故而,必须给予他们足够的关注,关心其学习和生活,保护其健康成长,因为关注他们就是关注国家的建设,关注民族复兴梦的实现。大学生是具有高智商、高素质的人才资源,在社会经济发展中必将起到不可替代的作用,那么要想发挥他们的作用,更好地实现其价值,更好地建设和发展国家的经济,就必须为其创造良好健康的平台,使其能够充分发挥他们的优势,贡献自己的力量。这个所谓的平台就是指工作平台,大学生毕业后就要走向社会、走向工作岗位,去实现其价值。但是如果这个平台搭建得不好,就会严重影响到大学生的就业,影响到大学生发挥才能、实现自身价值,更不利于建设我们的社会主义现代化国家。所以,这就要求全社会务必为大学生的就业营造良好的环境,搭建良好的平台,其中政府作为国家经济社会的管理者,更要发挥好其作用,努力解决大学生的就业问题,为经济社会的发展输送更多优秀的劳动力,保障经济社会的健康有序和可持续发展。

然而,近年来由于高校的扩招,大学毕业生的数量逐年增加,大学生的就业形势也日益严峻,使得很多大学毕业生就业难的现象越来越严重,这不仅无法充分发挥大学生的力量以更好地促进我国经济的发展,而且如果不及时解决这个问题,当问题严重到一定程度时,还会严重阻碍社会的稳定和发展,给经济的发展带来不必要的负面效应。所以必须对大学生的就业问题给予足够的重视,及时、有效地解决好这个问题。本文着重从金融支持方面研究政府在解决大学生就业问题中应该发挥的作用。

一、金融支持对大学生就业问题的意义

对大学生就业金融支持的研究是一个比较新的领域,对该领域的研究,不仅能够针对性地解决大学生的就业难题,为政府制定相关政策提供科学的理论依据。而且对这一新领域的探索,也能够带来其他的效应,如促进金融业的创新和发展等。

1. 为政府制订政策提供参考

通过对大学生就业金融支持的研究，能够深入剖析其中的问题，并针对性地提出政策建议，以利于问题的解决和政府职能的转变和完善。作为政策的制定者，政府在制定相关政策时，总要先进行针对性的调研，为政策的制定提供科学的依据。而对问题的学术方面的研究，虽然不一定是从政策制定者的角度出发来思考和解决问题，但是作为第三方，可以从更加全面和客观的角度来进行研究并提出相关政策建议，为政策的制定提供理论依据。

2. 促进大学生就业

促进大学生就业是本文最重要的研究意义。大学生作为我国经济建设最重要的人才资源，对大学生的培养和使用，是具有重大战略意义的事业，也是世界各国政府最为看重的事业，因为人才资源是21世纪最宝贵的资源。促进大学生就业，不仅有利于更好地锻炼和检验他们的能力，也为经济社会的发展输送大量的智力资源。就业乃民生之本，大学生已经成为我国最重要的劳动供给者，是我国劳动市场上最重要的组成部分，解决好大学生的就业也就是说在很大程度上解决了全社会的就业问题。

3. 促进经济发展和维护社会稳定

大学生作为拥有较高知识和理论水平的劳动者，是先进生产力的代表，具有较高的工作效率。规模庞大的大学生进入劳动市场，为市场经济的发展带来了新鲜和充满活力的劳动力。劳动是经济发展最重要的要素，丰富的劳动力资源是经济健康、可持续发展最重要的保障。但是由于当前我国大学生的规模十分庞大，就一定程度上造成了劳动力市场的混乱，带来信息不畅和大学生就业难等问题。因此，必须由政府出面来解决此问题，以更好地保障经济的健康有序发展。目前，我国每年的大学毕业有700万的规模，是我国每年新增劳动力的一半，所以促进大学生就业，解决好大学毕业生的就业问题，就能更好地维护社会的稳定。

4. 促进金融业的创新和发展

由于本文是基于金融支持的角度展开对大学生就业问题的研究,也就会有很多在经济金融领域的政策建议。作为现代服务业重要的组成部分,金融业在我国 GDP 的比重和对 GDP 的牵引作用都是极为重要的。在当前激烈的市场竞争中,金融业也是我国创新的主要阵地。金融创新包括:金融制度创新、金融市场创新、金融产品创新、金融机构创新和金融科技创新等。对大学生就业金融支持问题的研究也是对金融业新市场的拓展,有利于金融产品的创新,如在互联网金融和大学生创业基金保险等新产品的尝试,从而使金融业的发展更完善。

二、大学生就业金融支持相关理论

1. 凯恩斯的充分就业理论和有效需求理论

凯恩斯理论是在 20 世纪 30 年代大萧条的背景下提出的。当时,西方资本主义世界爆发了史无前例的经济危机,世界经济处于严重的萧条和衰退中,主要资本主义国家失业率达到了 25% 以上,总失业人数高达 4000 多万,生产力普遍倒退了 20 年。失业问题,严重影响了西方社会的稳定,致使社会矛盾尖锐,解决就业成为当时最急需解决的问题。在此背景下,各国政府全力解救时局难题,各派别的经济学家也都为政府出谋划策,提出各种解决方案,其中当属凯恩斯的理论最备受关注。凯恩斯就当时的现状提出了很多解决办法,针对失业问题,他提出了"充分就业"的概念,他指出"在实际生活中,没有不自愿失业之存在,此种情形,我们称之为充分就业。摩擦性失业和自愿性失业,都与充分就业不悖"。针对"充分就业",凯恩斯又提出了"非自愿失业"的概念,即劳动者在自愿接受现有的工资水平,都找不到工作,其根本原因在于有效需求不足,即缺乏足够的市场需求来创造和提供更多的就业需求和就业岗位。

"非自愿失业"的存在,导致劳动力市场无法达到"充分就业"的状态,这也就是当时西方资本主义国家所面临的困境。凯恩斯认为,"有效需求"是决定社会总就业量的关键性因素,"有效需求"就是指商品的总供给价格和总需求价格达到均衡状态的社会总需求。因此,凯恩斯得出两个结论:一是有效需求决定就业量与总产量,而不像萨伊所说的"供给会创造它自身的需求";二是充分就业只是资本主义的一种"特例",是各种可能的均衡位置的极限点,而小于充分就业的均衡是资本主义经济的常态,从而否定了传统经济学所说的宏观经济只有在充分就业上才达到均衡的观点。

针对"非自愿失业"和"有效需求"不足的问题,凯恩斯的主要政策建议是:刺激消费,扩大有效需求,鼓励投资,包括提高人们的投资信心和降低利率,增加就业等。具体而言,就是:(1)预算赤字。凯恩斯激励主张政府扩大支出,刺激投资。他呼吁要打破传统的预算平衡观念,走向主动、积极的赤字预算,以刺激社会经济活动,增加国民收入。(2)适度通货膨胀。凯恩斯主张政府应通过控制中央银行,系统地增发货币,扩大信贷,降低利率,认为这样一方面可以降低企业的投资成本,刺激其投资欲望;另一方面,适度的通货膨胀使人们手中持有的货币贬值,使其意识到持有大量货币在手中是不明智的,从而人们的投资欲望就会高涨。(3)福利措施。凯恩斯主张向富人征税以救济穷人,这样有利于提高整个社会的边际消费倾向,扩大消费,带动经济的恢复和发展,从而促进就业增长。

2. 产业结构理论

"配弟—克拉克定理"是有关经济发展中就业人口在三次转移中分布结构变化的理论,由英国经济学家科林·克拉克(Colin Clark)在威廉·配弟(William Petty)的研究基础上通过计算 20 个国家各部门劳动投入和总产出的时间序列数据之后得出的结论。在《政治算术》中,英国古典经济学的创始人威廉·配弟指出:"工业的收益比农业多得多,而商业的收益又比工业多得多""由于人们趋向于向利润更多的行业转移,其结果必然导致产业结构发生变化",这是最早关于经济发展过程中不同产业间效益差异和产业结构变化的研究。在"配弟—克拉克定理"中,克拉克指出"随着经济的发展,人均国民收入水平的提高,第一产业(包括农业和采掘业)国民收入和劳动力的相对比重逐渐下降;第二产业(包括制造业和建筑业)国民收入和劳动力的相对比重上升,经济进一步发展;第三产业(指服务业)国民收入和劳动力的相对比重也开始时上升"。

根据"配弟—克拉克定理",可以得出,劳动力在各产业中的分布状况是有规律可循的。根据对处于同一时期而发展水平不同的国家的经济状况,由统计数据得出的结论是:人均国民收入较低的国家,第一产业劳动力所占的比重相对较大,而第二产业和第三产业劳动力所占比重相对较小;反之,人均国民收入水平较高的国家,其劳动力在第一产业中所占的比重相对较小,而第二产业和第三产业中劳动力所占的比重相对较大。一方面,劳动力在不同产业中的分布是一个国家发展层次的外在表现;另一方面,劳动力在不同产业中的分布,也会大大促进该国的经济发展。当前,我国大学生就业难的问题主要原因之一就是我国目前的产业结构分布不合理,致使各产业所吸收的劳动力数量不合理,即第三产业本是应该吸收最多劳动力的产业,但是在我国,第三产业吸收劳动力的数量远远没有达到发达国家所具备的层次。故而,我国必须要大力调整产业结构,提高第三产业在我国三次产业中的比重,以吸收足够的劳动力。

3. 职业搜寻理论

职业搜寻理论是1970年由菲尔普斯(E. S. Phelps)等经济学家提出的一种理论,该理论是在信心不充分的条件下,工作搜寻者通过搜寻活动来逐渐了解工资分布,通过比较工作搜寻的边际成本和可能获得的边际收益来决定是否继续搜寻。该理论的观点是:(1)由于劳动力市场的信息不完全,劳动者为了获得更高的报酬,就必须在劳动力市场上大力搜寻;(2)就搜寻工作而言,花费的时间越长,劳动者就更有可能获得更好的工作,获得的工作报酬也越来越高,但是随着劳动力市场搜寻职业时间的增加,未来搜寻到的工作报酬增加的幅度就会递减;(3)劳动者在找寻工作的过程中,需要花费大量的成本,包括时间和金钱成本等,并且随着搜寻时间的增加,职业搜寻成本也会随之增加,同时相应的边际成本呈现递增的状态;(4)根据成本—收益分析法,当职业搜寻收益大于搜寻成本时,可以继续进行职业搜寻,以搜寻到更好的工作,而搜寻时间的长短取决于职业搜寻过程中边际收益和边际成本,直到边际收益等于边际成本。只要求职者在职业搜寻的边际收益等于边际成本之前处于失业状态就是正常现象。

一般而言,职业搜寻的时间越长,就越有可能获得更高报酬的工作。职业搜寻时间的长短取决于以下因素:(1)工资差别。当劳动力市场上,需求者提供工作的薪资差别越大,层次越多,求职者通过延长职业搜寻时间就更有可能找到更理想的工作。(2)求职者数量。当劳动力市场上职业寻求者的数量越多,相应的搜寻时间就会越长;反之,搜寻时间就会缩短。(3)经济发展状况。处在经济繁荣发展阶段,劳动力市场就会提供更多的工作岗位,而且薪资水平也都比较高,这时职业搜寻者就会花费大量的时间以搜寻更好的工作。(4)社会保障水平。当社会提供的事业保障越好,发放的事业救济金越多,工作搜寻的成本就会越低,相应找到理想工作的时间也就会越长。

4. 需求、供给与供求匹配理论

尼尔·希金斯(Niall Higgins)认为,"应该从需求、供给以及供求匹配三个角度来透视大学生就业的内在机制"。从需求角度来说,劳动力市场上的需求增长速度如果低于劳动力供给,那么就会造成劳动力就业难的问题。大学毕业生在求职的过程中也是这样的,大学毕业生是新增的劳动力,如果劳动力市场不能提供足够的工作岗位,那么就会出现大学生就业难的情况。与此同时,大学生劳动力市场上也存在着结构性问题,即既存在大学生不愿意就业的岗位,也存在大量的工作岗位找不到合适的人选。从供给角度来说,由于大学毕业生的层次千差万别,而且大量的大学毕业生涌入劳动力市场,就造成了大学生就业竞争激烈、就业难的问题。但是,由于市场自身存在的缺陷,市场这只"无形的手"本身不可能自动将劳动力市场上的供给和需求调节到最佳的状态。这时,就必须发挥政府的宏观调控作用,只有通过政府这只"看得见的手"才能实现劳动力的供给和需求的均衡,以解决劳动力市场上的总量性失业、结构性失业和摩擦性失业等不同的失业状况。

三、国外促进大学生就业金融支持研究

就业问题不只是我国面临的一道社会难题,也一直是困扰着西方发达国家的难题。其中,大学生就业难的问题都是各国政府必须慎重对待、急需解决的问题。为此,西方各个国家和政府都给予大学生就业问题足够的重视,并采取了一系列及时、有效的政策和措施来应对出现的问题,取得了很好的效果,一定程度上缓解了大学生就业难的问题。回顾我国当前就业市场上出现的大学生就业难问题,通过研究西方发达国家在解决这一问题上探索出的道路,对于解决我国大学生就业难的问题,也会有很大的借鉴意义。

接下来,本文将主要从劳动力的需求和供给两个角度,来探讨西方发达国家是如何更好地通过金融支持手段解决大学生就业难的问题。

1. 增加劳动力需求的政策

(一)政府通过投资等手段直接创造就业岗位

这种手段一直是西方国家惯用的政策,一方面政府通过投资建设的项目都是一些公共项目,是提高全民社会福利的重要措施,同时通过投资还能带来政府投资乘数效应,带来 GDP 的成倍增长。除此之外,公共项目的建设必然会带来大量的劳动力需求,创造新的就业岗位,从而有效地解决就业问题,减少失业人数,达到稳定社会秩序的目的。下面列举的是几个具有代表意义的国家在这方面所采取的具体政策措施。

例如瑞典,从国际劳工组织(ILO)发布的报告《为一个更好世界的经济安全》中,我们得知,瑞典一直是世界上就业情况最好的国家。瑞典政府一直坚持和采取的就业方面"积极的原则",造就了瑞典一直保持着令人羡慕的低失业率。据统计,长期以来,瑞典的失业率一直在 1%~5%之间徘徊,即使是 20 世纪 70 年代,当西方国家经历着严重的经济衰退时,瑞典仍然保持着平均不到 2%的失业率。这与瑞典政府坚持和采取的"积极就业"的政策是密切相关的,为此,瑞典政府也成为世界各国模仿和学习的对象。

在促进劳动力需求方面,瑞典政府所采取的政策措施主要有以下几方面。

首先,长期执政的瑞典社会民主党,长期坚持"积极就业政策"。这种"积极"主要是指相对于单纯的是事业保险或被动的是失业救济而言的。瑞典社会民主党上台之后,就始终坚持其"积极"的就业政策,主要包括:开设了楼层修建、道路拓展、文物保护、能源节约、森林维护、健康护理等新型以工代赈的项目,这些项目的总额高达 1.6 亿克朗。

其次,瑞典政府一直大力支持自主创业,对此瑞典政府还专门启动了一项名为"创业服务"的计划,该计划是瑞典政府对自主创业者进行财政补贴和政策扶持的一种有效的手段。截至目前,该"创业服务"计划已经帮助上万人成功创业,取得了不小的成绩。"创业服务"计划的对象是拥有可操作性创业计划的事业登记者,符合条件的人能够参加由政府免费组织的创业"意识培训"和"行动培训"。

再次,瑞典政府采取多种优惠政策,多渠道鼓励就业安排。主要包括:通过财政补贴的方式给企业和个人优惠措施,鼓励创造就业机会。如政府通过工资补贴,鼓励企业雇用在职业介绍所登记的失业者。对自谋职业者,政府通过聘请专家帮助他们制订创业计划,以实现稳定计划。除此之外,由于瑞典不同地区经济发展状况不一,政府还鼓励劳动力的跨地区流动,主要是采取搬迁资助和落户补贴等办法,减轻跨区域就业人员的负担。

最后,针对青年大学生,瑞典政府利用专门的"青年项目"计划帮助大学生就业。政府通过各种手段,促进大学毕业的初次就业,提高初次就业率。针对没有找到工作的大学毕业生,政府在专门的"以工代赈"的工程里设置临时性工作的办法,规定此类工程必须雇佣不低于10%的青年劳动力。

(二)政府通过减免税收和财政补贴等手段鼓励企业雇用大学毕业生

法国希拉克政府上台之初,国内的失业人数超过了300万,这其中,青年失业者所占的比例最大。就业问题成为希拉克政府最急需解决的问题,政府在吸取以前经验教训的基础上,重新审视并制定了一系列有效的政策措施,大大缓解了国内的失业问题。在增加劳动力岗位方面采取的主要措施是:

第一,减税以刺激投资。政府通过3年减税1200亿法郎的计划,大大刺激了企业的投资,企业投资增加,生产扩大,增加了大量的就业岗位。

第二,缩短工时,创造就业机会。政府规定,在不降低工资的前提下,将法定工作时间由原来的39小时缩短为35小时,并且鼓励企业实行政府的这一规定,对实行35小时工作制的企业,政府都给予鼓励性补贴。

第三,针对青年失业严重的现象,制定并实施了"青年工作岗位"(Empiois Jeunes),重点安排青年失业者到第三产业工作。为鼓励企业聘用失业青年,政府规定,企业每雇用一个青年失业者,政府将给予企业相当于其工资总额的80%的补助,约为95000法郎,补助期限为5年。这一政策大大促进了青年失业者的就业,因为企业只要支付该岗位20%的工资,大大降低了企业的用人成本。据统计,该"青年工作岗位"计划提供了大约35万个就业机会。

针对大学生的就业,法国政府也制定并实施了专门的政策措施。政府通过"安置就业合同法",对雇用大学生的企业,政府提供巨额补贴,鼓励企业多聘用大学生劳动力。另外,在2006年,法国议会通过了一项旨在保障大学生就业的新法案,该法案主要以财政补贴的方式刺激和鼓励法国企业尽可能多的聘用大学毕业生。该法案规定,只要企业与17—25岁的大学生、居住在敏感社区的青年劳动力或是签署"融入社会生活合同"的青年劳动者签订长期雇佣合同,就可以获得政府的一笔经济补贴。该笔补贴金额为,第一年4800欧元,第二年2400欧元。新法案的实行大大促进了青年劳动力尤其是大学生的就业。

意大利政府为缓解大学生就业难的问题,制定并实施了相应的政策,为大学生提供更多就业机会。意大利政府规定,企业每雇佣一个包括大学生在内的长期失业青年,政府就会给予其每月60万~80万里拉的补贴,补贴期限为半年。据统计,在该政策的影响下,企业雇佣的失业青年总量占到就业青年总数的1/4。

(三)鼓励大学生到落后地区就业

考虑到地区之间的发展差异,为了更好地促进落后和偏远地区经济的发展,各国都鼓励人才到这些地区发展,这样不仅能在一定程度上促进就业,也能缩小地区之间的差距。但是要想吸引人才去这些落后偏远地区,就必须给予其丰厚的条件,特别是刚走出校门的大学毕业生,为此各国都开出了极具吸引力的条件。加拿大政府为鼓励大学毕业生到一些生活条件艰苦的欠发达地区工作,提供了比一般地区更优越的工资报酬。美国政府也是开出了同样的条件以吸引大学毕业生到指定的地区或者是落后偏远地区工作。同时针对部分大学生在读期间的贷款问题,美国政府更是做出了减免贷款的优惠政策,鼓励和吸引大学毕业生到这些地区就业,以缓解大学生就业难和地区发展不平衡的问题。

2. 劳动力供给方面注重提高质量

当前大学生就业难,一方面是由于劳动力需求不足,无法提供足够的就业岗位;另一方面,也是由于部分大学生的能力无法到达用人单位的要求,从而出现大学毕业生就业难的问题。为此,可以从提高大学生就业能力方面入手,解决大学生的就业难问题。

第一,加强对就业能力培训

从1957年开始,瑞典政府为其"积极就业"理念注入新鲜的教育内涵,先后在全国兴建了50多个大型的再教育中心和上百个培训点,并不断加大在这方面的投入。据统计,瑞典政府在这方面的投入占其GDP的比重已经从最初的0.2%,增加到2005年的2.3%,可见瑞典政府对这一政策的重视,同时也可以预见这一政策措施是相当有效的。在面对劳动力素质的落后无法满足不断升级的产业结构需求时,瑞典政府根据产业结构升级的需要,联合地方相关部门组织专门的行业培训。针对参与此类培训的在职人员,政府规定其不但不用缴纳培训费,而且还会在培训期间享受到长达15个月、相当于原工资80%的补贴。瑞典政府的这一举措是具有长远意义的,这种产业间劳动力的顺利转移,保证了瑞典在面临产业升级的过程中较低的失业率,同时还达到了优化劳动力资源,满足高新技术企业的用人需求,为其发展提供人才资源保证,促进高新技术企业的发展。

目前,瑞典已经拥有了一个覆盖全国的职业培训网络,包括全国所有的高中、技术学校、社区职业学校或夜校以及各大学等,全面保障失业者、在职者、残疾人等,满足有学习和提高自身能力需求的人员的要求。调查显示,全瑞典平均每年大约有20万失业人员接受各种不同形式的职业培训,而且几乎每个成年人都至少是两个以上业余培训机构的学员,"活到老,学到老"的学习心态早已经贯彻到每一个人的心中。

第二,学校应加强与用人单位的联系,针对性地培养人才,拓宽就业渠道

由于美国的高校是实行地方分权的模式,高等教育的管理权力分属各州以及地方政府。大学可以在招收学生、筹集和分配经费、学科和专业设置、学生选课等方面享有高度的自主权,最重要的是学校可以根据社会和市场的需求及时自主地做出调整,以满足社会和市场需求。

为此,高校与用人单位之间建立了密切的关系。学校之所以这么做,一方面是为在校大学生寻找稳定的实习和就业基地,这不仅有利于提高大学生的实际操作能力,而且还能在一定程度上解决大学生的就业问题;另一方面,与用人单位保持密切的合作关系,可以及时得到企业关于用人方面新的需求,企业是市场的主体,对市场的反应最及时也最敏感、准确,根据企业的需求调整相关专业的课程、教学模式和内容,就可以时刻保持与市场同步,满足用人单位的用人需求,更好地实现大学毕业生的就业。另外,企业资助高校以及合作研究等行为,在美国也是很普遍的事情。企业资助高校,为其提供资金援助,主要是同高校保持长久的良好关系,为将来的合作研究奠定良好的基础。同时企业对高校的资助也有助于增加学生对企业的了解,以吸引优秀的大学生到企业工作,充实企业的科研实力。高校与企业间的合作研究,也使得高校能更好地了解行业前沿动态,适时调整学生的培养方向,以更好地适应市场需求。

例如日本,为了提高大学生的实际操作能力,拓宽就业渠道,日本各大学的就业指导机构主动和企业联系,培养出适合企业和市场需要的人才。如,京都外国语大学与多家企业建立了紧密的联系,方便大学毕业生对其了解和选择。而日本的高等职业技术学院更是将其教育方式和社会需求紧密联系,培养出大量深受用人单位欢迎的学生,使得其就业率比许多名牌大学还要高,如日本电子专科学校以用人单位为导向,专门培养其急需的实用性人才,不仅解决了用人单位的燃眉之急,还解决了其自身的就业问题,可谓是一举两得。

法国政府历来都给予就业培训足够的重视,并且在经费上给以充足的保障。法国政府规定,就业培训局的经费由两部分组成:政府负责其中的70%,另外的30%则由失业基金管理委员会负责。关于政府负责的就业培训费用部分,由国家劳动团结部提出预算,报政府、经议会通过,最后纳入政府预算。

针对大学教育,法国各大学都极其重视相关的社会实践培训,学校与政府机关和企业建立和保持良好的关系,最大程度地为大学生创造实习机会。对于大学毕业生,学校则规定了严格的实习要求,一般高校都要求面临毕业的大学生必须经过至少半年的实习期,有的甚至要求9个月的实习期,否则不准毕业。除此之外,法国高校还有一种叫做"带薪大学生"计划,该计划要求学生只要按照规定完成相应的课程,并获得足够学分的情况下就可以兼职。此类大学生更容易获得用人单位的青睐,也更容易找到满意的工作。这就要求学生有更好的自律性,处理好学习和工作之间的关系。法国各高校基本上都有专门的就业指导部门,其主要责任是根据相关方面的专家或老师的意见安排学生的实习单位,并派人跟踪了解学生实习过程中的问题,根据实习单位对大学生的评价和要求,以推动高校的教育改革,使大学生的学习更具实用性。

除此以外,英国各高校也与用人单位建立了良好的关系,及时掌握市场动态,调整人才培养模式等。加拿大各高校也为解决大学毕业生的就业问题,花费不少力气。加拿大高校的就业指导人员不仅保持着与既有用人单位的合作关系,而且又不断扩大交往,寻找更多更好地资源,如经常采取早餐会等非正式方式积极发展就业合作伙伴等。

3. 政府鼓励大学生自主创业的举措

大学毕业生的自主创业不仅解决了自身的就业问题,同时还会创造更多的就业岗位,为其他大学毕业生提供工作机会,为此应该鼓励大学生在满足相关条件的情况下自主创业。

日本劳动省为了解决日益严峻的就业形势,鼓励自主创业,大力培育高新技术产业。该举措是日本政府扩大就业机会、解决失业人员再就业和大学生就业的重要途径。为此,日本政府在2002年通过了一项1844亿日元的预算,规定政府根据新办企业的技术含量和雇佣工人的人数,提供一定数量的新办企业扶助金。如果是自己创办企业,自谋出路,只要提出申请,政府有关部门将根据具体情况,给予一定数额的事业扶助金。只要失业、无业人员或是大学生有切实可行的创业计划,政府就会为他们的创业提供无担保、无抵押融资。

德国劳工部为了解决事业问题,也采取鼓励失业者或是大学生自主创业的举措。具体是,政府规定,失业者自己创办企业的,将可以从劳工部获得一笔开业补助金,专门用于企业的开办。如果创业者在自己的企业里还能雇用别的失业者,将会得到更多的补贴。

除此之外,美国也采取相关措施鼓励大学生自主创业。作为世界上创业资金最丰富的国家,美国有成熟的资本市场,不仅有充足的风险资金,而且还有发达的信息服务业和专业的咨询机构,这些都为大学生的创业提供了坚实的后盾,保障其创业计划的可行性。在创业资金的问题上,美国政府还规定,大学生可以利用信用卡借贷来创业。

四、我国大学生就业金融支持现状

在我国,关于大学生就业的金融支持在有的地方已经展开,但是由于没有统一的制度和规定,到目前为止,不同的地方在大学生就业金融支持的进度上不一,效果也是千差万别。在此,只是列举几个比较有代表性的地方所采取的金融支持就业的政策措施和取得的效果及其存在的问题。

1. 已经采取的政策措施和取得的效果

(一) 山西省

早在 2010 年初,根据人民银行总行和山西省政府的要求,人民银行太原中心支行从山西省实际出发,推出了以金融支持为核心的"138"金融工程,该工程的主要目的是促进山西省向资源型经济发展的转变。其中,以金融支持大学生就业和村官创业工程是其重要的内容。

首先,明确了为大学生就业和村官创业服务的金融机构为:在农村地区主要是由农信社为村官创业提供金融服务和资金支持;在城乡结合部和社区,则由邮政储蓄银行、城市商业银行、农村信用社以及股份制银行以扶贫贴息贷款、小额担保贷款、农户小额贷款、助学贷款等信贷产品为载体,提供多功能、多种方式的金融服务。

其次,探索大学生就业、村官创业的多种贷款模式。根据大学生创业就业特点和本人专长,推行了"一村一品""一人一业""一户一策"的特色贷款。关于贷款权限,则规定二级分行对中小企业吸纳大学生就业明确 1 亿元贷款授信额度。山西省农村信用联社推出了特色贷款产品,包括:农村青年创业、返乡农民创业、进城青年创业、外出务工大学生创业。各县信用社设置了为大学生村官服务的专门机构,同时强化集市效应、庙会效应和便利店服务,搭建平台,帮助大学生推销产品。

再次,提高大学生村官创业的贷款额度。人行太原中支联合省教育厅、人事保障厅等部门下发了《关于实施 2010 高校毕业生就业推进行动的通知》,明确将贷款额度由原来的 5 万元提高到 8 万元;从事微利项目的,可按规定享受贴息扶持;对合伙经营和组织起来创业的,贷款规模可以扩大。

四是建立财政补贴的创业基金。目前山西省已归集创业基金1.4亿元,其中市级基金9599万元,县级基金4612万元,人均达5600元。根据省委组织部的要求,还将继续增补创业基金,人均达到1万元。创业基金主要用于风险补偿、贴息和临时周转,以此缓解大学生"村官"创业资金难问题。部分地市也积极出台相关政策,支持大学生"村官"创业。

最后,给予利率和担保优惠。把大学生就业、"村官"创业贷款与一般工商个体户的商业贷款进行严格区分,优惠利率,简化手续,使大学生"村官"创业贷得到、贷得起。如,晋城市泽州信用联社对大学生"村官"创业降低了贷款准入门槛,对符合条件参加过劳动部门培训的大学生"村官",只要自有资金占比达到40%,就可以申请贷款,贷款利率在基准利率基础上,下浮5%。对资信良好、还款有保障的,在风险可控的基础上为其提供信用贷款,尽力满足大学生"村官"创业的资金需求。

(二)青岛市

随着青岛市大学毕业生不断增加,就业压力也越来越大。本着扶持一名大学生创业可以带动五名大学生就业的理念,青岛市财政决定将重点放在鼓励大学生创业以促进就业,变"输血式"保障为"造血式"保障,将资金更多地投向更具活力和动力的大学毕业生的就业上。

青岛充分发挥财税政策整合资源和撬动社会资本的优势,投入1000万元吸引社会资本4000万元,设立了"大学生创业投资基金",切实解决融资难题;并通过整合全市教育资源,依托10所驻青高校,在国内率先扶持创建了"青岛创业大学",构建了"政府扶持+高校资源+就业服务"的大学生培训与服务运行模式,为毕业生就业和创业开辟新途径。对于大学生创业面临场地、资金、项目的问题,青岛市财政局从2009年以来累计投入资金1.3亿元,扶持建设了1个市级创业孵化中心和68个市级创业孵化基地,总面积达到近60万平方米,为创业大学生提供项目开发、产业化推进、引人引智、资金支撑、搭建平台等"一条龙"创业服务。

对于大学生就业面临岗位数量少、就业难、招聘难并存的结构性矛盾等问题,资金投向更注重拓展就业渠道、增加就业岗位和加强技能培训。2013年,青岛市加大对招用高校毕业生的小微企业、家庭服务业企业发放保险补贴和岗位补贴。同时继续鼓励毕业生到基层参加"三支一扶"服务。支持劳动者参加就业技能培训、综合能力培训和创业培训,支持实现

"环境好、渠道多、岗位全、能力强"的大学生就业局面。据统计,这三方面政府总共投入超过1亿元的财政资金。

(三)宁波市

为了促进大学生的就业创业,2014年8月29日,宁波市政府办公厅出台了《关于进一步促进普通高等学校毕业生就业创业的意见》,旨在进一步引导高校毕业生面向中小微企业和基层一线就业创业。

首先,该《意见》规定,自2013年起至2015年,对到宁波中小微企业首次就业、工作满一年、按规定缴纳社会保险的三类高校毕业生给予一次性毕业生就业补助,专科学历为3600元,本科及以上学历为6000元。同时,对"三类高校毕业生"和"中小微企业"做了详细的界定。

其次,鼓励高校毕业生进行网络创业。规定毕业5年以内的高校毕业生从事电子商务经营并通过网上交易平台实名注册认证的,经人力社保、财政部门认定,可通过劳动事务代理,参加社会保险,按规定缴纳满1年的,可参照大学生创业实体企业享受创业者社会保险补贴、小额担保贷款和贷款贴息政策。为了进一步鼓励大学生创业,解决其后顾之忧,还规定了创业者社保补贴范围为毕业5年内高校毕业生。新创办企业的,补贴标准为企业应缴纳的基本养老、基本医疗和失业保险费最低标准之和;新创办个体工商户的,补贴标准为依法应缴纳的基本养老、基本医疗和失业保险费最低标准之和的三分之二。

最后,为了照顾困难家庭毕业生和实习生,也给他们以适当的补助。《意见》规定将实施"百千万"实习工程,争取在3年内,市县两级人社部门与国内100所知名高校建立全方位合作、建立1000家高校学生实践基地,累计吸收2万名以上学生来甬实习。大学生在实践基地实(见)习期间,享受由实(见)习单位所在地政府给予每人每月不低于当地当年度最低月工资标准50%的实(见)习补助。从2013年起,宁波对城乡居民最低生活保障家庭、孤儿、残疾人等高校毕业生,给予每人1000元的一次性求职补贴。

另外,关于鼓励和支持大学生就业创业,我国人力资源和社会保障部副部长信长星表示,近年来,人社部会同有关部门制定出台了一系列政策措施,鼓励支持大学生创业。主要有五个方面:一是税收优惠政策,对从事个体经营的大学生,给予定额税费减免;二是小额担保贷款和贴息政策,毕业生在创业地可按规定申请小贷,符合条件的,中央财政据实贴息;

三是税费减免政策,从事个体经营的大学生,免收管理类、登记类、证照类等有关行政事业性收费;四是培训补贴,毕业学年大学生(即从毕业前一年7月1日起的12个月)参加创业培训,可给予培训补贴;五是落户政策,高校毕业生可在创业地办理落户手续(直辖市按有关规定办理)。

2. 大学生就业金融支持存在的主要问题

从以上列举的实际政策措施中,可以看到从中央到地方都给予大学生就业高度的重视,并正在着力解决这一难题。中央政府和各级地方政府是多管齐下,但是效果却并不理想。究其原因,主要是存在着以下问题:

第一,现行金融政策缺乏统一性,较为混乱

从以上列举的实例可以看出,大学生就业金融支持政策的制定和实施主体多是地方行政单位,有的是省级行政单位统一制定并要求下级行政单位实施,而更多的则是由市级行政单位单独制定和实施,缺乏统一性和全局观念,而且相关政策的持续性和有效性也是值得怀疑。有些政策的制定和实施可以达到很好的效果,促进大学生的就业创业。但是有些则只是保护本地方的利益,甚至会牺牲其他周边地方的利益,这种缺乏全局观念的政策措施不仅不能达到预期效果,还会严重干扰市场的正常运行。为此,中央政府应该从全局出发,多制定一些具体可行的政策措施,再由各地方政府根据自身的实际情况付诸实施。

在法律保障方面,多是一些暂行条例、行政法规和一些规章制度等,缺乏足够的威慑力,在政策的内涵和总体规划上缺乏统一性和长远性。在税收优惠上,政策手段较为单一。税收优惠的政策手段包括直接优惠与间接优惠两大类。直接优惠的具体方式主要是免税、减税、退税。其特点是简单明了、具有确定性。间接优惠的具体方式主要是税收扣除、加速折旧等,其特点是具有弹性。一般情况下,直接优惠对纳税义务人争取税收优惠的激励作用大,间接优惠对纳税义务人调整生产经营活动的激励作用大。因此,在选择税收优惠的政策手段时,主要应当运用间接优惠,尽可能少用直接优惠。

第二,现行财政优惠政策和税收优惠政策搭配不合理

从现行的财税优惠政策体系中可以看出,各级政府更倾向于采用财政优惠政策,而忽视税收优惠政策的使用。但是财政政策只是发挥短暂

的作用,而税收政策则可以在大学生就业的过程中发挥持续的推动作用。故而,政府应该在坚持和不断完善现有财政优惠政策的同时,加强税收优惠政策的出台。

在大学生的就业创业过程中,最困难的就是资金问题,这主要是因为大学生创业集中在小企业阶段,而小企业具有的局限性,是造成其融资难的主要原因。在我国,相当多的中小企业,由于其缺乏行业规范、法人治理结构不完善、财务管理不完善、信息不透明、信用状况不好以及综合竞争实力不强等问题的存在,使得其在融资的过程中面临重重障碍,无法顺利实现融资。

第三,现行金融政策很难落实到位

之所以出现这样问题,主要是由两方面的原因造成的:一是政府宣传不到位,使很多大学毕业生并不知道有这些优惠政策。对于国家和地方出台的各项促进就业优惠政策,如小额贷款补贴、税收减免、"五缓、四减、三补贴"等政策,以及认定困难企业的条件、标准和程序,许多中小企业并不知晓,更不清楚享受政策的条件,甚至有些政策到了截止期企业尚不知晓。二是一些优惠政策的享受前提较为苛刻,企业很难达到要求,以至于很多优惠政策无人问津。三是优惠政策的门槛过高,审核程序过于复杂繁琐,使得中小企业最终难以享受到这些优惠措施。

五、促进就业金融支持的对策建议

1. 政府层面的政策措施

第一,统一政令,明确各级政府的职责

为了避免政策措施的混乱局面,彻底改变政令不统一的现象,首先应该由中央政府制定原则性、方向性的政策。一方面在发挥中央政府的指导性作用的同时,还应该总结各个地方存在的具体问题,再进行具体政策措施的制定,提高中央政令的可操作性和实用性。同时具体明确各级地方政府的职责,监督地方政府落实相关政策,防止相互推诿。但是,考虑到各个地方的经济发展不一的情况,可以适当增加政策的灵活性,通过一系列指标的设定,来指导地方政府更好地根据自己的实际情况进一步落实好中央制定的政策。既要考虑到政策的落实效果，同时也应该考虑到地方各级政府的困难，不可以一刀切要求全国一个标准。如在制定对大学生的就业补贴政策时，要根据不同地区的人均GDP和人均收入状况来制定相应的补贴额，而不能要求全国同一水平，毕竟地区之间的发展差异还是存在的，特别是中西部较落后的地区，是无法和东部发达地区相比的。

关于相关财税优惠措施等，应该是大学生就业金融支持中最重要的部分。针对这一部分，更要明确中央政府和地方政府各自的职责。一方面，中央政府应该尽可能多地安排专项资金，以保证政策的执行效果；另一方面，各级地方政府也应该根据中央政府的精神，结合自身的实际情况，安排相应的配套资金。如，关于财政就业补贴和减免相关税收，其责任不可能由中央政府独自承担，相反应该由地方政府承担其中的大部分，中央政府和各级地方政府要根据照实际情况，按合理的比例分摊。

第二，合理安排财税优惠政策比例

由于财政优惠政策和税收优惠政策各自具有不同的特征，所以在大学生就业金融支持的过程中所发挥的作用也是不同的。具体而言，财政优惠政策的特点在于一次性，很多情况下都缺乏时间上的连续性，不论是财政担保、财政贴息，或者是工商证照费用减免都具有这样的特点。这些政策对刚刚创业，需要连续性扶持的大学毕业生而言，缺乏应有的支持力度。相比之下，税收优惠政策就具有连续性的特点，不论是对个人所得税，还是对企业所得税的减免都可以起到连续扶持的作用。因此，要在保持现有的财政优惠措施的同时，加大税收优惠政策的制定。考虑到大学生创业起初阶段多是开办小商小店，建议个人所得税实行综合与分类相结合的税制后，对新创业的大学生在费用上加计50％进行扣除，降低大学生的创业风险。

第三，加大对中小企业和第三产业的扶持力度

为更好地促进大学生就业，要给予中小企业和非公有制企业更多的财税优惠政策，特别是要鼓励第三产业的发展，因为这些是都吸纳大学毕业生最重要的就业渠道。在我国，中小企业被称为"创造就业的机器"。据统计，目前我国中小企业的数量已经达到4000多万家，占到全国企业总数的99.5％，创造了75％的就业岗位，所以一定要重视和支持中小企业的发展。具体而言，为了支持中小企业和非公有制企业的发展，对高校毕业生到中小企业、非公有制企业就业的，可以在前两年允许企业按照毕

业生工资的两倍作为税前成本列支,或者给予财政补贴。结合小型微利企业所得税优惠政策,给予中小企业和非公有制企业吸纳高校毕业生就业更多的税收优惠。

另外,第三产业在促进就业中也发挥了巨大的作用,第三产业以其收益高、污染少、就业多的特点为全世界所青睐。目前,衡量经济发展和经济实力的重要指标之一就是看三大产业中,第三产业所占的比重。然而,我国第三产业发展还不是很完善,与世界发达国家相比还有很大的差距。根据数据统计显示,目前我国第三产业吸收就业的总量在三大产业中的比重只有30%,而发达国家的这一数据是60%到70%。这说明我国第三产业在吸收就业方面还有很大的发展空间,如果能更好地发挥第三产业在吸收就业方面的潜力,那么我国大学生的就业难问题也就会迎刃而解。因此,要通过财税优惠政策加大对第三产业的扶持力度。

第四,加大对大学生自主创业的扶持力度

调查显示,目前应届毕业生中自主创业的比例仅为0.3%,创业成功率只有4%,可见创业难度之大。因此,应该通过资金支持和税费优惠措施等手段鼓励高校毕业生自主创业。

资金支持是金融支持中最重要的组成部分,因为大学生创业就业遇到的瓶颈之一就是缺少资金,但金融支持不应该仅仅理解为资金支持,还包括结算、转账等多项金融业务服务。提供金融支持的金融机构也不应该仅仅盯着银行,尽管银行是发挥金融支持作用的主力军。包括信用担保机构、典当行、担保互助机构、小贷公司等,由于其地域属性,与当地创业者更贴近,对当地经济更为了解,且由于其手续简便,更具优势,所以应该将其都纳入金融支持的渠道。此外互联网提供金融服务的机构也可以为促进大学生创业就业发挥作用,如阿里巴巴的阿里金融等。同时还可以建立中国大学生就业、创业基金以及担保公司。同时加大对创业基金的宣传,使大学生充分了解创业基金的功能,让创业者"用得上、用得起、用得活",充分发挥创业基金的引领和保障作用。

另外,还可以由地方政府出面建立大学生创业贷款联席会议制度,由各地金融办、人民银行牵头,组织大学生创业基金、小额担保贷款中心及相关经办商业银行定期召开大学生创业贷款工作协调会,分析研究解决大学生创业贷款运行中存在的问题。这样可以增强促进创业带动就业工作的前瞻性,保证政策规定与客观现状相适应,操作办法与政策规定相衔接,最大限度地减少大学生创业贷款审批环节,缩短审批时限。

在财税优惠方面,可以由财政出资建立大学生创业引导基金,对自主创业大学生给予自主和奖励;鼓励承担国家和地方重大科研项目的单位积极聘用优秀高校毕业生参与研究,延长其学习与科研相结合的时间。对于这些企业可以按其在这 2—3 年内吸纳高校毕业生人数,在其所缴纳的企业所得税中临时性地给予一定比例的抵扣;对于毕业后自主创业符合条件的大学生,前两年免除所有税费或给予延期纳税优惠,提高大学生创业成功率。

2. 学校方面的对策建议

当前,大学生就业难是一个综合性的难题,原因有很多,但是作为大学生的培育者,学校也负有很大的责任。主要是高校在教育模式、专业设置以及大学生实际能力培养等方面存在问题。另一方面,在促进大学生就业方面力度不够,也是造成大学生就业难的原因之一。

首先,建立和完善就业信息服务平台

此类平台的主要职责:一是对大学生的就业进行辅导。包括如何结合自己的兴趣爱好和专业特长等,来寻找自己适合的工作岗位。通过对不同类型工作的具体介绍,让学生对各种工作有一个全面的认识,从而可以更好地做比较,以结合自身实际情况选择工作类型。要注意提醒学生在求职的过程中可能会出现的问题,包括一些偏见和对不公平现象的处理,保证自己的人身和财产安全;二是采取多方合作,利用各种渠道为大学求职提供全面的信息。为此学校可以和用人单位建立长期的合作关系,与政府公共就业服务机构保持经常性的联系,实现信息的共联、共通、共享,实现求职信息和招聘信息的快速有效对接。

其次,加强与企业的联系

加强与企业的联系一方面可以创造更多的就业实习机会,另一方面也可以及时了解企业用人需求的动向,适时调整相关专业的教学方式和内容等。

实习是大学生走出校门,走向社会的过程中的过渡阶段,不仅可以锻炼大学生的实际动手能力,还是检验大学生学习成果的重要手段,让学生及时发现自身存在的问题并及时改正。

加强与企业联系争取更多的实习机会,不仅可以更好地锻炼学生,而且也可以增加学生对企业的了解,帮助他们在求职时做出选择。对用人单位来说也是宣传自己,挑选人才的手段。同时,多和企业联系也可以及时掌握市场动向,了解市场对人才的需求,这对高校的教育至关重要,也是实现大学生更好地就业的前提条件。只有培养市场需要的人才,才会有市场,否则就难以避免大学生毕业即失业的尴尬情况。

3. 企业层面的建议

企业可以通过资助高校以及合作研究等行为,加强与高校的合作与联系。企业资助高校,为其提供资金援助,主要是同高校保持长久的良好关系,为将来的合作研究奠定良好的基础,同时企业对高校的资助也有助于增加学生对企业的了解,以吸引优秀的大学生到企业工作,充实企业的科研实力,提高企业与毕业生之间双向选择实现就业的成功率。

第十章
大学生就业的财政支持研究

财政政策作为国家宏观调控的工具之一,主要通过税收、国债、收入分配和转移支付等手段对经济运行进行调节,在促进经济发展和就业增长方面发挥着重要作用。在当前以及今后很长一段时间,我国的就业工作任务仍然相当艰巨,主要表现在两大方面:一是就业总量矛盾,中国2014年共创造了1322万个新的就业岗位,但仅高校毕业生就达727万人。据中国国家统计局的一项调查显示,中国2014年的失业率约为5.1%;二是就业结构矛盾,当前我国就业结构矛盾突出表现在产业就业结构失衡、职业及技术职称供需不对称、社会群体就业矛盾三个方面。随着"民工荒"逐渐成为一种常态,与之形成鲜明对比的是人力资本水平较高的高校毕业生就业难的困境愈发明显。而通过财政支出和税收政策等影响社会总供给和总需求以及经济结构,势必会引起就业总量和就业结构的变化,财政政策对大学生就业起着显著影响。在此背景下,考察当前财政政策调整对就业的影响,分析其中不足,探讨构建、完善促进就业的财政政策体系以缓解就业压力、推动更高质量的就业、实现充分就业,无疑是十分重要的课题。

一、现有对大学生就业的财政支持

就业是民生之本,国家一直高度重视并积极解决就业问题。从新世纪以来,国家促进就业的政策意图渐渐明晰:2000年正式提出建立统筹城乡就业制度;2002年首次提出积极就业政策;十六大提出实行促进就业的长期战略和政策,将改善创业环境和增加就业岗位作为重要职责;2007年颁布《就业促进法》;十七大提出实施扩大就业的发展战略,促进以创业带动就业;十八大提出实施就业优先战略和更加积极的就业政策,推动实现更高质量的就业——逐步扩大并强化了就业的政策范围和支持力度。

与国家就业政策相一致,我国财政政策在再就业扶持、支持中小企业发展、促进经济增长带动就业以及鼓励创业等方面也在逐渐完善,扩大就业的积极作用逐渐显现。随着金融危机导致全国范围内的失业人数急剧攀升,大学毕业生就业形势日益严峻。2008年,国家首次将高校毕业生纳入财政政策的支持对象,开始运用税收和财政工具鼓励大学生创业、促进就业。

近年来,为缓解大学生就业难题,实现扩大就业与经济增长协调同步,各级政府都致力于实施更加积极的就业促进政策,推动大学生就业促进工作。主要举措包括:保持经济持续健康发展,重点支持和引导发展非公有制经济发展,大力发展第三产业,注重发展各地区具有比较优势的劳动密集型行业和中小企业,不断创造社会就业需求,鼓励企业及各类用人单位在新增加的就业岗位中,根据自身发展要求积极录用大学毕业生,塑造好"市场主导、政府引导、全社会共同参与"的有利于大学生就业的社会环境;鼓励大学生自主创业,对符合自主创业条件的,给予免费创业服务、小额担保贷款和贷款贴息,以及相关的税收优惠和收费减免;改善大学生创业环境,从工商注册、税务登记等各个方面给予充分的照顾,简化办事程序;对大学生群体开展职业培训和技能鉴定实行财政补贴;减轻困难企业负担,针对经认定符合条件的困难企业,有关部门于2008年底出台了"五缓四减三补贴"等一系列措施;完善就业服务体系,促进失业大学生就业等等。当前,国家鼓励高校毕业生就业创业的具体财政政策有:

(一)改善就业创业环境

《国务院办公厅关于做好2014年全国普通高等学校毕业生就业创业工作的通知》(国办发〔2014〕22号)中指出,要多方位拓宽就业渠道,结合产业转型升级,开发更多适合高校毕业生的就业岗位,尤其要加快发展就业吸纳能力强的服务业,着力发展研发设计、现代物流、融资租赁、检验检测等对高校毕业生需求比较集中的生产性服务业。同时加快发展各类生活性服务业,拓展新领域,发展新业态,充分发挥市场配置人力资源的决定性作用,着力改革创新,完善政策措施,改善就业创业环境,确保高校毕业生就业形势稳定。

(二)鼓励高校毕业生到城乡基层就业的政策

继续统筹实施好大学生村官、"三支一扶"等各类基层服务项目,健全鼓励高校毕业生到基层工作的服务保障机制。高校毕业生到中西部地区和艰苦边远地区县以下基层单位就业的,实行学费补偿和助学贷款代偿政策。加大工作力度,健全体制机制,鼓励支持更多高校毕业生参军入伍。国家对应征入伍服义务兵役的高校学生在校期间缴纳的学费实行一次性补偿,对获得的国家助学贷款实行代偿,退役后复学或入学的实行学费减免。大学生参军入伍除享受义务兵正常优待外,服役期满择业参照应届大学毕业生办理就业手续,在就业安置、考研升学等方面享受更多优惠政策。

(三) 鼓励中小企业吸纳高校毕业生就业的政策

按照《国务院关于进一步做好普通高等学校毕业生就业工作的通知》(国发〔2011〕16号)等文件规定,对招收高校毕业生达到一定数量的中小企业,地方财政应优先考虑安排扶持中小企业发展资金,并优先提供技术改造贷款贴息。

对劳动密集型小企业当年新招收登记失业高校毕业生,达到企业现有在职职工总数30%(超过100人的企业达15%)以上,并与其签订1年以上劳动合同的劳动密集型小企业,可按规定申请最高不超过200万元的小额担保贷款,并享受50%的财政贴息。

(四) 鼓励小型微型企业吸纳高校毕业生就业的政策

按照《国务院关于进一步支持小型微型企业健康发展的意见》(国发〔2012〕14号)等文件规定,对小型微型企业新招用毕业年度高校毕业生,签订1年以上劳动合同并按时足额缴纳社会保险费的,给予1年的社会保险补贴,政策执行期限截至2015年底。

科技型小型微型企业招收毕业年度高校毕业生达到一定比例的,可申请最高不超过200万元的小额担保贷款,并享受财政贴息。

对小型微型企业新招用高校毕业生按规定开展岗前培训的,要求各地根据当地物价水平,适当提高培训费补贴标准。

(五) 激励高校毕业生自主创业的政策

2014年至2017年,在全国范围内实施大学生创业引领计划。各地要采取措施,确保符合条件的高校毕业生都能得到创业指导、创业培训、工商登记、融资服务、税费减免、场地扶持等各项服务和政策优惠。

高校毕业生创办的小型微型企业,可按规定享受减半征收企业所得税、月销售额不超过2万元的暂免征收增值税和营业税等税收优惠政策。

从事个体经营的高校毕业生和毕业年度内的高校毕业生,可按规定享受相关税收优惠政策。

留学回国的高校毕业生自主创业,符合条件的,可享受现行高校毕业生创业扶持政策。

在电子商务网络平台开办"网店"的高校毕业生,可享受小额担保贷款和财政贴息政策。

充分发挥中小企业发展专项资金的积极作用,推动改善创业环境。对支持创业早期企业的投资,符合条件的,可享受创业投资企业相关企业所得税优惠政策。

(六)促进离校未就业高校毕业生就业的政策

离校未就业高校毕业生实现灵活就业的,在公共就业人才服务机构办理实名登记并按规定缴纳社会保险费的,给予一定数额的社会保险补贴,补贴数额原则上不超过其实际缴费的 2/3,最长不超过 2 年,所需资金从就业专项资金中列支。

企业招收就业困难高校毕业生的,按照《财政部、人力资源社会保障部关于进一步加强就业专项资金管理有关问题的通知》(财社〔2011〕64号)规定,对各类企业(单位)招用符合条件的就业困难高校毕业生,与之签订劳动合同并缴纳社会保险费的,按其为就业困难高校毕业生实际缴纳的基本养老保险费、基本医疗保险费和失业保险费给予补贴,不包括企业(单位)和个人应缴纳的其他社会保险费。

(七)加强就业指导和服务的政策

要在高校毕业生离校前,将享受城乡居民最低生活保障家庭的毕业年度内高校毕业生的求职补贴全部发放到位,求职补贴标准较低的要适当调高标准。

加大就业困难高校毕业生帮扶力度,将残疾高校毕业生纳入享受求职补贴对象范围,即将零就业家庭、优抚对象家庭、农村贫困户、城乡低保家庭以及残疾等就业困难的高校毕业生列为重点对象实施重点帮扶。目前,北京市一次性求职补贴的标准为每人 1000 元。

按照《财政部、人力资源社会保障部关于进一步加强就业专项资金管理有关问题的通知》(财社〔2011〕64号)等文件规定,企业新录用毕业年度高校毕业生与其签订 6 个月以上期限劳动合同,在劳动合同签订之日起 6 个月内由企业依托所属培训机构或政府认定的培训机构开展岗前就业技能培训的,根据培训后继续履行劳动合同情况,按照当地确定的职业培训补贴标准的一定比例,对企业给予定额职业培训补贴。

二、现有政策的不足

目前我国实施的一系列促进就业的财政政策已取得积极成效,2007至2012年,累计投入就业专项资金1973亿元,实现高校毕业生就业2800万人,基本保持了就业形势的总体稳定。但也存在诸多问题,使得政策效果不能充分发挥。

(一)促进大学生就业的财政投入规模仍偏小

从财政部官方提供的财政支出数据看,2010年—2014年国家财政在社会保障和就业方面的支出分别为9130.62亿元、11109.40亿元、12585.52亿元、14490.54亿元和15913亿元,所占财政总支出的比重为10.15%、10.17%、9.99%、10.33%和10.49%,财政支出金额虽然连年上升,但80%以上用于对国有和集体企业失业人员的基本生活保障和失业保障资金支出等社会保障方面,而对就业扶持性支出不到20%。2013年,我国的GDP总量为568845亿元,全国公共财政总支出为140212.1亿元,其中用于"就业补助"方面的支出为822.56亿元,仅占"社会保障和就业"总支出的5.68%,占整个财政总支出的比例仅为0.587%,支持就业的财政支出规模仍远远低于国外发达国家5%的平均水平。[①]

随着物价大幅提高,政府对现行各类就业培训的补贴标准虽都有所提高,但总体标准还比较低,极大地限制了大学生参与培训的积极性。与此同时,财政用于促进就业的工作经费也明显不足。随着大学生就业形势日益严峻,工作任务越来越重,工作量越来越大,由过去的促进城镇就业变为现在的统筹城乡就业,财政对于基层工作的投入经费远远不能满足工作需要,从而造成了很多就业服务专项活动无法正常开展。

(二)促进大学生就业的财政专项资金使用效益不高

当前我国财政对就业的支出项目较多,在一定程度上造成审批环节和管理环节复杂,在针对大学生就业资金的筹集和使用途径上仍然存在

[①] 2013年全国公共财政支出决算表. http://yss.mof.gov.cn/2013qgczjs/201407/t20140711_1111874.html

一定的问题。如资金的筹集渠道单一,主要依靠国家财政拨付,社会和企业资助较少;对专项资金的监管不到位,在一些部门或高校存在着对拨付的就业资金变相挪用的情况等。

（三）税收支持政策体系仍不够完善

近些年来,我国政府相继推出了一系列促进大学生就业创业的税收扶持政策,如税赋减免、税率优惠等,优惠范围涉及各行各业。但是由于税种名目繁多,且政出多门,对于刚毕业的大学生来说,搞懂尚且不易,而真正实际享受更不是一件很容易的事情。据一项调查显示,只有不足44％的大学生对国家出台的支持毕业生就业创业优惠政策有所了解。

税收优惠政策不成体系,各地标准不一,执行效率不够。由于在不同区域、不同层级之间存在的政策性差异,给税收优惠政策的统筹管理增加了难度,再加上信息沟通渠道缺失,部分优惠政策的宣传力度不够等因素,大学生对有关优惠政策了解甚少;即使学生对部分政策有所了解,但由于政策限制太多、效力不强等原因,很多学生认为与自身并无关系而主动放弃了这些优惠条件,使得这些政策形同摆设,没有真正发挥出税收政策促进就业的积极作用。

政策内容不断调整,缺乏稳定性。如对小型微型企业新招用大学毕业生给予的社会保险补贴,政策执行期限为2012年至2014年,后延迟至2015年底。政策的不稳定性致使很多执行措施缺少延续性,再加上宣传不足,政策的实际执行效果大打折扣。

税收减免政策对于企业的限制较多,且受地域限制并涉及地方保护主义,各地标准不一,同时存在着城乡、重大型与轻中小微型企业、国有企业与民营企业之间的不平衡问题等,大大地限制了企业特别是处于成长期的中小微型企业的发展。税收优惠的覆盖面偏小,面对发展的迫切度大于政策的优惠度,很多企业宁愿高薪聘请经验丰富的人才而不会使用一名毫无工作经验的大学生,从而加大了大学生就业的失败率。

（四）创业扶持力度仍不够

创业带动就业的作用不够强,现行小额担保贷款政策对大学生自主创业的贷款额度偏低,额度仅仅在5万元左右,部分地区如北京最高额度也不超过50万元,且设置的贷款条件过高,大学生贷款规模偏小。若没有得到风投等资金支持,大学生贷款创业的意愿不强,政策对创业支持力度仍显不足。

(五)对大学毕业生的社会保障体制不完善

从现有法律法规来看,我国针对大学毕业生的社会保障体系尚不健全。1999年最新颁布的《失业保险条例》中规定:"国有企业职工、国家机关事业单位职工和参照国有企业办法实行保障的城市集体企业职工外的其他人员的失业保险问题,由各地根据本地实际情况自主规定。"其中并未涉及未就业或参与非正规就业的大学生。不缴或少缴失业保险费成为阻碍参与非正规就业的大学生在失业期间享受失业保险待遇的理由。目前国家要求将零就业家庭、优抚对象家庭、农村贫困户、城乡低保家庭以及残疾等就业困难的高校毕业生列为重点对象实施重点帮扶,享受求职补贴。但对于普通大学生来说,我国对未就业的大学生在养老、医疗、工伤等社保制度方面形成真空,还没有相关的政策和措施。

三、国外经验借鉴

财政作为政府实施宏观调控的重要手段,在国外失业问题治理中发挥了重要作用,各国采取了多方面的财政措施拉动就业。各发达国家主要从三个方面发挥财政在促进就业中的作用:一是实施适当的财税政策刺激经济增长,拉动就业;二是出台就业扶持政策,直接促进就业和再就业;三是通过鼓励创业实现就业。

1. 利用财政政策刺激经济增长,增加就业岗位

发展经济是扩大就业的最根本途径。发达国家普遍运用财政政策,通过税收减免、贷款优惠等多种方式,刺激经济增长,从而促进就业岗位的增加,其具体做法主要有以下两点。

第一,税费优惠政策。

1998年,日本政府增加投资17万亿日元,减免企业税收6万亿日元,创造了100万个就业岗位。2008年金融危机后,美国政府为应对次贷危机带来的负面影响,减免个人所得税约1200亿美元,并对企业提供约500亿美元的税收刺激措施,刺激投资和增加就业机会。英国政府连

续削减公司所得税税率,将年产出低于 30 万英镑的小企业公司税率由 24%降低到 20%。欧盟对劳动密集行业实行低增值税税率的尝试,低税率试点行业新增就业岗位达到 20 万个。法国对企业以无限期合同雇用第一名失业人员,准其免缴 2 年的社会保险费;如以全日制或非全日制合同雇用第二或第三名失业人员,则准其免缴 1 年的社会保险费。实行低税率及社会保险费优惠政策,减轻了中小企业的税费负担,为社会创造了更多的就业机会。

第二,为中小企业提供优惠贷款等财政支持。

西方各国虽然发展程度不同,但中小企业普遍占全部企业的比重在 95%以上。因此,中小企业作为吸纳就业的主体,扶植、促进其发展,实际上就是解决就业问题的最好途径。如美国专门成立的小企业管理局,为中小企业免费提供信息和咨询服务,并以直接贷款和协调贷款方式提供资助。若中小企业家向银行申贷未果,只要有经营经验和技术,即可向小企业管理局申请贷款担保;英国专门成立的小企业管理局和小企业基层联络中心,简化了小企业注册手续,为小企业提供小额贷款担保服务;德国设立《欧洲复兴计划特殊资产基金》以鼓励发展小企业,并且规定,在东部地区创办小企业可优先获得贷款;日本为鼓励中小企业发展,制定了许多优惠政策,如简化注册手续、提供贴息贷款和廉租商业用房、组织培训、减免税收及提供免费法律咨询与市场分析等。其建立的"中小企业金融公库""国民金融公库""商工组合中央金融公库"等全国政策性金融机构,专门向缺乏资金但有市场、有前途的中小企业提供资金支持;韩国政府设立的中小企业管理局,不仅对中小企业的资金、技术、发展方向等给予指导和扶持,还对国会和政府部门制定的中小企业政策提出意见。

2. 出台就业扶持政策,促进就业和再就业

第一,政府开展公共工程建设以促进就业。

在失业高峰期,许多国家除了按财政年度正常拨款外,还会安排专项拨款,通过政府开展各类公共服务工程来增加就业岗位。如英国政府 1998 年—2002 年累计拨付 35 亿英镑专项资金举办公用事业,支持"五年促进就业计划";韩国 2000 年投资 11.5 亿韩元实施的"积极的创造工作岗位计划",帮助 61 万低收入者和长期失业者实现了再就业;德国 2002 年开始实施"东部促进就业之桥"计划,向东部地区投资 10 亿欧元建设公

共工程,创造了1万个工作岗位;澳大利亚规定,参加公共工程的失业青年可继续领取失业津贴,每两周还可以得到20.8澳元的补贴;美国总统奥巴马于2009年启动总额高达7870亿美元的复兴与再投资法案,将巨资投向高速公路、铁路建设、学校改建等基础产业,以增加就业机会,保留、创造至少400万个就业岗位。

第二,开展针对大学毕业生就业创业的专项项目/计划。

如在美国吸引高校毕业生就业的公共服务项目很多,其中"为美国而教"和"预备军团"是其中吸引大学毕业生较多的两个项目。而加拿大政府则实行经济行动计划,为学生提供1000万加元的财政资金支持暑假工作项目;在经济行动计划框架下,同时又拨1000万加元用于支持联邦公共服务学生就业项目。法国政府理事会在1986年开始发起"青年挑战计划",主要目的在于促进青年发掘潜在能力、创新能力和实践能力,为青年团体创业提供无偿的资金、培训、咨询、中介、后勤服务等。

第三,重视就业培训和服务。

对大学毕业生进行有效的就业培训,并提供高质量的就业服务,是促进就业的重要措施。美国前总统布什提出的2003年度预算计划中,大大加强了对就业培训的财政支持,用于就业和再就业培训方面的款项达到90多亿美元,每年培训100多万失业人员,并对与企业联合为失业青年提供培训实习机会的学校予以扶持,每年资助2.8亿美元。日本政府规定参加政府劳动管理部门举办的就业培训者,均可得到80%的培训费用补贴。德国的职业培训可分为职前培训、再就业培训和在职培训三大类,接受培训者可获得生活补贴、培训费用补贴等。

第四,对招用失业者的企业实行就业补贴。

西方不少国家对企业招用失业者采取多种形式的补贴措施,以缓解就业压力。如英国对雇用25岁以上的长期失业青年6个月以上(其间每周工作30小时以上)并给予培训的雇主,给予每周40~75英镑的工资补贴和750英镑的培训补贴;对失业青年参加志愿工作队或环保工作队的,提供6个月求职津贴和交通津贴。日本政府对效益不佳的企业在其内部安置富余人员的提供为期一年的工资补贴,补贴标准为工资额一半;对转产、重组企业提供一次性就业稳定特别补贴,安置5~9人补贴150万~250万日元,安置10~19人补贴300~500万日元;对大规模提供就业岗位的企业还给予开发补贴。德国对招用长期失业者的企业提供政府补贴,补贴标准为再就业者工资一半,补贴期限最长为2年。法国政府对三年内新增6名员工以上的中小企业,按每名新增员工由地方政府补贴1.2万~1.5万法郎。美国联邦政府要求各州设立就业补助项目,对招用就业困难失业者的企业,按提供的岗位给予就业补贴。

3. 鼓励大学生灵活就业和创业

为增加就业岗位,拓展就业空间,许多国家积极改变传统的就业方式,鼓励大学生多种形式就业,对自营就业者提供一定的资金支持和税收优惠政策,鼓励以创业促进就业。意大利政府2000年推出"荣誉贷款"计划,向适合从事自营就业的人员提供专门的培训,对创业计划提供可行性论证,并提供一定的开业贷款。美国对失业者自营就业提供启动资金和相当于失业津贴标准的生活补贴。英国对失业人员自谋职业开办的微型企业,自开办之日起给予免征1—3年企业所得税;对自营就业的失业者给予每周60英镑,共计52周的政府免税就业津贴,其间还可提供750英镑的一次性培训补贴;其国民保险制度覆盖了非全日制、灵活就业者等全体公民。德国政府激励多种灵活就业形式,为失业者自谋职业、经营小本生意、季节性短工等多种就业形式提供大量资助,如补助、免税、培训等,提高就业人员的待遇水平;对失业人员创办企业,给予2万马克的资助;同时也鼓励从业者、正在接受培训者以及闲散人员独立开业;凡投资额在12万德国马克以下的企业,拥有所需投资额12%以上的自有资金即可获得补助资金,最高额可占总投资的三分之一。日本为了激活劳动力市场,扩大就业渠道,一改过去不承认零短工的做法,鼓励非正规就业,于1993年颁布《零短工劳动法》,使得该就业方式得到承认,这为高校毕业生就业提供更多的择业机会。

四、促进就业的财政政策建议

就业是个人生存和发展的保障,也是保持整个社会稳定的基础,就业是民生之本。因此,实现社会的充分就业,特别是大学生的充分就业,对于保持社会的稳定发展至关重要。财政支持作为公共政策中的重要组成部分,在解决包括大学毕业生、农民工等群体在内的就业问题方面,发挥着不可或缺的作用。如何运用好财政政策是关键。

1. 调整完善促进国民经济发展的税收政策

经济发展是增加就业的前提,只有促进经济的持续稳定发展才能带动更多的就业。需进一步推进税制改革,将鼓励高新技术产业发展、促进经济特区发展、鼓励西部大开发、振兴东北老工业基地、促进中部地区崛起的税收政策进一步调整完善,利用税收政策促进经济发展以带动就业的增加。

2. 健全大学生就业创业的税收政策

完善大学生就业税收支持政策体系,提升税收激励政策的法律级次和地位。针对促进大学生就业税收激励政策过于分散、立法层次低、地区间差异大、附带条件多等问题,应将分散的税收优惠措施整理集中,对一些较为宽泛的政策进一步细化,对针对性不够强的政策给予明确,最终形成较为完善的大学生就业税收支持政策体系,完善并制定专门的税收优惠法律,增强税收优惠的法律效力,维护税法的尊严。制定税收法律、法规,应确定合理的税收激励政策制定原则,以避免对激励政策滥用或人为变更现象的发生;同时,税收法律、法规以及相关实施细则或办法的条文规定中,不应存在过于笼统的"弹性"条款和"模糊"概念,要尽可能地具体化、明确化,使税收行政执法自由裁量权得以正确使用。

规范推进就业培训和就业服务的优惠政策。西方发达国家都非常重视就业培训和就业服务在促进就业方面的作用。我国现有的大部分职业教育、技能培训机构属于民办性质,办学质量参差不齐,国家对这些培训机构的扶持也不够明显,他们难以推出质量较好、含金量高的培训课程以吸引大学生参加。因此,须对现有培训机构和学校进行整合优化,逐渐淘汰基础设施差、实训设备少、办学能力弱的培训机构和学校,重点培养一批具有较强培训能力、达到一定培训规模的培训机构和院校;加大财政对大学生就业培训的力度,给予一定补贴以支持大学毕业生就业岗前培训和技能鉴定,如对吸纳本省应届毕业生就业并对其进行岗前培训的中小企业和非公有制企事业单位给予就业前职业培训补贴和技能鉴定补贴;适当降低培训企业的营业税税赋,提高培训类企业的企业所得税起征点,使其有更充裕的资金开办培训工作;同时政府也应大力开展针对未就业大学毕业生、失业人员、在岗职工等各类群体的职业技能培训、岗位提升培训,努力使广大劳动者实现稳定就业、体面就业和高质量就业。

实施鼓励中小企业吸收就业的财税优惠政策,拓宽大学生就业的渠道。随着我国经济高速发展,以服务业为主的第三产业不断发达,其表现出了巨大吸纳就业的潜力。在第三产业领域中,相比于大型企业吸收就业量比较固定,中小企业在其发展壮大过程中能够吸纳的就业量则在不断提高。据相关统计,全国中小企业占总数的99.5%左右,能够满足约75%的就业需求。因此,在税收政策方面,应该在物流、信息技术、生物研发、工程设计、环保节能及物业服务、社区服务、快递服务等服务业方面给予政策性倾斜。同时为这些中小企业提供良好的税收环境,鼓励其积极任用大学生。如降低对吸收大学生就业人数多的中小企业的企业所得税率,减轻中小企业的实际税赋,放宽对中小企业的贷款额度,加大对中小企业产品和服务的政府采购规模,增强企业活力;降低或取消小微企业设立的资本金限制,激发民间创业活力;实施差异化税率优惠政策,积极引导大学毕业自觉转变就业观念,鼓励其到西部、到基层、到中小企业就业。

完善支持大学生自主创业的税收政策。要创造更多的就业机会,鼓励部分有能力的大学生自主创业是比较好的一个出路,因其不仅具有巨大的就业弹性,且对国家经济发展有着巨大的助推作用。但由于创业具有高风险,国家应制定针对大学生创业的税收优惠政策,完善支持创业的财政政策体系。一是设立大学生创业基金,主要用于大学生创业资助、教育、培训等,为大学生创业提供财力保障;二是减免大学生创办企业税金,制定税费优惠政策,对高科技研发、信息技术、生物等新兴产业类型的固定资产予以适当税前扣除,调低税率,减轻税负,促进企业在创办初期的发展,保持对大学生创业扶持的稳定性;三是加大针对大学生创业的政策性贷款投入,引导社会资金流向大学生创业项目,建立健全支持大学生创业的投融资政策;四是支持大学生创业园、创业基地的建设,形成"未毕业已创业"的新就业模式。

3. 完善财政支出结构,加大投入力度

据统计,全国各级财政投入的就业专项资金从2003年的99亿元增加到2010年的621亿元,持续增加的财政支出对促进就业发挥了不可忽视的作用。但目前支持大学生就业的资金,一是使用范围较窄,财政部、人社部规定支持大学生就业的资金管理办法仅限于创业培训补贴和小额

担保贷款;二是补贴标准偏低,导致很多高校、培训机构积极性不足,未能提供较高质量的培训。因此,政府应继续有针对性地加大有利于扩大就业的税收政策的力度,完善小额担保贷款政策,以及做好大学毕业生的就业工作和职业培训支持等。

整合现有各项就业补助资金,将就业专项资金、"阳光工程""雨露计划"、残疾人就业保障金、退伍士兵就业技能培训资金、失业人员再就业技能培训资金等整合在一起,形成合力,充分发挥各项就业补助资金的效能。

加大财政支出,扩展大学生就业资金的使用范围,提高补贴标准。一是合理调整社会保障性支出,把财政支出的重点放在促进失业和待业人员就业方面,为经济困难大学毕业生提供一定的就业补助;二是增加对大学生就业上岗培训、就业指导教师培训等方面的资金投入;三是加大对人才市场网络建设的财政投入,为大学生就业提供良好的服务平台;四是设立创业专项资金,增加"创业教育支出"等财政支出项目,对大学生创业活动予以财政支持;五是健全就业资金监管的长效机制。

提高鼓励大学生自主创业的财政补贴比重。提高鼓励自主创业的财政补贴,加大财政对大学生创业的支持,对鼓励提高他们的创业激情,以创业促进就业,有着至关重要的作用。首先是对符合条件的大学生创业发展初期给予一定数额的补贴,以确保创业成功;对大学生新创企业实行无息贷款等优惠政策,并提供后续资金支持,帮助其不断提升市场竞争力;适当提高小额担保贷款额度,对符合条件的中小微企业的贷款额度由最高 200 万元提高到 300 万元,可根据企业实际招用符合条件的人数合理确定贷款额度;建立小额贷款担保基金持续补充机制,不断扩大小额担保贷款规模。其次,为培养提高大学生的创业意识和创业能力,应保障创业培训基地的建设和高质量的创业培训教育,因此可由社会保障及劳动部门严格评估制定创业培训基地指标体系,并由财政每年拨付一定的创业基地建设费用,从预算上保证大学生创业孵化基地建设。

提升非营利组织吸纳大学生就业的空间。非营利组织在我国经济社会发展中的重要作用正日益凸显,并表现出巨大的吸纳就业的潜力。但其在发展过程中存在着一系列问题,如法律体系、管理制度不完善,发展结构不合理,行业间差距较大等。更好地发挥非营利组织对促进大学生就业的作用依赖于其自身良性的发展,因此,政府应采取相关措施消除非营利组织的发展瓶颈;提供更多的志愿者服务项目,可为暂时未就业的大学毕业提供基本生活保障;除财税优惠政策外,对吸收大学毕业生就业的非营利组织给予一定的财政补贴等。

4. 构建支持大学生就业的社会保障制度

就业与社会保障相互协调、相互促进,就业提供了社会保障的资金来源,而社会保障是就业的后盾。因此社会保障应以促进就业为中心,减免大学生的后顾之忧,推动大学生就业。但我国现有的社会保障制度覆盖范围狭窄,地区间、行业间社会保障体系发展不平衡,失业保险基金中用于支持大学生就业的支出所占数额很少等等问题都在说明,构建以促进大学生就业为中心的社会保障制度迫在眉睫。以促进大学生就业为中心的社会保障制度,应从下面几个方面着手:

第一,细化失业保险和社会求助制度,严格界定失业保险和社会救助的适用对象范围、征收标准、征纳双方的权利和义务等细则,进一步规范保障金的缴纳、管理、拨付,并建立保障金的赏罚处理机制。只有加强社会保障金的针对性和规范性,才能真正保证失业人员的基本生活,促进其积极投入就业。

第二,拓宽失业保险待遇的覆盖人群,将未就业大学生、就业后失业大学生、个体工商户、非正规就业者(灵活就业者)等纳入到国家统一的失业保险制度中,建立更加健全的社会保障体系,进一步促进大学生就业。

第三,制定针对非正规就业、流动就业的大学生适用的灵活保障制度,采用灵活缴费的方式,对他们的缴费基数、缴费比例、缴纳期限等做适当的变通,以保障社会保障金的及时、足额缴纳,保证这部分大学生群体能够享受到相应的社会保障,免除其后顾之忧。

第四,建立和完善财政政策与其他政策的联动机制,出台地区之间各种社保制度的转移接续办法,减少转移接续程序,落实毕业生养老、医疗、失业、工伤以及生育等各项社保制度。

第五,建立城市最低生活保障制度、城乡医疗救助制度、公益性岗位制度等,将生活困难,无法短期内实现就业的大学生纳入公益性岗位帮其实现就业,也可以纳入城市最低生活保障范围,实施最基本生活保障;因未就业而暂时没有参加职工医疗保险的困难大学毕业生纳入城乡医疗救助保障范围,对其基本医疗待遇进行保障;完善支持大学生就业的各方面配套政策,为大学生方便就业提供坚实保障,促进大学毕业生实现多种形式就业。

第十一章

大学生就业中的法律问题研究

随着中国高等教育改革的不断推进及高校的不断扩招,高校毕业生总量也在逐年增长率多。据统计,全国每年高考录取人数从1998年的108万,增长到1999年的160万,2004年,全国280万毕业生,到2014年高校毕业生已达727万。①大学生人数不断增多,为解决就业岗位问题带来了困难和挑战。在劳动力供过于求的市场环境下,很多大学生在实现自身的就业中面临诸多困境,侵犯毕业生法律权益的事情屡有发生。高校毕业生权益的侵害主要是由于国家立法、行政等方面的不足,以及大学生自身法律意识的淡薄,更有用人单位法律教养的缺失。从根本上保护大学生在就业过程中的权益,必须完善相关法律法规,加强大学生自身法律教育。

一、大学生就业中面临的法律问题

1. 就业歧视现象严重

在劳动关系中,劳动者处于弱势地位,其具有一定的从属性,而用人单位以管理者的身份出现在这种劳动关系之中,这种劳动关系导致双方处于一种不平等的地位,而非简单的民事关系。这种地位上不平等的最直接后果是很多劳动者在就业过程中遭遇各种歧视和不公平待遇。一些用人单位设置不合理甚至稀奇古怪的招聘门槛,将一部分求职者拒于竞争大门之外,制造了形形色色的就业歧视。我国大学生就业市场中就业歧视现象泛滥,大学生的就业平等权受到严重侵害。

(一)性别歧视

大学生就业中的性别歧视现象已经引起人们的普遍关注,大学生就业环节中性别歧视就是指用人单位在录用大学毕业生的各环节中,除妨碍正常生产、工作或依法不适合女大学生的工种或岗位外,以性别为由拒绝使用女生或提高对女生的录用标准而导致女生平等择业机会的丧失及其他损害的情况。国务院新闻办公室发布的《中国性别平等与妇女发展

---

① http://career.eol.cn/kuai_xun_4343/20130129/t20130129_898345.shtml。

状况》报告显示,1977年恢复高考之初,女生的比重占四分之一左右。1978年为20.65万,约占24.1%;1979年为约24.57万,约占24.1%;1980年为26.81万,约占23.4%。女生第一次突破三分之一是在1988年,本专科女大学生共有68.94万,占到了33.4%。1989年升至33.69%,1990年升至33.7%。1995年—2004年,全国普通高校的女生比例由35.4%升至45.7%,提高了10.3个百分点。女硕士、女博士生的比例分别达到44.2%和31.4%,比1995年分别提高了13.6%和15.9%。2007级中国大学生,是女性在招生数上实现逆转的年级,比重由上一年的49%跃升至52.9%,首次超过一半。在校生中,女生也由48%升至49.1%。而在一些地方,小数点后的微弱差距消失得更早。2007年底,上海地区普通高校在校本专科女生已达到了总数的52.7%。2008年度全国普通高校招收的6076612名本专科新生中,女生有3321962人,约占54.7%。从在校生来看,20210249人中有10076592名女生,占比超过49.85%,距离"半壁江山"仅有一步之遥。与此同时,女大学生在就业过程中遭遇歧视的现象却日益突出。"我国高等教育公平问题的研究"课题组发布的统计结果显示,我国中西部省区80%以上的应届毕业女生在求职过程中遭到过性别歧视。原劳动和社会保障部对62个定点城市的调查结果显示,有67%的用人单位提出了性别限制,或明文规定女性在聘用期不得怀孕生育。有些用人单位即使聘用了女生,也明目张胆地要求女员工签署"聘用期内不得生育""生育要打报告"之类的霸王条款。

(二)院校歧视

许多优秀大学生非"985""211"院校毕业,在就业时也遭遇了不同程度歧视。"院校歧视"使得许多优秀的学生丧失了公平竞争的机会。许多用人单位在招聘简章中列出这样的条件:"985""211"院校应届全日制本科及以上学历,并取得相应学位。有一些用人单位在面试博士和硕士毕业生时,采取"翻老底"的做法,翻查到本科甚至高中学历,尽管已达到硕士或博士水平,却很可能在本科或高中的学历上输给别人。如2012年12月9日《楚天金报》报道的女博士就业遭第一学历歧视,最终因本科非"211"或"985"院校而被用人单位拒之门外。事实上,许多学生未能进入"985""211"院校,但是,他们选择的学科拥有全国学科评估中排名很高的优秀专业。这些学生毕业后与贴有"985""211"标签大学毕业的学生共同面对就业市场时,就会遭到不公平的待遇。将非重点院校的优秀毕业生排除在外,不仅单位、企业受到了损失,从长远来讲,对国家和社会的发展也是非常不利的。

(三)地域歧视

地域歧视表现为"本市户口"或"除××籍贯以外"的要求。一些城市出于缓解本地人就业压力或维护社会稳定的原因,出台了一系列限制外地人进入的政策。如某地方公务员、事业单位招考中规定需具有本地户籍或本地生源才能报考;有的用人单位考虑到本单位的业务情况与当地联系紧密程度,希望招聘的大学生熟悉当地方言及风俗,甚至有一定的人际关系网等,选用人才时优先考虑本地人才。2013年2月20日国家广播电影电视总局网站上公布的一则招聘公告里明确指出,"北京户籍者优先录用"。其负责人给出的解释是,有外省市生源会提出一些解决北京市户口和住房的问题,而单位无法解决。户籍(地域)歧视缘于地方保护主义,而以某地域人的性格歧视更是让人费解,有违我国劳动法"劳动者享有平等就业和选择职业的权利"的规定。

另外,有的地方公务员招考中因乙肝携带、身高等条件而加以选择或限制;也有许多单位招聘中有"形象气质俱佳"的要求;很多大学生在就业过程中由于没有工作经验而遭受各种歧视等。而中国政法大学宪政研究所发布的《2011年国家公务员招考中的就业歧视状况调查报告》显示,2011年中央国家机关公务员招考所涉及的9765个岗位中,存在制度性的健康歧视和年龄歧视的规定,两种类型的就业歧视比例均为100%。此外招考还在政治面貌、性别、户籍、地域等方面存在歧视性问题。我国早在2008年实施的《就业促进法》中就明确规定,"劳动者依法享有平等就业和自主择业的权利"。多年过去,就业歧视仍难消除,原因之一就是问责不严,甚至包括监管部门自身在招聘用人时还设置学历、年龄、性别、户籍等门槛,在歧视上也忘了要起到带头作用。

2. 滥用试用期,损害大学毕业生合法权益

试用期是用人单位对新录用的劳动者是否合格进行考核,劳动者对用人单位是否适合自己进行详细了解的期限。劳动合同试用期作为劳动合同中的一个特殊阶段,对于帮助用人单位以最低的成本风险争取优秀人才的加入,促进劳动者的风险意识和竞争意识,都有极其重要的意义。

然而,立法者的初衷却被用人单位扭曲。鉴于大学毕业生在就业中的弱势地位,加之缺乏工作经验,就业法律意识淡薄,据此,试用期被用人单位滥用。一方面,试用期的长短及试用期内的报酬由用人单位单方决定;另一方面,用人单位以实习期、见习期为由规避试用期的规定,或者利用试用期随意解除劳动合同。试用期的应有作用并未发挥,相反,却成为用人单位侵害大学生就业者的工具。

关于试用期出现的问题主要包括:

(一)试用期期限。试用期是用人单位和劳动者建立劳动关系后为相互了解、选择而约定的不超过 6 个月的考察期。我国《劳动法》第二十一条规定:"劳动合同可以约定试用期。试用期最长不得超过六个月。"同时在第二十五条规定,劳动者"在试用期间被证明不符合录用条件的,用人单位可以解除劳动合同。"按照《劳动法》的规定,劳动合同期限在 6 个月以下的,试用期不得超过 15 日;劳动合同期限在 6 个月以上一年以下的,试行期不得超过 30 日;劳动合同期限在一年以上两年以下的,试用期不得超过 60 日;劳动合同期限在两年以上的,试用期也不得超过 6 个月。必须强调的是,试用期适用于初次就业或再次就业时改变工作岗位或工种的劳动者,合同期满后续签劳动合同时不得约定试用期。

国家机关、高校、医药研究所、医疗行政部门采用见习期,时间为一年;试用期采用于企业、公司(包括外企、合资、私企),与医院建立劳动关系的也采用试用期,为 15 日—6 个月。见习期可以延长,试用期不行。见习期具有一定强制力,试用期是双方约定。

(二)试用期辞职。试用期之所以称为试用,其含义就在于用人单位和劳动者均可在此期间内考察对方是否符合自己的要求,双方都具有较为自由的解除合同的方式。根据《劳动法》第三十二条之规定,劳动者在试用期内可以随时通知用人单位解除劳动合同(无须提前通知)。

有些用人单位在劳动合同中约定劳动者在试用期解除合同需承担违约责任,这实际上限制了劳动者的解除权,因此这种约定是侵害劳动者的合法权利的行为,对于这种约定条律,法律一般确认为无效。

(三)试用期辞退。根据《劳动法》第二十五条规定,劳动者在试用期间被证明不符合录用条件的,用人单位可以解除劳动合同,法律规定得很清楚,用人单位可解除劳动合同的条件是其必须举证证明劳动者在试用期间不符合录用条件。这里毕业生应当明确,用人单位要求解除劳动合同时,举证责任在用人单位,劳动者无须提供自己符合录用条件的证明。

举证责任无疑限制了用人单位解除劳动合同的随意性,用人单位如果没有证据证明劳动者在试用期间不符合录用条件,用人单位就不能解除劳动合同,否则,用人单位需承担因违法解除劳动合同所带来的一切法律后果。

(四)两个试用期是否合法。有些用人单位还会在第一个试用期过后与劳动者约定第二个试用期,这种情况应该区别对待。如果前后两个试用期都是经过双方协商之后在合同中确定下来,那么,两个试用期相加超过法律规定的试用期上限的,则不合法,不超过则两个试用期皆为合法。

(五)只签试用期合同不签劳动合同。劳动者被用人单位录用后,双方可以在劳动合同中约定试用期,试用期应包括在劳动合同期限内,劳动合同是试用期存在的前提条件。不允许只签订试用期合同,而不签订劳动合同。这样签订的试用期合同是无效的,但"试用期"合同的无效,并不导致《劳动法》对劳动者的保护失效。北京地区就有规定:北京劳动合同管理规定:只签订试用期合同,试用期后用人单位不愿意再签订劳动合同,劳动者可以反推(如试用期一月,可反推合同期为一年,反推依据按《劳动法》关于试用期限的相关规定)。《上海劳动合同条例》第十三条对此特别规定:劳动合同当事人仅约定试用期的,试用期不成立,该期限即为劳动合同期限。

3. 三方协议违约问题

(一)三方协议的特点

大学生就业协议是全国普通高校国家计划内全日制毕业本科生、研究生找到工作后,根据学校要求,与用人单位签订的协议或与用人单位和学校所签订的三方协议。三方协议是由学校作为见证,毕业生与用人单位签订的一份意向性协议,它具有法律效力,但它不能替代劳动合同。它具有四个方面的特征:第一,唯一性。即毕业生不得持有多份三方协议,如果学生签订多份三方协议,则一旦出现冲突以第一份协议为准。第二,法律效力有时限。三方协议的法律效力在毕业生用人单位报到之后即告终止。第三,违约金的数额符合规定。三方协议中的违约金必须经由毕业生与用人单位协商之后约定,并且违约金的数额必须符合用人单位所在地的相关规定。第四,备注栏不是空白。毕业生应该尽量将单位的承诺,如休假、住房补贴、解决户口、保险等各项承诺明确写入备注栏,现实的情况是90%以上的三方协议中备注栏全是空白。

(二)三方协议中存在的问题

三方协议仅仅是学生、学校、用人单位签订的一种协议,它不等于劳动合同,虽然它具有一定的约束效力。在三方协议涉及的三方中,真正履行责任和权利的双方是用人单位和毕业生,学校只是作为一个见证单位,不承担任何责任。正是因为三方协议的敏感作用,它在毕业生就业过程中引出不少问题。(1)毕业生签订多份三方协议引起和用人单位的纠纷问题,造成毕业生的违约,进而牵扯到推荐毕业生的学校;(2)三方协议仅仅是一个三方面的意见,用人单位在毕业生到达后,根本不与毕业生签订有效的劳动合同,而以就业协议充当劳动合同;(3)违约金是具有地域差异的,但是各地区根据自己的客观情况相应规定了违约金的范围,而用人单位却随意地规定违约金的数额;(4)用人单位利用毕业生缺乏经验的缺陷,在签订三方协议的时候,故意漏掉关键的细节,给毕业生就业后的种种问题留下陷阱;(5)用人单位强词夺理规定试用期,最大限度地占用毕业生的劳动力和智力资源;(6)用人单位利用毕业生缺乏社会经验的劣势不与毕业生签订协议书,进而在就业过程中对毕业生进行不合法的利用。

(三)就业协议和劳动合同的区别

就业协议和劳动合同都是具有法律意义的法律文件,两者紧密相联,分别签订于毕业生就业过程的不同阶段。就业协议书与劳动合同都是用人单位录用毕业生时所订立的书面协议。但两者还是有区别的,表现在以下几个方面:(1)签订内容不同:就业协议书主要是毕业生和单位的工作约定。劳动合同是学生和单位的从事具体工作和享受何种待遇等权利和义务的约定,内容更为具体,劳动权利义务更为明确。一般来说就业协议书签订在先,劳动合同签订在后(一般是学生到单位报到后)。如果毕业生与用人单位就工资待遇、住房等有事先约定,亦可在就业协议书备注条款中予以注明,日后订立劳动合同对此内容应予认可。(2)签订目的不同:就业协议书是对毕业生就业基本情况的认定,是确定学生工作意向,用人单位愿意接收,学校编制就业计划和负责毕业生派遣的依据。劳动合同是劳动者和用人单位明确劳动关系中权利义务关系的协议;签订主体不同:就业协议书经毕业生和用人单位签字盖章即具有法律效力,学校见证后列入就业方案;劳动合同是毕业生与用人单位签订的协议,学校不是劳动合同的主体,也不是劳动合同的见证方。(3)时效性不同:就业协议的效力始于签订之日,终于学生到工作岗位报到之时。就业协议的作用仅限于对学生就业过程的约定,一旦毕业生到用人单位报到,就业协议的使命也就完成了。(4)争议解决途径不同:就业协议属于普通的民事协议,因而受民法的调整。而劳动合同则受劳动法的调整。因此,就业协议签订后,学生和用人单位在就业过程中的争议,一般由市高校毕业生就业办公室协调。当事人也可以向人民法院起诉。而履行劳动合同所产生的争议,则需要通过仲裁或者向人民法院起诉才能解决。

二、大学生就业法律问题的成因

1. 就业法制建设不健全

《中华人民共和国宪法》第33条概括规定"中华人民共和国公民在法律面前一律平等",第4条、48条、36条又分别规定了民族、性别、宗教信仰的平等。《中华人民共和国劳动法》《中华人民共和国促进就业法》多个条款都规定:"劳动者享有平等就业和选择就业的权利""劳动者就业不因民族、种族、性别、宗教信仰不同而受到歧视""妇女享有与男子平等的就业权利。在录用职工时,除国家规定的不适合妇女的工种或者岗位外,不得以性别为由拒绝录用妇女或者提高对妇女的录用标准"。《中华人民共和国促进就业法》还规定:"不得在劳动合同中规定限制女职工结婚、生育的内容。""违反本法规定,实施就业歧视的,劳动者可以向人民法院提起诉讼。"

但是,在违法行为的法律责任规定上却是空白。尽管有《就业服务和就业管理规定》《人才市场管理规定》等相关规章对人才中介有较为明细的规定,但对实践中网络招聘欺诈的监管却显乏力,需要相关部门及地方制定文件予以规范。对于大学生签订就业协议后的实习行为不在《中华人民共和国劳动法》《中华人民共和国劳动合同法》的保护范围,《关于贯彻执行(中华人民共和国劳动法)若干问题的意见》第12条规定"在校生利用业余时间勤工助学,不视为就业,未建立劳动关系,可以不签订劳动合同",第4条规定"公务员和比照实行公务员制度的事业组织和社会团体的工作人员,以及农村劳动者、现役军人和家庭保姆不适用劳动法"。规定的条款之间看似冲突也常误导人们将还未毕业的在校大学生排除在劳动法的管辖范围之外。其次,法律条文缺乏可操作性,对"就业歧视"的界定,对侵害平等就业权利的法律责任以及维护合法权益的程序等没有具体规定。许多条款只是说"就业不因……而受到歧视"或表述为"不得……",而发生歧视行为时又因为没有法律的具体规定而无法维护劳动者的合法权益。而应聘者还没有签订劳动合同,求职过程的纠纷不在劳动法管辖范围。现阶段的仲裁保护也仅限于劳动争议,而不包括未被录用者,政府又没有相关机构予以保护;公务员招考中的歧视又因为《中华人民共和国行政诉讼法》没有明确规定,而无法诉诸于法院。

2. 行政机关监管不力

劳动执法部门要加强对劳动力市场的监督和管理,及时纠正和查处大学生就业中存在的各种违法行为。实践中劳动监察部门没有严格按照法律规定的标准对用人单位进行处罚,而是轻描淡写进行处理。对于大学业就业权益的保护,要走综合整理的道路,加强规范用工,加大检查力度。对损害大学生权益的单位,要依法严肃处理。

3. 高校就业法律指导功能亟待加强

许多高校就业法律指导工作的师资力量薄弱,缺乏专业人士,难以给予毕业生以针对性的指导。此外,高校就业法律服务咨询配套体系缺失,对于毕业生到了用人单位之后所签订劳动合同存在的法律问题的防范与救济方面的服务较少或几乎为空白。

4. 大学生防范意识淡薄、维权能力不足

我国的高校教育大多数重视专业理论知识的学习,对法律课程的学习缺乏基本了解。大学生在求职就业过程中普遍缺乏必要的法律知识储备,或即使知晓也是一知半解,实际解决就业法律问题能力欠缺。当前就业压力大,毕业生往往因求职心切而失去了防范的意识,甚至有时会为了

追求单位的表面光环而放弃对自身权益的争取和保护,接受用人单位不合理的条款。

三、大学生就业法律问题的解决途径

1. 建立健全保护大学生就业的相关法律法规

就目前而言,毕业生的就业权在法律范畴之中规定得尚不明确,更别谈操作性了。当大学生受到侵权行为时,往往不能得到更好的救济,而在我国,侵犯毕业生的就业权的行为也没有专门的机构来实施监督。平等的就业权在我国虽然法律上有规定,应该按照法条执行,但是在实践中却没能得到很好的落实。例如,在就业歧视方面,《中华人民共和国就业促进法》采取多项措施促进劳动者平等就业,无疑是劳动者平等就业的新的权利保障书。然而,由于《就业促进法》不是专门的反就业歧视立法,故对就业歧视的一些专门性问题未做规定或规定不足。例如,未对就业歧视进行明确的界定,对就业歧视的列举,虽然之后加了"等"字,但列举范围仍未涵盖常见的就业歧视。尤其是常见的乙肝病毒携带者遭受歧视等问题。另外,行政执法不足,《就业促进法》出台之后,该法虽然规定建立促进就业工作协调机制,但是似乎仍未明确这种促进就业工作协调机制处理就业歧视的职责,也未明确在这种促进就业工作协调机制中建立处理就业歧视的专门机构,更未规定监督就业歧视的专门机构。在《就业促进法》出台之后,虽然规定了受歧视者可向法院提起诉讼,但对用人单位实施就业歧视的法律责任及诉讼中的举证责任等都未做专门具体的规定。这些仍然会给处理就业歧视的司法实践带来不便。应不断完善《劳动法》等一系列法律及法规,进一步明确用人单位的相关法律责任,保障毕业生的就业权。

2. 发挥政府的政策引导和行为主导作用

政府相关部门要对现行大学生就业模式进行调查研究,在掌握第一手资料的基础上,对扩招以来的就业方式进行总结反思,结合当地新情况、新问题、新现象,出台相关行规,规范就业行为;发挥由各地政府经营并领导的就业场所或人才交流中心的主导作用,对进入招聘场所或人才交流中心的用人单位进行事前资格审核,将不符合条件的用人单位拒之门外,以防患于未然;建立奖惩机制,对那些诚实守信、遵章守法的用人单位授予奖牌,并张贴于招聘市场显眼地位,并为其提供好的摊位及优惠条件。

3．发挥新闻媒体宣传和舆论监督的作用

政府要利用好手中掌握宣传媒体的政府优势。每当大学毕业生就业期时,在广播、电视上抽出一定时段播映相关内容;在报纸上开辟就业专栏,定期向社会公布相关用人信息,曝光不良行为及企业,登载招聘黑名单,列举就业陷阱等,既可以引导学生就业行为,又可以有效制止招聘过程中的不轨行为。在毕业前,大学生就业指导应注意提前宣传就业形势,及时发布就业信息,宣传就业政策、法规。通过这些职业信息的发布,指导学生结合就业形势、就业政策、户籍管理等法规,得出当前的就业状况,从而调整个人求职的预期目标,合理地选择就业信息。通过不断调整自我,努力尝试,寻求就业市场需求与自身需求的平衡点,顺利就业。

4．提高对大学生的法律知识和法制观念教育

加强就业法律服务咨询配套体系构建,进一步拓深就业服务层次。选派包括法律、人力资源管理在内的专业人才充实到高校就业指导机构,建立一支专兼结合的职业教育师资队伍,以确保对大学生进行针对性的教育。有条件的可尝试设立类似于学生法律援助中心的常设机构,为毕业生甚至是已毕业学生提供法律咨询,一旦发生纠纷,学校就业指导机构不能坐视不管,应尽可能地帮助需维权毕业生制定维权方案,提供法律援助。具体工作方式可以包括以下形式:开通热线咨询电话接受咨询;设置专门的电子信箱接受电子邮件咨询;接受同学当面咨询;开通大学生就业法律援助服务网站;提供法律建议及维权方案帮助学生实现维权等等。而在法律援助所获毕业生反馈信息则是就业法律指导教学的第一手资料,从而又可进一步促进相关教学成效。在大学生中开展《劳动合同法》《劳动合同法实施条例》专项讲座,认真做好就业指导工作。高校应适当安排学生开展专题讲座,讲解和学习我国关于保护劳动者权益方面的最

新动态和国家政策。培养正确的职业择业观也至关重要,正确的职业观、灵活的择业观和良好的应聘技巧对大学生在就业方面有着重要意义。高校在平时增开就业指导课程,教会大学生应对求职合同陷阱,维护自己的合法权益。

　　对于毕业生而言,应该增强法规意识,如用人单位违反劳动法规定,求职毕业生要勇于说"不"。对招聘单位的实际情况要了解清楚,可以通过熟人,去打听招聘单位的情况或者通过工商部门、学校就业指导中心核实单位的真实性。此外,要通过各种渠道对单位进行实地考察,以摸清应聘单位的发展前景。签订就业协议书或者劳动合同时,一定要注明双方谈妥的福利、保险、食宿条件等,这样双方产生纠纷时就不会空口无凭了。如果遇到与中介招聘信息所列的待遇、薪酬情况严重不符合的,求职者可以向争议仲裁委员会申请劳动争议仲裁。

　　综上所述,要彻底解决大学生在就业过程中面临的各种问题,仅仅靠政府或者个人的力量是无法彻底解决的,它需要社会各方面力量的介入和支持,需要社会各个层次的努力。例如,相关司法机关要作为强大的社会后盾,保障大学生的利益不受侵害;国家有关行政机关要加大对违规违法的用人单位的惩处和监察,消除就业过程中的歧视和不平等现象的出现;大学生在就业过程中遇到类似问题后不要畏首畏尾,要勇于站出来说"不"。

第十二章

我国归国留学生的就业问题

一、我国归国留学生的发展特点

进入 21 世纪以后,我国的高校招生规模急速扩张,但是就业岗位的需求并没有同比例大幅度地增长,就业问题成为多数高校毕业生的头等大事,越来越多的毕业生选择出国深造,以此增加自身的就业筹码。其中也有一部分成绩优异的同学,国内的行业发展并不能满足其学习需求,因此选择相应领域发展比较领先的国家继续学习。与此同时,出于种种原因学成选择归国的留学生数目也相应地快速增长。总体看来,近年我国的归国留学生的发展特征主要包括以下几个方面。

1. 规模急速增长

最初我国的出国留学生主要分布在北上广等一线城市以及东南沿海城市,近些年来规模逐渐扩大,现在的留学人群已逐渐向东北三省、陕西、四川、湖南等地区快速扩散,几乎覆盖了全国所有的主要城市。根据我国教育部官方网站公布的"2011 年我国出国留学人员情况",从 1978 年至 2011 年底,我国以留学身份出国并学成之后选择回国的人员总数高达 818400 人,其中 2009 年首次超过 10 万人,比上一年增长 56.2%,为增长速度最快的年份。2009 年之后稳速上升,至 2011 年我国归国留学生已高达 186200 人。归国留学生的规模急速扩张一方面是由于高校教育的全球化,近年来留学生总人数不停增长,尤其是 2005 年之后增长速度明显加快;另一方面我国出国留学生的学成后归国比例也在稳步上升,如图 12-1 显示,归国留学生占总出国留学人员的比例日益增长。由于国际经济形势的变化,出国留学生在就业选择上选择回国发展的人数越来越多,2011 年我国归国留学生已占出国留学人员总数的 54.8%,达到 20 世纪 90 年代以来的最高比例。

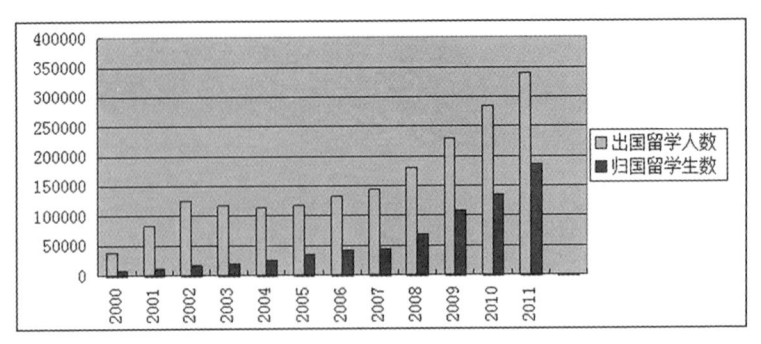

图 12-1　21 世纪后我国留学生数状况

2. 留学地区比较集中

　　作为全球最大留学生输出国,我国留学生的分布也体现了多元化的特征,并呈现出"大集中,广分散"的格局。根据统计,截至 2011 年底,我国海外的留学生分布在全世界的 100 多个国家和地区,其中绝大多数分布在美国、英国、澳大利亚、加拿大、日本等发达国家,除此之外荷兰、意大利、西班牙等国家以及东盟地区也吸引了众多的中国留学生。

　　另外,在"广分散"的基础上,也出现了"大集中"的特色。近年来我国的留学生选择留学地区比较集中于日本、欧美、澳大利亚、加拿大等发达国家,如 12-2 所示,2012 年—2013 年我国学生自费留学的实际去向地分

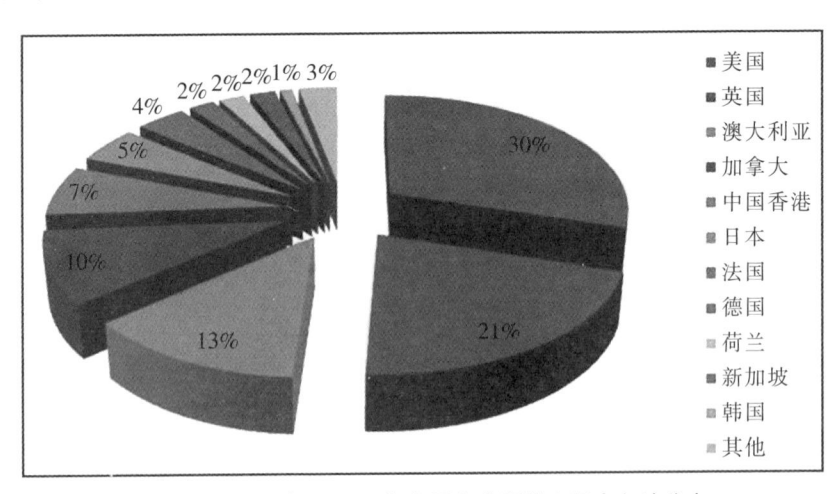

图 12-2　2012 年—2013 年中国自费留学实际去向地分布

布显示,美国、英国、澳大利亚分列前三,并且留学这三国的学生已占所有留学生的半数以上。除此之外,《世界日报》的留学版也曾对这一现象做出总结性报道,"近30年来,中国共有121万留学生,其中留学日本90万人,留学澳大利亚10万人,剩下的21万在其他的190个国家或地区。在这190个国家和地区当中,留学德国达30000人,留学美国40000多人,留学英国10000多人,留学法国近10000人,留学加拿大16000人,所以只有10万留学于其他国家和地区。"因此,在这些中国留学生集中分布的国家和地区,经济波动和政策变化都将会对大量的留学生流向产生重大影响。例如欧洲国家尤其是英国,近年来对留学生的限制越来越多,并出台政策从2011年4月6日起,欧盟以外的各国留学生在英国停留时间、英语要求、续签、打工和家属陪读等都做了相应严格的规定,一部分留学生到了学习期限很难办理延签手续,只能选择回国,这些政策的调整直接影响到了英国的中国留学生的毕业去向问题。

3. 留学生低龄化

所谓留学低龄化,是指高中生直接出国读本科的人数骤增,出国读中学的人数大幅增长。以上海为例,2013年7月9日上海市教委国际交流处对上海12家经教育部、公安部和国家工商行政管理总局认定的合法留学中介机构进行了调查,此次调查将学生年龄分为了7个层次,其中20—24岁的留学生数量最多,占60.8%,19岁以下的出国留学生比例已经高达27%,由此可见低龄学生出国的比例增长显著。由于国内的高考压力对每位学生以及考生家长来说不容忽视,日益富裕起来的城市中产阶级家庭望子成龙,国内的教育模式和路径的选择太少,导致越来越多的学生,尤其是不适应应试教育而在其他方面有天赋和特长的孩子,越来越多选择弃考,而申请出国深造,这也是社会多元化的一个特征。

二、留学生归国后就业情况

面对急速扩大的归国留学生群体,就业问题越显突出。"出去时千挑万选,回国后千差万别"成为这一群体找工作时的真实写照。从优势方面来说,留学生归国之后在择业方面,语言优势十分明显,并且眼界相对国内毕业生较开阔,从大方面来看归国留学生的就业呈现出相对比较乐观的状态。2011年我国首份《海归就业调查》火热出炉,本次调查统计了7000位留学海归的就业具体情况。在此次接受调查的7000人中,从美国和澳大利亚留学归来的留学生各占近30%,其他留学国家如英国、加拿大、欧洲等国家的海归各占10%左右。这些海归中,本科学历的占33.33%,研究生学历的占55.56%。商科、经济类专业占所有受访人的半数,工程和技术类专业有近三成,文学和教育学等专业占的比例较小。据调查显示,与本土毕业生相比,留学归国毕业生的就业有明显的优势,海外留学的经历带来了先进的理念和宽阔的视野,这些都使他们的就业概率大大上升,并且获得了比本土毕业生高出1500元的平均薪酬。

归国留学生的就业状况虽比国内大学毕业生乐观,但是对就业的满意程度却没有预计的那么高。由于出国留学的花费比较大,大部分留学生回国后在择业问题上,对薪酬的要求也比较高,然而近一半的海归薪酬仍在5000元以内,处于"小白领"的水平,直接影响到了留学生对就业的满意程度与对所选职业的忠诚度。据新浪留学生版对归国留学生做出的调查显示,就业满意程度统计仅为50.2%,由此可见大部分留学生在回国选择就业过程中,困难重重并且对现状的满足程度偏低。

三、归国留学生的就业因素分析

出国留学的门槛越来越低,使社会与企业对归国留学生的含金量产生了质疑,加上国际与国内经济形势和就业政策的多方面影响,导致归国留学生的就业呈现出了上述的特征。总的来说,对归国留学生的就业产生重要影响的因素归结为以下几个方面:

1. 国际经济潮流的影响

国际劳动组织2010发布的《全球就业趋势报告》中,显示出未来几年受经济周期的衰退性影响,各国就业形势不容乐观。与此同时,世界各国近年来都在不断发展教育产业,把扩大教育规模作为本国经济收益的重要手段,导致了全球性的教育供给大于就业需求,使得留学生的"文凭"发生了贬值。同时,当前随着全球的后危机时代的来临,以及受欧洲主权债务危机的影响,新一轮的经济危机影响着全球,国外出现了大量失业人员,就业市场在不断恶化,也为留学生的就业造成了困难。经济衰退带来的影响充分体现在海归者身上,因为经济衰退对欧美的大部分国家影响巨大。英国、美国都是中国留学生分布比较集中的国家,如表12-1所示,2008年金融危机以来英美国家的失业率居高不下,甚至突破10%,就业市场的恶化使得许多海归在留学所在国无法顺利找到工作。许多海归在没有做好充足准备的情况下回国求职,导致其在人才市场上无法展现自身的优势。此外,大部分海归都希望能够发挥自己语言方面的优势,所以找工作的目标多为一些国际型企业。

表 12-1　经济衰退形势下英美的失业率变化

	2007 年	2008 年	2009 年	2010 年	2011 年
美国	4.6%	5.8%	10.2%	9.6%	8.5%
英国	5.3%	5.3%	7.9%	7.9%	8.4%

2. 归国后留学生的自身因素与工作意向

第一,留学生自身素质的影响

我国早期的留学生出国门槛较高,由于经济情况的限制,很多会选择打工兼职来赚取学费与生活费用。通过打工兼职,可以增加留学生与当地人接触的机会,一方面可以快速提高留学生的语言能力,另一方面也可以让留学生深入感受当地的风土人情,能够更快更好地融入当地社会。更重要的是,通过打工兼职,可以积攒一定的工作经验和社会阅历,这对留学生将来进入社会具有相当重要的意义,能够帮助他们更快更好地找到满意的工作。但是近些年来日益富裕的中产阶级家庭将子女送到国外留学,家庭经济情况良好,能够负担留学生在国外的日常费用,因此很多留学生也不需要像早期留学生那样去打工。经济实力的提高固然是好事,但同时也失去了通过兼职来提升自身语言能力和工作能力的机会。启德教育国际教育研究院不久前发布了《海归就业力调查》。调查指出,目前在国内就业的留学归国人员中,高达95%的海外工作经验低于3年,有约一半的归国人员甚至没有任何海外工作经历,在海外是否有工作经历比例为:1—3年46%,3—5年2%,5年以上3%,49%无工作经历。

正是因为多数海归缺乏用人单位所看重的海外工作经历,造成了他们难以就业,或不容易找到满意的工作,这也是归国留学生就业的致命伤。

除此之外,不容忽视的是仍有一部分留学生对国外学校选择有偏差。例如:美国的国际东西方大学、韦斯特大学、阿尔塞恩茨美国大学等,对留学生承诺毕业后将获得国家认可的毕业证书,并已经通过 AACSB 认证,但是美国联邦政府并不承认这些高校的毕业证。这些大学的名字模仿国际著名高校,用来混淆视听,使我国的留学生产生错误选择。同时为了赚取更多学费,这些大学不会根据学生的学习背景与现状进行专业设置,而是大肆开设目前最为"热门"的专业,刻意安排诸多的课程,每门课程都要榨取留学生大量的学费。在"毕业"方面,则给予留学生"优惠"的选择,只要按时付费就能够顺利毕业,使我国众多留学生上当受骗,浪费了时间与金钱,毕业后即失业。

第二,归国留学生的择业意向

对归国留学生的困境来说,不容忽视的一个重要因素就是择业定位的问题,即部分留学生的择业心态与就业定位上有问题。当前的企业比较注重学生的实际工作能力,而并非学生的学历与国外留学经历,而大部分留学生通常自恃自己为"高级人才",对就业的待遇要求较高,要求就业后能够直接进入企业的管理层,而并不想从基层做起,就业心态的"好高骛远"导致了在就业中的"高不成低不就"。同时,从国外就业市场看,大部分国外的企业都要求学生要有工作经历,能够直接从事核心业务工作,不想花时间去进行人员的培训,也不想给予留学生一定时间的成长机会,而是直接获得人才创造的收益,提高了就业的门槛,为留学生的海外就业带来了难度。

3. 归国留学生的就业环境与现行政策

第一,国内就业形势严峻,就业环境仍待完善

改革开放以来,尤其是近些年我国高等教育发展速度加快,专业人才的培养力度也加大,大学教育由精英教育向大众教育转化。如图 12—3 显示,我国普通高校毕业生人数飞速增长,2001 年全国大学毕业生总数仅为 115 万,但到了 2003 年,我国首批扩招本科生毕业生进入就业市场导致人数倍增,达 212 万。到了 2010 年,大学应届毕业生规模为 631 万,2011 年更达 660 万。2012 年大学应届毕业生人数高达 680 万,是 2001

年毕业生总数的 6 倍,增幅达 500%。这就意味着每年我国必须要增加数以百万计的就业岗位,才能保持就业状况的稳定,并且还不能是普通工作岗位。除此之外,其他因素也影响着毕业生的就业环境,比如我国自 20 世纪 80 年代以来,整体经济增长模式带来的是就业弹性的持续下降;我国国有企业改革和机关事业单位改革都围绕减少冗员进行,企事业单位的工作岗位并不能维持高校毕业生一样的高速增长形势;由于城镇化的发展,大量农村剩余劳动力向城市转移,对大学毕业生的就业机会产生了挤压作用。这些因素都对国内的大学生与归国留学生的就业形势产生了极大的影响。

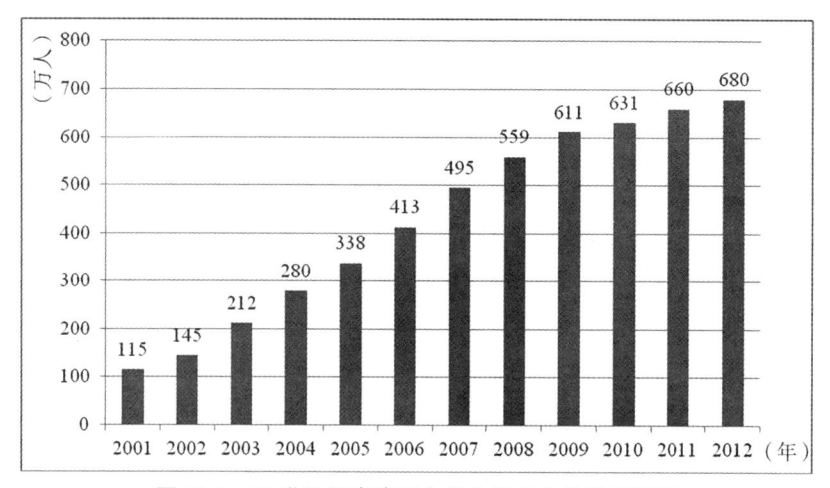

图 12-3　21 世纪以来我国大学生毕业人数增长形势

面对这一系列就业难题,我国政府也相应地加大了对促进大学生就业的政策支持,尤其是在金融危机之后。例如 2009 年,为应对国际金融危机对我国经济和高校毕业生就业产生的不利影响,教育部与有关部门出台了具体政策措施,鼓励毕业生到基层就业。2012 年,党的十八大报告指出,要做好以高校毕业生为重点的青年就业工作和农村转移劳动力、城镇困难人员、退役军人的就业工作。采取有针对性的扶持政策,解决好重点群体的就业问题,是保持我国就业局势稳定的重要任务。可见我国对大学生就业问题给予了极大的关注和一系列政策支持。

第二,我国对归国留学生的政策支持有待提升

为了吸引留学人员回国发展,为留学归国人员服务,我国政府对归国留学生的就业服务举措方面进行了很多有益的尝试。1998 年我国成立

了中国留学人员广州科技交流会,由中国海外高层次人才引进工作小组指导,国家教育部、科学技术部、人力资源和社会保障部、中国科学院、国务院侨务办公室等多方面共同主办,以"面向海内外,服务全中国"为宗旨,每年12月在广州举行,成为了具有较大影响力的海内外人才项目交流平台。2008年起,我国又成立了"海外高层次人才引进计划",简称为"千人计划",在国家重点创新项目、学科、实验室以及中央企业和国有商业金融机构、以高新技术产业开发区为主的各类园区等,引进2000名左右人才并有重点地支持一批能够突破关键技术、发展高新产业、带动新兴学科的战略科学家和领军人才来华创新创业。同时,各省(区、市)也结合本地区经济社会发展和产业结构调整的需要,有针对性地引进一批海外高层次人才,即地方"百人计划"。截至2012年7月25日,"千人计划"已引进各领域高端人才2263名。

此外还有许多吸引留学生归国就业的政策,但上述政策主要针对国外高精尖人才的归国发展。由于我国每年出国学生数量大幅度增长,留学生的自身职业素养参差不齐,仍有大批的留学生在毕业之际还没有学业或者事业上的显著成就,享受不到国内吸引海外人才的政策服务。留学生选择回国发展的动机各有不同,无论是出于国内经济形势发展优势,还是出于家庭因素,在创业或者选择就业的初期是最需要外在政策扶持的时期,而我国政府对于这一阶段的政策扶持力度并不大。因此,政府很有必要完善对于留学生就业问题的服务政策,加强在归国初期的就业问题方面的服务措施,例如建立相应的实习基地,供归国留学生学习并积累相应的工作经验,提升自身职业修养。除此之外还应适当对各项措施的效果进行监测,以进一步完善服务政策。

四、对促进归国留学生就业的政策建议

1. 帮助归国留学生认识到他们的真正价值所在,并做好规划

大批的留学生归国,选择工作成功与否取决于很多方面的因素,比如自身的技能、人际关系、工作经验、外语水平以及政府支持等方面,但是关

键是要靠自身的努力和真才实学。我国一部分留学海外的学生是出于国内的同行业研究水平不足以满足现有的学习需求,然而还有一部分并没有良好的规划,出于外界的原因,例如成绩不能够申请国内理想中的高校而退而求其次出国深造,或者随波逐流选择出国。尤其是后一部分留学生在回国后就业就成为了一个必须面对的严峻的问题。因此要解决现有的留学生就业,就要从根源抓起,加强对留学生的职业规划,帮助他们认识到自己的真正价值所在,有条理有规划地进行职业选择。

做好规划,提高自身素质。留学生们应抓住国外的就业良机锻炼自己,提升自身含金量,并且合理地规划留学前后的生活以及留学期间的实习。对于留学生个人来说,首先要做好留学前职业规划,树立正确的职业目标。在专业的选择过程中,不能盲目地选择"热门"专业,而应科学合理地对未来的就业形势进行判断。要从"适用度"的角度出发,制定详细的国外求学规划,有目标有步骤地留学。到国外后,也应根据实际情况对学科专业进行动态调整,避免所学专业与未来的就业形势不适应这一现象的发生。其次,留学生出国以后,要不断提高自身素质,不但要加强自己的专业技能与外语水平,还要广泛涉猎其他方面的知识,积极参与各类社会活动,增强自己的动手实践能力;要树立正确的世界观、人生观、价值观,形成良好的职业道德;要注重心理状态的调节,提高自己全方面素养,使自己成为一名复合型人才。

树立正确就业观,合理择校。目前我国还处于发展阶段,对人才的需求尤其是高级管理层人才和先进技术型人才的需求仍在持续上升。留学生在归国后的优势是很多用人单位所看重的,但很多人在出国前和出国后并没有太多的专业工作经验,要求马上做管理人员和获得高薪是不现实的。因此面对当前的就业形势,留学生应积极转变就业观,摒弃"好高骛远"的心态,踏踏实实,从基层起步,从普通员工的点点滴滴做起,合理平衡就业与待遇薪资间的关系,给予自己正确的定位,实现"先就业后择业"。针对当前国内外企业都要求留学生有职业经验的情况,留学生在留学过程中应在学习之余更广泛地参与企业实践,提高自己理论应用于实践的能力,为未来的就业增添砝码。其次,要合理选择国外的学校。针对当前国外大学水平质量参差不齐的现象,留学生要提前做好调查研究,选择一个信誉、口碑较好的留学中介,了解国外学校的历史年限、认证资质(是否通过其本国政府批准)、学费、学习环境和就业前景等方面的内容,避免进入"野鸡大学",造成不必要的损失。

2. 努力完善和改进就业环境

加大产业机构调整,提高政府的服务水平。我国要加大产业结构调整和转变经济发展方式的步伐,增强产业转移力度,提高第三产业在国民经济体系中的比重,大力进行自主创新与技术改造,促进产业发展由"劳动密集型"向"技术密集型"转变,为留学生的就业提供更多的岗位,创设稳定的就业平台。第二,政府的教育部门要充当起参谋的作用,树立服务意识。严格审查留学中介资质,规范留学中介机构的行为。设立留学生咨询机构,在出国留学生的专业选择上给予一定的指导,避免留学生盲目追求"热门"专业的现象。协助留学生制定职业规划。公布国外"野鸡大学"的名单及特征,帮助留学生有效鉴别国外"野鸡大学",避免留学生上当受骗。

建立完善人才评价体系,重视对相关法律法规的实施。由于海外留学人员数目增长迅速,并且人才也参差不齐,同时大批的归国留学生也各具优劣势,因此尽快出台科学规范的人才评估方法显得尤为重要。从知识、能力、品德、性格等方面对学生进行综合测评,在吸引人才的同时,更有效地帮助归国留学生在择业过程中有的放矢。除此之外,更重要的是要努力排除靠"关系"办事的习惯。在企业发展过程中,存在不少非技术因素的障碍,办事靠"关系"。这实际上隐含着一种权力寻租现象,它既污染了发展环境,也破坏了归国留学生对创业择业的信心。

加强就业指导。政府的就业部门要加强留学生的就业引导,应探索成立专门面向留学生就业的组织,要及时把握就业的宏观大环境和留学生情况,解决因为"就业信息不对称"导致的就业难问题,做好留学生就业市场的规范及协调。适应我国"南资北移、东资西移"的产业转移形势,大力举办东北及西部面向留学归国人才招聘会,为企业与留学生间搭建桥梁,使留学生真正能够"学有所用",拥有一个展示自我能力的平台。政府要立足于区域经济发展,整合区域就业资源,开启"留学生引进绿色通道",加快高级人才的引进,解决留学生就业的供需矛盾。

3. 加强对归国创业的留学生的政策支持

海外留学归国人员回国创业的人数占很大比例,因此为了更好地解决归国留学生的就业问题,支持鼓励创业是一项有效的政策。由于留学生在国外学习进修期间通常有更开阔的视野,并且接触新事物和高新科技产品的机会较多。这一部分人回国创业不仅仅对社会的就业水平产生有效的推动作用,而且可以带动国内产业结构的变动,推动高新科技产业的发展。

第一,设立留学归国人员创新创业基金。

对留学生创业企业的最初阶段予以一定的资金扶持,是世界各国各地区支持留学人员创新创业的普遍做法。我国政府要在参考国内外的扶持政策的同时,更进一步地完善相关政策,比如有效地评估体系和严格的资格审查力度,以免存在由于评估体系的不严密而产生的资金分配效率低下的现象。有些地方缺乏必要的评估,资金会被分配给不合适的企业,而真正有需要的创新企业得不到有效的资金扶持。另外还要注意避免资金的分散化,要有重点的选择优秀的留学生创新企业进行资金扶持,并且在资金使用的每个阶段进行严密的追踪审核。

第二,创造公平、法制的创业环境。

过去我国政府对留学生创业的优惠政策大多限于解决房子、车子、减免税租等方面,其实对于归国创业的留学生来说,更希望政府能够提供一个积极、公平、高效、透明的创业环境。首先,要加紧制定和完善吸引人才回国创业的法律法规,将吸引人才、促进科技发展上升到一个法律层面,建设更加符合 WTO 规则的法制环境。其次要更着力于建设服务型社会,营造公开、透明的政务环境,切实落实各项相关优惠政策,保证吸引海外留学人员回国创业政策的连续性、稳定性和实操性,为海归人员提供高效便捷的服务,切实解决他们在生活与就业中遇到的一些实际问题。对于现有的法律法规,我们不仅要严格执行,还要在实践的过程中逐步完善。尤其是关于知识产权保护方面,我国还处于不完善的阶段,大部分归国留学生选择创业的行业属于高新技术类,对知识产权的保护要求比较高,为避免创业过程中影响创业企业的发展,我国政府必须逐渐完善相关的法律法规,并严格执行。

第三,完善归国留学生创业支持政策。

参考世界各国吸引人才的政策方法,建立高新科技园是最有效的方式。海外著名的有美国硅谷、英国剑桥科学院以及日本花费 20 年时间和超过 100 亿美元建立的筑波科学城。我国要吸引优秀的留学生回国创业,政府有必要在创业环境上投入大量精力,高科技的创新创业环境对归国留学生的创业活动将产生巨大的推动作用。

另外,在留学人员进行创业的过程中对整体商务环境不满的情况时有发生,因此政府有必要尽快完善相关的税收激励制度、融资担保体制、政府采购机制等措施,营造有利于归国人员创业的政策环境。同时加强人事、教育、科技、公安、财政等与留学人员创新创业相关部门之间的协调,对于留学生回国创新创业管理的职责必须细化并落实到相应部门。另外,由于国家科技计划对留学人员创新创业起着重要促进作用,建议科技主管部门可以考虑设立一个留学人员创新创业办公室,专门负责管理协调回国留学人员的创新创业事务,为留学人员创新创业提供专项服务。

第十三章

大学生就业风险防范

随着经济社会的快速发展,人类日益进入到风险社会阶段,在中国当前市场经济体制不断完善的过程中,风险几乎无处不在。

1977年我国恢复高考制度,大学毕业生在当时计划经济体制下实行"统分统招",并不能从真正意义上构成就业风险。1993年我国出台《中国教育改革和发展纲要》中提出"自主择业"的新构想,并逐步形成了"自主择业、双向选择"的就业体制。从此,大学生在就业求职中享有自由决策、自主选择权利的同时,也必然要对自由决策后的结果负责,承担自主择业的风险。每年在毕业生求职的高峰期,我们总能在电视、网络、报刊等新闻媒体中看到诸如"史上最难就业季""更难就业季"等报道,更看到了大量的关于毕业生就业风险的报道,比如求职被骗、中介陷阱、合同欺骗、诚信问题,以及各种由于就业市场不规范、大学生就业风险意识薄弱等原因造成的毕业即失业、合法权益受损害等风险问题。大学生就业风险问题既涉及毕业生个人价值的认同,又涉及社会的稳定,既是社会问题,也是民生问题。因此,如何防范、规避大学生就业风险意义重大。

一、大学生就业风险的定义及种类

防范、规避大学生就业风险,首先要界定"就业风险"的定义。而所谓风险,目前尚无一个适用于各个领域并被一致公认的定义,但通过查阅相关论著及文献,可归纳为:(1)损失的机会和损失的可能性;(2)损失的不确定性(uncertain);(3)实际与预期结果的偏差;(4)实际结果偏离预期结果的概率。通俗地概括起来,即是在某一特定环境下或特定的时间段内,未来结果或某种损失发生的不确定性。

大学生就业风险则可定义为:由于就业环境中存在着的各种不确定因素以及大学生个人预期的不完善性,致使其在就业过程中将会面临各种各样可能的损失。这些损失不仅包括金钱的损失、时间的耗费、就业机会的错失等,还包括了因就业问题而给大学生带来的心理压力,甚至是人身安全等问题。

从校园踏入社会,大学生的社会经验不够成熟,个人预期不够完善,以及国家相关政策调整、学校人才培养工作相对滞后、偶发/突发事件等不确定性因素,使得大学毕业生在就业过程中难以避免地遭遇这样或那样的风险。马永霞等把大学毕业生就业的风险归纳为两类:一是由于政治经济和社会环境等基本要素的不确定性引起宏观环境的变化,如国家教育方针、政策的变化(比如1999年全国高校扩招)都会引起就业市场的波动,这种风险是无法消除的,被称为"系统风险";另一种则是由于个人因素或主观因素引起的风险,它可以通过个人的努力或多方面的投资而加以分散,被称为"非系统风险",比如学生个人能力素质及学生与用人单位之间的信息不对称造成的就业风险。①

二、我国大学生经常遭遇的就业风险

1. 毕业即失业

1999年我国高校开始大规模扩招以后,高校在校生人数急剧增加,毕业生人数也连年攀升。据相关数据统计,2013年全国有699万高校毕业生亟须就业,被称为"史上最难就业季";2014年毕业生人数比2013年还要多出28万,被称为"更难就业年";2015年,据官方保守估计,高校毕业生将达749万,就业难度可想而知。我国劳动力市场对大学毕业生需求的增长落后于毕业生人数的增长,毕业即失业(待业)的人数呈上升的趋势。特别是2008年金融危机以后,不少中小企业经营困难或破产,用人需求大大降低。同时,随着经济社会的发展,很多企业出于人力资源成本等因素的考虑而更倾向于招聘具有实践经验的员工,大量减少了应届毕业生的招聘数量,这使大学生就业的前景雪上加霜。除此之外,政府公共部门也在逐年缩小人员的招聘数量,更加剧了就业的竞争压力。危机后大学毕业生待业人数长期维持在150万以上的高位。

严峻的就业形势是我国整体的就业环境本身具有一定的艰险性和难以把握性,且无法消除。大学生作为求职者理应明白风险的客观存在,并利用自身能力去适应,规避就业风险。但从大学生自身因素来看,一是大多数"毕业即失业"是因为他们所学的专业在就业市场需求不大。据第三方教育咨询机构麦可思研究院组织调查并撰写的《2014年大学生就业蓝

---

① 马永霞、翟小会,《论信息不对称条件下大学毕业生的就业风险》,《沈阳师范大学学报(社会科学版)》,2006(3).

皮书》指出,我国2013届就业率较低的主要本科专业:物理学、生物科学与工程、化学、法学、生物技术、生物工程、音乐表演、动画、应用心理学、应用物理学,这些专业或与就业市场严重脱节,或因此前过热、报考人太多导致市场需求饱和而难以就业,最终造成"无业可就"。二是不少大学生自身综合素质不高、就业竞争力不强,难以找到理想的工作岗位。还有不少大学生就业观念不合理,期望值过高、心态不正确,在求职中只盯着北上广深等大城市,希望工资高、待遇好,不愿意到中西部、基层单位"屈就"而造成的"自愿性失业"。不少专家和学者指出,目前大学生失业是因为就业预期不完善导致的,不是绝对失业。

对于现代大学生来说,进入大学并不意味着必定会有稳定的职业、辉煌的前途,而是会受到诸多因素的制约,随着就业压力的激增,面临着毕业即失业的风险。

2. 招聘欺骗、传销陷阱

随着就业形势日益严峻,大学生们普遍承受着可能面临"毕业即失业"的心理压力,再加上很多单位在招聘时,越来越重视求职者的工作经验,这更加剧了大学生的就业焦虑。与此同时,大学生在求职过程中面临着就业信息不对称的现实。相对于用人单位而言,涉世未深的大学生常常处于弱势地位,单凭自身力量难以有效辨别用人单位提供信息的真实性,包括岗位需求、工资、单位实力等信息。而为了增加就业经验、增强就业竞争力,毕业生们往往忽视了求职中面临的各种风险,几乎是在没有任何戒备的情况下寻找实践锻炼或就业机会。他们求职心切同时心地单纯,各种不法分子便抓住这些弱点和心理,精心设计骗局,以好工作、高工资、厚福利、快发展等为诱饵,通过网络、甚至大学生身边的亲朋好友对其进行欺骗,使他们掉入陷阱而难以逃脱。

近年来,全国范围内已发生了无数起大学生求职受骗、陷入传销陷阱,甚至被绑架的事件。仅在2014年6月期间,《大河报》新闻热线便接到了21条关于大学生求职受骗的投诉线索:或以各种名目如考试录取、培训为由收取报名费、培训费、体检费、服装费、建档费、保证金、抵押金、产品押金、风险押金等名目繁多的费用;或名为招工、实为变相销售、推销,逼迫应聘者使用、购买产品;以考试为名,将公司接下来的项目作为考题交由应聘者完成,骗取应聘者的劳动成果而不付任何报酬,如程序设计、广告设计、策划方案、文章翻译、软件开发等,最后并不录用任何人;还有高薪诱惑,"黑职介"提供虚假招聘信息等等。而这只是钱财受损,但若陷入传销陷阱,或遭遇绑架事件,大学生人身安全便受到了严重威胁。2015年新年伊始,便有多则报道大学生求职却身陷传销囹圄、遭绑架的新闻。

3. 合同风险、"试用"陷阱

一般来说,毕业生就业通常要签订两种协议,即就业协议与劳动合同。就业协议也称"三方协议",即《全国普通高等学校毕业生就业协议书》的简称,是应届毕业生在第一次就业的时候签署,由毕业生、学校和用人单位三方签订,在毕业生到单位报到、用人单位正式接收后自行终止。因而三方协议书只是毕业生、用人单位、学校三方之间签订的就业意向,不是劳动关系的法律文件,对劳动关系没有约束力,只有毕业生到单位报到,并与单位签订了劳动合同或形成了事实劳动关系,意向变为现实之后,毕业生才能和用人单位形成正式的劳动关系。有的企业在和学生签订三方协议后,要求学生毕业前到公司实习,企业在学生毕业后根据其实习表现协商签订劳动合同,也可能出现不签约的情况。因此,对于毕业生来说,签订了三方协议并没有进入就业的"保险箱",还需要接受用人单位实习期、试用期的进一步考察。如毕业生在实习期、试用期即将结束时,用人单位却以"考察不合格"等为由予以辞退,毕业生在痛失此工作的同时,也错失了求职的最佳时机,这对大学生来说无疑是一个重大的损失。

劳动合同是用人单位和求职者建立劳动关系、履行各自义务、维护各自权利的依据。但多数大学生劳动法律法规知识欠缺,对劳动合同的知识掌握不够,对其重要性认识不足,一些不良企业便抓住大学生的这一弱点,无视《劳动法》的规定,把大学毕业生招聘进来后却采取不签订劳动合同或签订不平等劳动合同等手段,规避用人单位的责任。比如,在双方签订的劳动合同中,只规定毕业生的违约责任,而只字不提用人单位的违约责任,规定的权利和义务极不平等;对合同的内容表述不清,模棱两可,一旦双方发生纠纷,难以评判和确定;还有双份合同,即一份是假合同,为应付劳动部门检查而实际上并不执行的,一份是真合同,但是从用人单位自身利益出发制定的对求职者不利的合同。这些都是求职心切的大学毕业生在求职过程中可能遇到的风险,应保持警惕之心,积极进行防范。

还有一些企业,为降低自身的经营成本,钻《劳动合同法》对"试用期"

规定的空子,在试用期间不与毕业生签订劳动合同,致使以后发生纠纷难以解决;试用期间不给予毕业生工资或工资低于当地最低工资标准;无限期地延长试用期;利用试用期薪水较低的实际情况,使用廉价劳动力,试用期到期便以莫须有的名义辞退毕业生,以"不断辞退旧的毕业生、招聘新的毕业生"来获得源源不断的人力资源,获取极大的经济利益;更有甚者采取降低薪酬标准、延长工作时间、不缴纳或少缴纳"五险一金"等违法行为,严重侵害了毕业生的合法权益。

4. 就业歧视

在金融危机后经济环境不佳、新增就业岗位数量减少、人才供过于求的背景下,用人单位择优录取毕业生本无可非议,但以择优为名,实为排斥、约束部分毕业生群体就职的歧视行为,严重侵害了毕业生的平等就业权。当前我国用人单位的就业歧视问题比较突出,特别是性别歧视,也被称为"软歧视"。在最近的中国人民大学国家发展与战略研究院的一份研究报告中显示,在使用同样简历的情况下,男性大学生接到面试通知的次数要比女性高42%;而学习成绩越好、学历水平越高的女性大学生在求职过程中遭受的性别歧视越严重。

其次,处于社会资本弱势的农村大学生在求职过程中也遭遇着不同程度的就业歧视。一方面农村家庭经济困难,对孩子投入的教育成本远低于城市大学生,造成竞争力相对偏低;另一方面农村教育条件有限,教育资源不平衡减少了农村大学生考入重点院校的机会,使得农村大学生无论是个人综合素质还是所读院校的名气,都与城市大学生存在较大差距。而即使是毕业于同一所大学,用人单位也更偏向于录用城市户籍大学生。农村大学生面临"毕业即失业"的风险更大。

随着就业竞争压力增大,近几年来,大学毕业生就业遭遇"学历(出身)歧视"情况也日益严重。在2013年的"最难就业季",但凡条件好些的用人单位,包括高校、政府、事业单位以及国企、民企、外企,都在其招聘启事上白纸黑字地明确强调"本科非985、211高校,不予考虑"。尽管教育部禁令明文规定,在高校组织的校园招聘活动、高校发布的用人单位信息内严禁发布含有限定985高校、211高校等字样的招聘信息,但人力资源部门筛选简历时看"出身"已成为一条心照不宣的"行规"。

毋庸讳言,随着这些年来高校的大量扩招,学历的含金量降低是不争的事实,好多毕业生有"学历"之名无"学力"之实。同时也不可否认,相比普通院校,211、985院校毕业生的高考成绩、整体实力不错。但是一考定终身的高考制度并不能全面反映一个人的综合素质,更不能决定一个人后天的发展。学历歧视现象愈演愈烈,用人单位对求职者学历查三代,不仅损害了普通高校毕业生的平等就业权利,更是破坏了正常的就业秩序。

总体来说,我国"就业歧视"现象很是普遍并表现得五花八门,如性别歧视、户籍歧视、学历和经验歧视、年龄歧视、身高歧视、相貌歧视、对"乙肝病毒携带者"的歧视、民族/种族歧视、宗教信仰歧视、疾患歧视、地域或方言歧视、婚姻状况歧视等等,均可见诸报端。这些就业歧视现象与我国现阶段劳动力市场供求关系失衡、用人单位不理性的用人观念、地方保护主义、相关法律不健全等因素不无关系。

三、大学生就业风险的原因探析

在当今社会,莘莘学子们都有共同的愿望:有个稳定的工作、较高的收入和很好的发展前景,能够实现自己的价值。公务员、大型国企及事业单位等稳定、收入高的职业是他们理想的职业选择。近两年来二、三线城市甚至西部地区迅速发展起来,其生活成本低而薪水并不低,这使得北上广深等大城市的魅力稍减,但仍有大部分的大学生愿意选择大城市和沿海发达地区就业,因为那里的生活环境比较优越,拥有更多的就业机会,可提供更多的发展空间。然而优越的环境必然导致人才的聚集,大城市职位供给趋于饱和,必然导致人才竞争的激烈。现实情况是,我国广大的中西部地区人才短缺,东部地区就业竞争加剧,有些用人单位如中小企业、乡镇企业招不到毕业生,而一些大型国企、外企、合资企业等却人满为患。

而在大学生追求优质职业的同时,用人单位对毕业生的要求也在提高,既注重学生的综合素质,也注重学生的实际工作能力。但目前我国高校教育在社会实践教学方面做得还不太成熟,存在着严重的与社会脱节现象。经验不足,实践动手能力差,不能吃苦耐劳等是现今大学毕业生普遍存在的问题。大学生素质与社会岗位需求存在的巨大差距,以及就业预期与现实的不相符合,是造成大学生失业风险的重要因素,导致了我国高校毕业生的结构性失业和自愿性失业逐年加剧。

1. 高校教育存在缺陷

经济和产业结构在快速调整,而高校的专业与课程设置却相对滞后,致使毕业生的专业结构并不能适应经济的快速发展与市场的需求。部分高校专业及课程设置没有以市场需求为导向来进行规划,而是以学科在高校中的实力和地位来设置,有较大的盲目性。比如某些学校的基础学科具有较强实力,师资力量雄厚,学校在招生和专业设置上便更会倾向于这些学科,但现实情况却是应用性较强的专业毕业生在求职中大受欢迎,而基础学科方面的专业毕业生在就业中备受冷落。也有不少高校看似紧随社会、经济发展而设置了相关热门专业,但热门专业有着它的时限性,随着经济社会的发展,报考时的热门专业却未必是就业时的热门专业。据麦可思研究院发布的《大学生就业蓝皮书》针对不同专业的就业率调查,对失业量较大、就业率较低、月收入较低且就业满意度较低的专业亮出"红牌",将其称为"高失业风险型专业"。2013届本科中的"红牌专业"包括:生物科学与工程、法学、生物技术、生物工程、动画、美术学、艺术设计、体育教育等;高职高专的"红牌专业"有:法律事务、语文教育、电子商务、会计电算化、生物技术及应用、工商企业管理、计算机信息管理、计算机应用技术等。如此专业设置与市场需求脱节,直接导致的后果便是学生在高校中所受教育与未来职业不相匹配,更甚者导致毕业生的结构性失业。

同时,随着经济市场化的深入,社会对人才各方面素质和能力的要求也有所变化,但高校的教育培养模式却落后于时代的要求,改变更新缓慢。比如,当代社会所重视的人才素质和个人能力诸如团队协作能力、动手实践能力、跨文化交际能力、领导管理能力、创新能力等,在传统的注重知识传授的教育培养模式下还十分欠缺。用人单位普遍反映,刚走上工作岗位的大学毕业生表现出了许多的不适应,需要有一段相当长的适应期,因此在招聘中,许多用人单位更倾向于聘用那些"有相关工作经验"的人。目前不少高校也在探索教育与市场接轨、进行校企合作、职业化教育等人才培养模式,但高校教育改革还有待进一步深化,以降低因结构性失衡而带来的就业风险。

2. 就业法治不健全

就业法治的健全与否对大学生就业有着非常大的影响。当前我国就业法治还不健全,主要表现在就业法律法规的不健全、缺乏相关的就业权利保护机构等,是导致大学毕业生就业风险的重要原因之一。

首先,我国政府十分重视对劳动平等权的保护,制定了大量规范性的文件,《宪法》《劳动法》《妇女权益保障法》《女职工劳动保护规定》《劳动力市场管理规定》以及最新修订的《劳动合同法》《就业促进法》等一系列法律法规都将平等就业、禁止就业歧视作为立法的基本原则贯穿于劳动就业的整个过程,但这些法律条款都过于原则和模糊,技术性不高,可操作性差。如《宪法》中强调了公民有劳动的权利和义务,强调了法律面前公民的平等性,但是比较概括和笼统。《劳动法》《妇女权益保障法》等都对男女权利平等做了规定,但都是原则性、口号性的条款,没有细化劳动群体,没有判定标准,更没有具体落实措施及违法后的结果惩罚。

其次,现行法律规范适用范围较为狭窄,如《劳动法》关于禁止就业歧视之规定不适用于公务员、事业单位劳动者、大多数农村劳动者等。也就是说,大多数农村劳动者、公务员、事业单位劳动者所遭遇的就业歧视问题,不能适用现行《劳动法》的有关条款加以解决。另外,《劳动法》第12条规定:"劳动者就业,不因民族、种族、性别、宗教信仰不同而受歧视。"但现实中诸如户籍、年龄、相貌、工作经验、学历(毕业学校)、婚姻状况等不合理的就业限制随处可见,《劳动法》却将此排除在外,从而为各种就业歧视大开方便之门。相对比之下,美国的《雇佣年龄歧视法》《公平就业机会法》等,意在惩治年龄、残障、国籍、种族、信仰、性别等方面的就业歧视法;英国的《2006年就业平等条例》,均比我国法律法规具体详细。

再者,现行法律更多地侧重于调整已经形成劳动关系的劳动者与用人单位之间的关系,对于尚处于求职阶段的劳动者与正在招聘的用人单位之间的关系几乎没有规范。由于没有相应的法律规范,部分用人单位在招聘过程中存在着不诚信、招聘流程不合理、管理不规范、缺乏公开、透明化等问题,这都给大学生的求职带来潜在的风险。比如有些用人单位针对特定人选量身定制"招聘启事",或在所谓的"公开招聘"中通过"暗箱操作"内定人选,而被淘汰的应聘者根本不知道被淘汰的原因是什么。更有某些公司虚打着招聘的幌子,以高薪招纳为诱饵吸引注意力,实则是利用招聘为公司做免费宣传,最后一个人也没招,或者迫于压力,在没有空缺岗位的情况下招来一两个人,然后在实习期间以各种理由炒掉。同时由于没有相应的就业权利保护机构来维护求职者的权益,当大学毕业生就业权益受到侵害时,却"投诉无门",即便以民事诉讼来解决纠纷,但其维权成本太高,因此在出现纠纷时,多数大学生选择了忍气吞声,自认倒霉。

3. 大学生风险防范意识薄弱

一方面,在就业之前,许多大学生并没有明确的就业目标和择业准备,而在临近毕业前的半年内才开始考虑,对就业形势没有充分的把握和应对准备,对就业市场中的需求信息也缺乏必要的了解和调查研究。虽为"时代精英"的当代大学生,业已成年,但心理年龄却依然不成熟。在进入大学以后,绝大部分时间都在校园里,两点一线的生活并没有经受过社会这个复杂大课堂的洗礼,社会接触面不广,学生们普遍缺乏足够的社会经验,难以辨伪存真,往往会被一些假象所蒙蔽,从而深受其害。

另一方面,大部分学生的法律知识结构不全,甚至缺乏必要的法律知识,对《劳动法》《劳动合同法》《就业促进法》等知之者寥寥。许多大学生不了解劳动法中关于试用期的规定,在试用期内没有签订劳动合同,或试用期被随意延长,就业权利受到了侵害。但由于对相关法律法规的不了解,即使权益受到了侵害,大多也忍气吞声,维权的意识较弱。大学生法律意识淡薄,风险防范意识滞后,亟待对他们加强风险意识的教育和培养。

四、大学生就业风险防范的建议

1. 完善就业相关法律法规建设

就业相关法律法规在保护劳动者的合法权益、协调稳定劳动关系等方面有着重要作用。我国大学毕业生就业风险频发与我国的法律法规的不完善有着很重要的关联。完善就业法律法规,可以通过两种途径,一是修订原有的相关法律法规,根据经济社会发展的实际情况,增加新条文和内容,赋予时代的意义;二是针对大学生就业的现状、就业歧视的现象,制定新的专门性法律法规作为对现有法律的补充和解释。如关于大学生就业方面,要明确大学生的就业保障权益、就业服务权益、自由就业权益、平等就业权益、失业保障权益等,明确就业权益侵害的范围及差别标准,使权利保护拥有法律的依据;明确在促进大学生就业中政府和高校所扮演的角色与地位,做到有权有责,权责分明。而关于反就业歧视方面,一是要界定就业歧视的概念,二是要合理地限定就业歧视的范围,三是对就业歧视与合理差别待遇之间的区别做出规定,并对就业歧视的法律后果做出明确的规定。其次,通过立法规范就业市场秩序,明确供求双方的权利与义务,使大学生在自主择业、就业协议/劳动合同、违约处理、社会保障、仲裁和处理等各种纠纷方面能够有章可循、有法可依。

同时,为缓解我国大学生结构性失业严重的情况,政府相关部门应该进一步加大对大学生基层就业和中西部不发达地区就业的扶持力度,给予经济上和政策上的切实优惠,尽量解决他们的实际困难,使其安心工作。改革和完善社会保障制度,将未能及时就业的大学毕业生纳入社会保障体系,为建立一个统一、开放、公平的劳动力市场提供条件。

2. 加强政府监管及宣传力度,积极落实就业政策

完善的就业法律法规只是保护大学生就业权益的前提,还要政府加强就业执法监管力度。就业市场管理缺失,市场功能变质,用人单位招聘行为不规范、流程不合理、用工歧视等,给大学生就业蒙上了阴影。政府需要加大对毕业生招聘市场的监管力度,严格审核用人单位的招聘资格、规范招聘流程;规范大学生劳动力市场的各类中介机构和培训机构,对有重大违法违规、欺诈行为的单位机构要采取"一票否决制",吊销其营业执照;组织各方力量,为大学毕业生提供科学、可靠而翔实的就业信息,各种职业岗位的数量、人才需求动向以及各种职业岗位的性质特点、可能提供的工作条件、工资报酬、晋升机会和发展前途等信息。同时,要严厉处罚不法用工的单位,打击不法分子和不良企业的违法行为,力求为大学生就业提供有序、规范、诚信的公平市场。

同时,目前已有的针对大学生就业优惠政策没有得到很好的实施,其中很大原因是因为政策的宣传力度不够。当前的大学毕业生很少有能知道其在就业过程中能够享受到哪些优惠政策。这需要地方政府和各高校充分做好对学生的宣传工作,务必保证每一名毕业生在毕业之后都能了

解大学生就业所能享受到的一切优惠政策。

3. 加快推进教育教学改革,提高人才培养质量

不少专家和学者指出,目前大学生失业问题并不是绝对失业,更多的是由于结构性失衡导致的大学生"自愿性失业"。大学生结构性失衡的很大原因,是当前我国高等教育违背了教育的发展应适应社会生产力发展水平的规律。设立什么样的学校,开设什么样的专业,各级各类学校与各种专业之间的比例如何,都要受到一定历史时期生产力发展水平和产业结构所制约。中国解决就业结构型矛盾的核心是教育改革。

4. 调整专业结构,科学定位教育性质

社会的发展在政治、经济、文化、人口和科技等方面都会对教育的发展产生重要的影响。因此,高校教育要认识到社会对自身发展的重要性,在自身发展规律的基础上适时地对社会的发展现状进行调查,并根据调查结果,对其专业和学科的设置进行适当的调整。在麦可思研究院发布的《2014中国大学生就业报告》中,建筑学以98.3%的毕业半年后就业率高居所有当年主要本科专业榜首,而应用物理学毕业半年后就业率垫底,为88%,这与当前社会需求人才结构密切关联。因此,高校应积极应对社会的人才结构调整,结合自身实际情况,集中精力和财力重点发展社会需求的专业和学科,提高办学条件和教师素质,在大学继续扩招的同时,对社会需求量不大的专业进行缩招,以免因为扩招而刺激人才结构的失衡。

在2013届本科生毕业半年后就业率中,本科中的生物科学与工程、法学、生物技术、生物工程、动画、美术学、艺术设计、体育教育等专业被亮"红牌";而高职高专的法律事务、语文教育、电子商务、会计电算化、生物技术及应用、工商企业管理、计算机信息管理、计算机应用技术等专业也被亮"红牌"。在本科的这些"高失业风险性专业"中,既有专业与当前社会需求不相符的,如动画、艺术设计、体育教育等,社会需求已趋于饱和,但高校仍在大规模招生,从而导致了毕业生无从就业的现象;也有因高校实力与专业要求不符的,如生物科学与工程、生物技术、生物工程等,社会需求小且专业性要求高,一些并不具备研究实力的高校仍在开设相关专业并大

规模招生,毕业生想要深造却知识能力不足,就业却遭遇专业能力不够,从而导致了失业风险的加剧。而高职高专中的诸如法律事务、语文教育、生物技术及应用等专业,需要扎实而深厚的知识积累,而这在高职高专院校是无法达到的,其毕业生就业就难以避免地遭遇"毕业即失业"的风险。

因此,高校的专业设置还应与高校自身的定位相结合。比如研究型大学主要是培养在未来能够从事科研工作的人才;专业型大学则主要培养不但有过硬的理论基础知识,还能熟悉某项技能操作的实用型人才。当前我国大学生就业环境中,需求比重较大的是实用型人才。就我国当前的高等学校来看,除985大学和少数的211类大学由于自身具有办研究型大学的能力之外,其他的大多数高校基本都属于专业型大学。有能力办研究型大学的高校应继续根据社会的实际需要提高自身的科研水平、加深研究的深度,为社会培养出优秀的科学家和人文学家。而大多数的专业型大学,其实是社会最迫切需求的,应重新认识自身的办学性质,把握自身的办学价值所在,把办学的重点集中在加强培养学生掌握所学专业的基础知识和专业应用能力,为社会培养各种实用型人才。目前,国家已号召地方本科院校向应用技术型大学转型,实现高校培养人才的职业化,全国将有600所本科院校向职业化院校转型,这是我国高等院校发展的必然选择,是良好的开端。此外,对于高职高专类院校,则应更注重对技术型人才的培养。就我国人力资源供需结构的现状来看,技术型人才在就业市场中供不应求。唯有如此,各类型高校各司其职,不断地增强学校自身的办学实力,在提高知名度的同时,改变当前人力资源供需结构失衡的现状,从而最大限度地降低大学生就业"失业风险"。

5. 多途径提高对学生能力的培养,加强职业化教育

大学毕业生就业风险的发生与学生培养的质量、学生的综合素质与能力有着密切的关系。随着我国逐渐融入经济一体化、全球化,社会上对劳动者的能力和素质要求已有所提高,许多公司企业更加注重大学生的实践能力、团队合作能力,要求毕业生要具有国际视野、跨文化交际能力等。因此,加强对学生的综合能力培养,为社会培育"适销对路"的人才,实现教育职业化,对大学生就业风险的应对意义重大。地方本科院校向应用技术型大学转型则是良好的开端,加强校企合作、校校联合是其重要途径。建立校企合作的关系是一种双赢,一方面,学校可以提高自身的吸

引力,缓解就业压力;另一方面,企业也可以保证优秀人才源源不断地流入。但需要注意的是,在校企合作中学校应维护学生的权益,避免学生就业权益等受侵害。

同时,高校还应针对专业进行学科课程的调整、完善教育设施设备,引进、培养具有丰富社会经验的教师人才队伍,全方位落实好对学生实习实践教育与课堂知识教育的协调。

6. 完善大学生就业服务,提高学生风险防范意识和能力

大学毕业生与用人单位之间往往存在着信息不对称问题。相对于用人单位而言,涉世未深的大学生单凭自身力量难以有效辨别用人单位提供信息的真实性,包括岗位需求、工资、单位实力等。如果高校及相关政府部门、机构不能提供真实的、全面的、及时的就业信息,将进一步加剧大学生就业的风险。学校办学的根本目的是将学生培养成社会所需的人才,其目的能否完成,必须要由社会来检验,而毕业生能否成功就业就是一条重要的评判标准。因此,学校有责任、有义务在教授学生专业知识,培养学生专业技能的同时,帮助学生确立自己的职业理想,规划自己的职业生涯,为学生的成功就业提供帮助。主要从以下方面进行:

第一,加强对大学生的就业指导。如组织毕业班的学生学习就业相关的法律法规及就业政策,开展求职技能培训和心理辅导,加强大学生的求职能力以及风险防范意识,化解就业焦虑。同时,就业指导工作还应该向低年级学生辐射,开展职业生涯教育。如在课程设置上,可将大学生就业风险意识教育、心理健康教育、职业规划、个人长远发展等课程纳入正常的教学计划中,根据不同阶段进行职业指导,包括职业定位、规划以及成功就业的一些案例分享。

第二,加强毕业生的就业服务与管理。学校应该加强服务意识和市场观念,提供全方位的指导服务。如积极执行并落实政府关于就业的相关政策,在鼓励大学生到西部欠发达地区或基层就业的同时,切实解决其后顾之忧;强化辅导员职能,积极与大学毕业生沟通,了解并帮助解决他们的困难;与相关政府部门、人才中介机构合作,利用中介机构的资源和专业优势,尽可能地提供全面、真实、可靠的招聘信息,降低大学生求职的风险和求职成本;当大学生与用人单位出现毁约等劳动纠纷时,应积极出

面协调并维护好大学生的就业权益,把服务落到实处。

7. 大学生自觉增强个人能力及风险自我防范意识

各种数据表明,只有综合素质过硬的大学毕业生才能有较为理想的就业。自我教育是个体自觉主动地对自我进行教育的活动,任何外在的推力都不如自我内在的动力更有效力。因此,大学生应该充分发挥主观能动性,认真学习就业风险、劳动合同法律法规、心理健康、职业规划等方面的知识,用丰富的知识武装自己。在面对风险时保持较高的警惕性,当合法权益受到损害时,能够拿起法律的武器保护自己;同时,还应对自己有一个合理的定位,有长远的职业规划,而不是盲目跟风。在保证完成学业的同时,要积极提升自身的综合能力,在拥有扎实的专业知识之余还具备一技之长,这样才能够提高自己的就业机会,降低就业风险,实现全面、健康、长远的发展,使自己真正成为可堪大用、能负重任的栋梁之才。

8. 加强对大学生创业提供多方面的支持,缓解就业压力

一方面,国家和政府要进一步强化和落实对大学生创业提供应有的优惠政策,包括财政、金融、社会保障等方面的支持;另一方面,在贯彻和实施国家有关大学生创业的政策精神时,政府、高校以及全社会都应注重加大对促进大学生创业政策的宣传,帮助大学生了解政策、掌握政策、用好政策,为大学生创业提供必要的条件和帮助。如在学校教育方面,学校应重视对大学生的创业教育和实践,明确以"培养大学生创新意识、增强大学生创业技能、激励大学生创业精神"为宗旨,开设创业教育相关的课程、培训,设立大学生创业园等,积极引导、扶持大学生创业,把提高大学生创业能力和水平作为提高就业质量新的增长点。

第十四章

促进大学生就业的对策建议

一、完善就业服务体系的发展

1. 提供优质的就业服务

（一）提高就业指导机构的服务水平

目前我国大部分高校都设立了就业指导中心,但定位还不明确,制度尚不健全,对就业指导的重要性和必要性认识不足,就业指导工作还没有得到充分重视,甚至有学校认为就业指导的目的就是让毕业生就业率达标。在机构、人员、资金等方面保障不足,与现实需要的反差依然明显。另外,在就业指导的功能与内容、方法与手段以及就业指导机构的建设方面,都存在很大的不足。

这就要求我们完善就业指导体系建设,提高相关指导教师水平,实现全程育人,遵循学生的成长规律,从新生入学开始,对学生进行全程化的就业指导。同时,对各年级学生指导的侧重点应有所不同,整个大学期间的就业指导就是帮助学生适应社会的过程。另一方面教师的专业化程度亟待提升,专业化要求教师主修或辅修过就业指导和咨询方面的专业课程,包括职业心理学和职业培训方面的必修课;具备指导学生职业设计、心理调适、市场预测、素质培养等方面的综合能力。另外,在专业化的教师队伍与系统化的就业指导体系的基础上,要求我们拓宽大学生就业指导工作的内容。要注重对学生人生观、世界观、价值观的教育,加强学生社会责任意识的培养,把就业指导的内容渗透到学校的各个教学环节中去。帮助学生树立正确的择业观,合理设计职业生涯,为走上社会做好思想准备;培养良好的心理素质和正确的择业心态是求职和事业成功的基础,大学生择业的过程是一个复杂的心理变化过程,面对严峻的就业形势、众多的竞争对手,要想获得择业成功,必须做好择业前的心理准备,排除心理干扰。克服盲目自信、自卑畏怯、急功近利、患得患失、依赖等待等心理障碍。

（二）提高就业信息平台的发展水平

优秀的就业服务除了优质的就业指导之外，还需要及时有效的信息。在发达国家大学生人才市场体系中，主要通过人才市场网络化来降低成本，实现优化配置，人才资源市场配置呈现出现代化、快节奏、高效率的服务特点。目前，我国已实现大学毕业生与用人单位间的互联网沟通。但总体上我国的高校毕业生就业信息网络建设还处于初始阶段，技术尚不完善，信息网络的建设有待深入。因此，国家主管部门应在大学生人才市场信息化建设中发挥主导作用，利用计算机和网络技术，在就业市场运行过程中，加强就业信息资源的整合，加强高校就业指导部门间的沟通与联系，构建起学校与学校之间、学校与社会人才市场之间、政府相关部门之间的信息网络，相互协作，共同筹谋，形成富有我国特色的大学生就业指导体系，为学生就业提供充足的信息资源，从而充分发挥各方面的作用。这样不仅能够收集大学毕业生的基础信息资料，建立起人才信息档案交流平台，也能够为各级政府决策、企业的人才招聘提供参考资料。所以说，应尽快建立完善大学毕业生人才信息档案交流平台，提升就业市场的运行效率。这些措施将大大地提高就业服务的效率，进而提高大学生就业水平。

2．加强职业教育和技能培训

高校在促进大学生就业的途径选择中，对学生素质的提高是重中之重，为了促进大学生更好地适应社会的岗位要求，加强大学生在校期间的职业教育与技能培训显得尤为重要，其中技能大赛是加强职业教育与技能培训的有效方式。从2008年6月至今我国职业技能大赛已举行了四届，伴随着"校校有比赛，层层有选拔，全国有大赛"口号的提出，技能大赛已经成为我国教育制度的一项重大制度创新，不仅促进了职业教育教学改革，也引领了职业教育与企业的接轨，而且扩大了职业教育的社会影响力。职业技能大赛不能单纯地为了比赛而比赛，而是要发挥技能大赛的导向作用，为职业教育的发展提供服务。

职业技能大赛能够有效地帮助实现职业教育的改革，学生在学校所学的东西要学以致用，学有所长。他们毕业后要直接面对社会，这就要求学生在学校要掌握本专业的最新的知识与技能。虽然我国的职业教育课程内容还处在探索、调整、演变和发展的过程中,但较之于二十年前的教材内容,已有了长足的进步。无论是文化课还是专业课,都更接近我们期望的培养有文化、懂技术劳动者的目标。但是我国的职业教育课程内容仍然不能适应经济和社会发展的需要,课程更新速度慢,一个教师经常几年不换一个科目,几年不换一次课本,尤其类似于计算机等这样发展速度快的专业,往往学生所学的知识已经与时代脱节、落伍了,在学校里学得再好,到社会也没有用武之地。技能大赛题目大多来源于实际,反映了社会的真实需求。

3. 引导企业促进大学生就业

在美国,从公司注册到开业所需要经过的审批步骤为 4 步,从开始申请注册到新公司开业所需时间为 7 天,而为完成公司注册和各种审批程序所需支付的费用仅相当于人均年薪的 1%,特别是美国还有众多大小不一的创业和科技风险投资机构,为创业者解决资金困难,降低创业风险,清除创业障碍。日本为稳定就业、扩大就业而创造工作岗位的政策措施也值得称道。例如日本政府于 1994 年启动了一项"全面就业支持计划"(TESP),该计划目标是创造 100 万个工作岗位,其主要内容是通过政府的政策扶助,帮助企业解决困难、稳定就业岗位,并鼓励失业工人重新就业或创造新的工作岗位。加拿大是地广人稀的国家,大学生就业矛盾并不突出,但加拿大政府也十分重视大学生就业,且出台了不少促进大学生就业的政策。如主动出资替雇主承担实习学生的部分工资,以鼓励企业接受大学生实习,帮助大学生通过实习掌握实践技能,获得工作经验,成为受企业欢迎的应聘者。欧美国家还有很多促进扩大就业需求的形式和措施。但是在我国,虽然这些年来,各级政府和有关部门一直在倡导和鼓励大学生创业,并在税费等方面给了一定的优惠,但在支持力度与配套措施上还需加大和完善。例如,有关部门在支持大学生开办新公司方面,审批时间还较长,注册资金的要求也相对较高,特别是在信贷方面支持力度较小。

另外在企业的招聘流程中,尤其是国有企业,或者政府机关工作岗位,在招聘流程中依然存在各种不正当竞争或者就业歧视现象,严重影响了毕业生的公平竞争,甚至扭曲了大学生对社会的认识。要提高大学生的就业水平,首当其冲的就是完善法律法规,保证大学生就业公平竞争环境。尤其是强化机关事业单位在招聘中的行为规范，扭转企业招聘中的学历崇拜，以及与就业政策相违背的就业歧视现象，规范用人单位的招聘流程与招聘制度。因此，政府应当尽快通过完善相关的法律法规，通过禁止歧视来维护就业市场中的良性竞争。

4. 高校积极开展毕业生就业跟踪调查

高校要主动开展就业市场需求分析和毕业生跟踪调查，要根据产业结构的调整和就业市场的需求变化，及时增减专业，并努力拓宽专业的适应性，特别是要加强对学生的创业教育和实践能力培养，全面提高学生的综合素质。高校还要加大毕业生就业指导工作的力度，保证就业指导部门人员、经费的落实，加强与用人单位的长期稳定合作，广泛收集和及时发布就业信息，完善各项就业指导服务。高校就业指导部门还要帮助毕业生树立正确的人生观、价值观和择业观，认清就业形势，全面开展成才指导、素质指导、求职技巧指导和创业精神的培养，让学生以积极的进取心态、过硬的知识技能和优良的综合素质，去参与就业竞争或创业，迎接挑战，走向成功之路。

5. 建立接纳未就业毕业生的科研流动机构

在我国存在一种组织制度，即博士后，具体是指在获得博士学位之后，在高等院校或者研究机构从事一定时期研究工作的阶段；也指在博士后流动站或者博士后科研工作站进行专题研究的人员。而在科研项目的研究工作中，包含一部分对科研水平要求较低的工作，本科毕业生或者硕士研究生也可以完成。建立完善科研流动机构，不仅要求不断充实科研工作，同时为了减轻科研成本，提高科研人员的工作效率，可以补充一部分大学毕业生进入现有的科研流动机构，或者建立新的学士后科研流动站，以辅助的形式，补充配合其他科研流动机构的科研工作。

除此之外，独立的学士后科研流动站不仅可以配合参与博士后流动站的科研工作，而且可以参与相关企业单位的短期项目，解决企业短期用工的空缺，并在相关项目活动中创造更多的工作机会，促进就业水平。

二、加强就业政策的建设和推行

1. 加大就业的财政支出,创造就业岗位

政府的财政支出对大学生就业的推动作用显而易见,加大政府的财政支持会从多方面给大学生就业带来支持与激励。扩大政府财政中的教育支出,鼓励高校合理配置教育资源与调整专业设置,有利于高校培养在校大学生的综合素质与职业素养。在国外,鼓励创办研究开发型中小企业,大力培育高新技术产业,是扩大就业机会、解决失业人员再就业、大学生就业的重要途径。例如日本政府在2002年编制了一项1844亿日元的预算,政府根据新办企业的技术含量和雇佣员工的人数,提供一定数量的新办企业扶助金。我国政府可以借鉴相关政策,加大对中小企业与高新技术产业的投资力度,不仅可以促进大学生就业方向的多样化,同时带动我国产业结构的优化升级,促进经济发展。

2. 调整税收政策,鼓励大学生自主创业

在大学生就业问题日益严峻的现状下,创业成了部分大学毕业生的选择。鼓励大学生自主创业,一方面解决了创业学生的就业问题,另一方面可以带动更多的毕业生就业,大大降低了失业率。但是成功的创业,要求大学生具备一定的企业家才能,而且大学生在创业阶段遇到的困难也是难以预计的。这就不仅要求大学生在校期间应重视对个人综合素质的拓展与培养,同时需要政府在创业过程中给予政策上的扶持。对高校来说,从校园文化方面给予创业同学足够的校园环境的同时还要从观念上明确创业教育的重要性,开拓高校学生传统的就业思路。在美国的校园文化中,高校创办的创业计划比赛扮演着十分重要的角色,美国麻省理工学院、斯坦福大学等高校每一年都举办一次创业竞赛。由创业计划大赛支持并成立的公司中,一部分在短短几年内就得到了快速成长,从某种意义上直接驱动了美国经济的快速发展。我国政府也应当鼓励支持高校组织类似的创业比赛,在推动经济发展的同时,改善大学生的创业与就业形势。

另外,引导性的税收政策也有利于大学生创业的顺利进行。尤其是引导和扶持高新技术产业的税收政策,不仅有利于大学生的创业,更有利于新兴产业的形成与发展,进而可以优化我国的产业结构,推进经济的多元化发展。据资料显明,大学生有创业意愿的比例达到76.3%,在大学生中已经创业的有1.3%,准备在上大学期间创业的有5.1%,大学毕业就创业的有6.8%,工作一段时间后再创业的有63.1%。如果合理调整税收政策,促进以创业带动就业,将有效地增加大学生的就业机会。

3. 加强政策执行力度,规范绩效评价

金融危机之后,我国加大了对大学生就业的政策支持。例如2009年,为应对国际金融危机对我国经济和高校毕业生就业产生的不利影响,教育部与有关部门出台了具体政策措施,鼓励毕业生到基层就业。2012年,党的十八大报告也指出,要做好以高校毕业生为重点的青年就业工作和农村转移劳动力、城镇困难人员、退役军人就业工作。采取有针对性的扶持政策,解决好重点群体的就业问题,是保持我国就业局势稳定的重要任务。可见我国对大学生就业问题给予了极大的关注和一系列政策支持,但是缺乏客观、标准的评估系统与监管机构,导致政策执行过程中的力度与效果不能得到有效的保障。

如今大学生就业已经成为多数国家的重要社会问题,日本自1996年起就有专门部门负责对大学生的就业状况进行调查、及时发布相关的数据与信息反馈。这些信息不但显示了大学生就业促进政策执行的效果,而且也有效监控了政策执行的过程,理清了政策执行的责任归属。我国政府应当借鉴国外的成功经验,建立独立的评估与监管机构,以保证政策执行过程中的执行力度与效果,有效提高就业水平。

三、政府引导以创业促进就业

1. 培育和激发创业能力

尽管人们的创业方式和渠道不同,但是成功的创业要求创业者必须

培养自身的企业家才能,包括经营管理才能、决策才能、创新才能、用人才能、应变能力、社交能力、表达能力等。但是这种能力并不是人人具备的,因此后天的培养和激发极其重要。

(一) 从中小学教育开始培养创新能力

创业教育应从中小学教育抓起,众所周知,英美的经济学课程从中学起就广泛地开展,比如美国近50%的高中学生要选修经济和商业的教育课程。在英国25%的中小学生选修经济和商业教育,每学期不少于五个课时。然而在我国,即使中小学中现有的类似经济学课程,在长时间内也属于政治课的范畴。另外,高考的导向使得中学并没有真正重视经济与商业课程,或者教育资源匮乏,或者流于形式。因此要注重创业教育的开展,必须从中小学教育起注重创造性思维与创新能力的培养。

(二) 构建完善的创业教育模式

创业活动在推动经济发展的同时也提供了相当比例的就业机会,进而推动了社会的发展。为此国外的一些教育机构在20世纪80年代起就开始了对创业教育模式的探索,并从学术意义上研究了创业活动。据统计,1974年美国只有75所大学开设创业类课程,到1985年达210个,1991年达351个,1999年则有1100所,甚至许多中学也开设了创业类课程。相关调查显示,有37.6%的大学在本科教育中开设创业学课程,有23.7%的大学在研究生教育中开设创业学课程,而有38.7%的大学同时在本科和研究生教育中开设至少一门创业学课程。因此,美国已经基本形成了比较完善、覆盖面广的创业教育课程体系。而此时我国现有的教育体系对这方面的普及程度较低。众多高校的创业教育课程的开设刚刚起步,教学方法也日益完善,但是总体来说仍处于发展初期,存在较多问题。比如创业教育课程的体系化不足,教学方式中理论部分过多而忽略了实践教学的部分,另外同一门课程由不同教授讲授时候内容也会存在较大的差异。

由此,我们在构建完善的创业教育模式的时候,不仅要由社会、企业与各社会组织的支持,更重要的是需要良好的创业文化,这就要求学校对创业教育的高度重视。一方面要明确创业学科的学科地位,树立正确的创业教育观。要求我们不仅要从校园文化方面给予创业同学足够的校园环境,还要从观念上明确创业教育的重要性,开拓高校学生传统的就业思路。在国外的校园文化中,高校创办的创业计划比赛扮演着十分重要的角色,例如美国麻省理工学院、斯坦福大学等高校每一年都举办一次。由创业计划大赛支持并成立的公司中,一部分在短短几年内就得到了快速成长,从某种意义上直接驱动了美国经济的快速发展。我国政府也应当鼓励支持高校组织类似的创业比赛,在推动经济发展的同时,势必会改善大学生的创业与就业形势。另一方面也要高度重视创业教育的学术研究。创业的研究工作主要靠学校的相关机构与工作人员,通过探索创业活动规律,获得有价值的理论成果。要切实提高我国的创业教育水平就必须大力加强创业学术研究。因为研究与教学总是息息相关,研究是教学的基础,可以促进教学,教学又可以拉动研究。近年来我国创业教育研究也呈现出了蓬勃发展的势头,成功举办了多次创业研究会议,出版研究成果。但是学术界对创业问题的研究还刚刚起步,整体水平还处于引述或者评述西方研究成果的阶段。因此,我国一定要积极发展整体创业教育的研究水平,以拉近与国际水平的差距。除此之外还要注意构建统一完善的创业教育课程以及教学、管理模式。

2. 营造良好的创业环境

(一) 完善针对创业的立法

美国以职业技术培训、税收政策优惠、创业资金支持和优惠培训等办法,培养创业者,发展小企业。近几十年来,美国颁布了数十个有关职业培训和职业教育的立法,重要的有《职业教育法》(1963年)、《平等就业法》(1973)、《就业培训合作法》(1983年)、《劳工保障法》(1993年)等。法国也重视职业教育,除了学校职业教育、企业继续培训以外,重视社会职业培训,通过全国职业培训协会、地方工商工会等专门机构,对个人特点及其拟要发展的职业进行针对性的培训。德国在1994年实施《就业支持法》等法律,鼓励开发劳动力市场,提高创业者能力,增加就业机会。在国内,伴随着近年来各高校积极开展的创业教育,各地政府和有关部门也为大学生创业教育的实践提供很多政策上的扶持和支持。如广东省推出一系列鼓励大学生自主创业的政策,如规定凡高校毕业生自办企业的,工商行政管理部门要简化其审批手续,并给予不同程度的免税政策。2010年12月31日前,广东省大学生登记设立注册资本10万元以下的有限责任公司,经投资者共同申请并做出相应书面承诺,可免缴首期注册资本。但是总体来说,我国开展创业教育的时间并不长,创业政策也还处于不完善的阶段。针对我国的特殊情况,首先对现有的法律法规要加大实施的力度,保证实施效果;其次,针对不同的创业群体应当出台不同的政策,以更加完善创业政策。

(二)优化创业企业的市场竞争环境

由于大学生创业缺乏经验,且技能较单一,在市场竞争中会遇到各种各样的困难。国家劳动就业部门在扶持大学生创业时要与大学加强联系,组织开展各种活动,积极营造有利于调动学生投身创业的良好氛围,并给以各方面帮助。另一方面,国家劳动部门要协力保护创业企业的市场竞争环境,保护行业内的公平竞争,以及尽力优化大学生创业企业的融资渠道,保障创业企业在激烈的市场竞争中得到快速地成长与发展。

四、指导正确的大学生就业观

1. 客观看待自己,树立正确的职业价值观

大学生在择业时需要正确看待社会,正确对待自己,克服择业理想化倾向。大学生要客观地分析自我,了解自我,不要过高地评价自我,也不要过低地贬低自我。高校与就业组织等应帮助大学生了解自己的知识层次、能力、性格、气质、特长等,找准自己的人生定位,抓住机会,增强信心。不要盲目依赖他人和社会,发挥自我主观能动性,积极、主动、客观地推销自我,根据自身条件和社会需求状况,务实地选择自己的职业。

据《"十五"期间中国青年发展状况与"十一五"期间中国青年发展趋势研究报告》初步统计,大学学费在近 20 年的时间里上涨了约 25 倍,而同期城镇居民人均年收入只增长了 4 倍,扣除价格因素实际增长 2.3 倍,大学学费的涨幅几乎 10 倍于居民收入的增长。高速增长的大学学费,加之受社会传统观念中大学生"天之骄子"的影响,大学生在就业选择上具有一定的盲目性,人才流动的单向性尤为突出。在地域选择中更倾向于"北上广深"等发达地区,这样更加剧了发达地区的就业压力,同时也恶化

了中西部欠发达地区的人才供给不足的现象,进一步恶化了大学生的就业环境。下图为2011届本科毕业生签约比例最高的行业分布。可以看出在行业选择上,大部分大学生仍倾向于传统制造业。

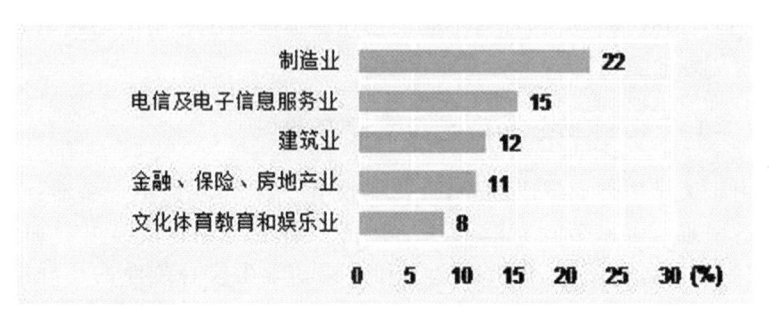

行业	比例(%)
制造业	22
电信及电子信息服务业	15
建筑业	12
金融、保险、房地产业	11
文化体育教育和娱乐业	8

图14—1　2011届本科毕业生签约比例最高行业分布

为了克服这种传统的盲目的择业方式对大学生就业的不利影响,我国政府与高校应携手引导大学毕业生建立科学的择业观,比如引导大学生向中西部地区、基层服务岗位、高新科技产业等方向流动,不仅对就业水平的提高会起到积极的作用,同时也将促进社会的平衡发展与经济的快速增长。

2. 推进大学生创业,缓解就业压力

目前我国劳动力就业的主要渠道包括行政事业单位就业、政府开发的公益性岗位就业、灵活就业和自主就业。在大学生就业时,能成为国家公务员或者企业白领的毕业生仍然占少数,剩余大量的毕业生就要深入基层或者去打工,在这些不尽如人意的选择中,较佳的莫过于自主创业。大学生由于没有社会经验,而且技能单一,而创业需要各方面能力,所以要促进大学生积极参与创业有一定的难度。如果能调动更多的大学生积极参与创业,那么我国大学生就业难这一社会问题就将得到更好的解决。

既然大学生创业对就业水平与社会经济发展都有积极的推动作用,那么必须要鼓励。我国教育部出台一系列鼓励大学毕业生就业的政策,允许大学毕业、研究生休学保留学籍去创办高科技企业。学生科技入股等形式也在积极探索之中。但高校仍需着重培养大学生的创业意识,为鼓励学生的创业活动,制定相关政策,允许一部分有创造力、有决心的学生,在其创业的关键时期申请休学,让他们加入创业阵营。但是在自主创

业的过程中,大学生将面临许多困难,且单独依靠自己的力量无法克服,这就需要政府从各个方面予以支持和引导,特别是在政策方面予以倾斜。比如在项目申请、专家指导、工商税收、银行贷款等方面网开一面,以此鼓励大学毕业生自主创业,利用自己的才能和技术,自筹资金,技术入股,寻找合作等方式创造新的就业岗位。

除了政策方面的支持,榜样的示范带动作用也是无穷的。为了鼓励大学生积极创业,而且保证创业的成功率,最好能有社会上比较成功的创业者积极帮助大学生进行创业,学校或者政府就业指导机构要邀请创业成功人士进校园进行专项讲座,用现实中创业成功的典型事例动员毕业生积极投身创业,调动毕业生创业的热情,最好能让他们与有意创业的学生结成帮扶对象,由一人扶持几人在创业各个方面予以指导帮助,这样会极大地增强创业者的信心,提高创业的成功率。

3. 培养大学生职业素养,适应就业市场化

毕业生就业亦即大学生将投身社会,参与社会。那么,社会形势如何,就业政策如何,社会需要什么,这对毕业生来说是至关重要的。目前我国的教育体系并不利于大学生快速积极地适应就业市场:一方面,教育系统仍然残留着计划体制的色彩,对就业市场的需求变化反应不灵敏,学科专业和学历层次结构处于失衡状态,高等教育管理中仍然强调计划经济时代统一规划的培养要求而不能有效鼓励学校办出特色、重视学生能力与个性培养,也缺乏相应的技能培训与就业指导;另一方面,一些高校不顾条件盲目上新专业,在师资匮乏的条件下,培养的专业人才必然素质低下,根本无法满足用人单位的要求。

教育体系与职业要求的不符,一方面需要我国政府改革教育体制,强化高校责任,重点提高大学生的职业素质与就业能力,实现人才供给导向向就业导向的转变。时代需要创新型、适应型人才,开拓型、实干型人才,通用型、复合型人才,也需要协作型、合作型人才。这就要求我们要改革教学方法,提倡启发式教学,注重大学生的智力训练、能力培养和人格养成。同时搭建各种实习平台,通过多种渠道提高大学生实践能力。积极与用人单位建立稳定的合作共赢关系,保持市场需求信息的畅通,为学生提供实习机会,使学生有机会了解社会,了解用人单位,并有机会向用人单位展示自己的才能,与用人单位建立良好关系,将就业工作扩展到整个

大学学习阶段。

另一方面要求我国高校从学习国家有关政策入手,指导毕业生正确认识改革开放以来的大好形势,让毕业生了解就业政策,及时调整自己的择业期望,避免由于巨大的心理反差所导致的精神失控,从而在心理上接纳改革,行动上支持和参与改革。要使毕业生对就业市场的整体情况、供需信息、运行机制、管理办法等有充分的了解,熟悉市场、接受市场、驾驭市场,做好充分的思想准备,以使毕业生在进入市场时不至于手忙脚乱、心惊胆怯,而是从容应对,信心十足。

总之,大学生的就业问题已经成为不容忽视的社会问题,为了缓解大学生的就业难状况,要从多方面下手。从主观方面来说,大学生本身应当在在校期间培养自身专业知识的同时积极参加社会实践活动,以提高职业素养,为用人单位提供一个全面优秀的职业人。另一方面,政府与高校都应当积极为大学生创造一个相对公平、开放的就业环境和信息流通的服务就业平台,在大学生的就业环境中,政府作为一个引导者的角色尤为重要,例如引导企业建立公平的招聘机制,引导大学生改善自己的就业观。与此同时,政府也应当从多方面为创业者提供良好的环境与政策支持,这样既保护了大学生的创新思维并将之转化为生产力,促进经济的增长,又直接地带动了大学毕业生的就业。

参考文献

一、著作类

[1] [美]莱斯特·M.萨拉蒙、赫尔蒙特·安海尔.公民社会部门[M].北京:社会科学文献出版社,2000年版.

[2] 傅殷才.凯恩斯主义经济学[M].北京:中国经济出版社,1995年版.

[3] 黄安余.经济发展与劳动就业[M].北京:北京大学出版社,2008年版.

[4] 黄晓勇.民间组织蓝皮书.[M].北京:社会科学文献出版社.2008年版.

[5] 凯恩斯.就业、利息与货币通论(英汉对照本)[M].北京:九州出版社,2007年版.

[6] 麦可思研究院.2014年中国大学生就业报告[M].北京:社会科学文献出版社,2014年版.

[7] 潘晨光.中国人才发展报告(2009)[M].北京:社会科学文献出版社,2009年版.

[8] 王辉耀.海归时代[M].北京:中央编译出版社,2005年版.

[9] 王雅荣.基于企业/雇主视角下高等院校大学生就业能力培养问题研究[M].北京:经济科学出版社,2014年版.

[10] 温艳萍.民间非营利组织的社会与经济效益研究[M].上海:上海人民出版社,2009年版.

[11] 余长春、王润斌.大学生就业能力与社会需求的匹配[M].北京:社会科学文献出版社,2014年版.

[12] 张康之.公共管理伦理学[M].北京:中国人民大学出版社,2003年版.

二、论文类

[1] 安华.留学学归国人员职业规划培训初探[J].中国培训,2006年第9期.

[2] 安书江.改善大学生就业现状的几点思考[J].北方文学(下半月),2012年第3期.

[3] 白强.大学生职业生涯规划教育内容与途径研究[J].重庆大学学报(社会科学版),2009年第3期.

[4] 蔡楚元、李俊杰.影响大学生就业的高校内因探析及责任构建[J].高等教育

研究,2008年第2期.

[5] 曾湘泉.变革中的就业环境与中国大学生就业[J].经济研究,2004年第6期.

[6] 曾湘泉.我国就业和失业的科学测量和实证研究[J].经济理论和经济管理,2006年第6期.

[7] 常大治.高校大学生就业力研究[J].出国与就业,2012年第3期.

[8] 陈昌贵.1978—2006:我国出国留学政策的演变与未来走向[J].高教探索,2007年第5期.

[9] 陈健.大力发展社会组织开拓大学生就业新市场[J].江西青年职业学院学报,2012年第3期.

[10] 陈思霞.浅析大学生就业问题的经济成因和应对政策[J].法制与社会,2007年第6期.

[11] 陈文源.大学生就业难原因分析及应对策略[J].漳州职业技术学院学报,2011年第1期.

[12] 陈晓辉、丁如兰.我国促进就业法律制度的现状与思考[J].兰州商学院学报,2001年第1期.

[13] 陈喆.现阶段大学毕业生就业难与择业定位分析[J].社会,2004年第8期.

[14] 程森.大学生就业现状及原因分析[J].经济研究导刊,2011年第4期.

[15] 池忠军.大学生就业指导的理论和实践模式探讨[J].高等工程教育研究,2000年第2期.

[16] 戴勇.基于就业公平的转型期高校贫困学生就业扶持政策研究[D].南京大学,2011.

[17] 戴园园.当代大学生就业现状分析及思考[J].才智,2011年第9期.

[18] 邓丽婷、金星彤.大学生创业现状探析——基于对大连市五所高校的创业情况调查[J].教育法制,2012年第10期.

[19] 邓群、何杨.从企业需求角度看少数民族大学生就业能力的培养[J].中国成人教育,2013年第6期.

[20] 邓希全、安国启.试析2003年高校毕业生就业难的形成原因[J].青年研究,2003年第11期.

[21] 段琳娜.认识归国留学生的真正价值所在[J].留学生,2002年第7期.

[22] 封红梅.从我国经济发展的阶段性特征看大学生就业难问题[J].时代金融,2011年第5期.

[23] 封红梅.大学毕业生就业法律保障研究[J].合作经济与科技,2012年第17期.

[24] 冯邦彦、林啸.大学生就业优惠政策问答[J].实践,2007年第6期.

[25] 高嘉勇、潘晨.德国高校课程设置与可雇佣性研究[J].天津市教科院学报,

2008年第4期.

[26] 高露.大学生就业现状及问题对策研究[J].科教新报(教育研究),2011年第10期.

[27] 高珊.中国大学生创业现状与思考[J].高等教育,2012年第9期.

[28] 顾露雯、汪霞.英国大学毕业生可雇佣性研究:内涵、维度与课程模式[J].扬州大学学报,2012年第2期.

[29] 郭威.我国归国留学生就业困境研究[J].人力资源,2011.

[30] 郭志文、宋俊虹.就业能力研究:回顾与展望[J].湖北大学学报(哲学社会科学版),2007,34(6).

[31] 贺能坤、张学敏.高校与大学生就业关系研究[J].黑龙江高教研究,2010年第4期.

[32] 胡永远、马霖、刘智勇.个人社会资本对大学生就业市场的影响[J].中国人口科学,2007年第6期.

[33] 花楷、孙姗姗.当前大学生就业现状分析及对策研究[J].湖北经济学院学报,2011年第5期.

[34] 黄海平.英国大学如何帮助学生就业[J].中国地质教育,2004年第2期.

[35] 黄敬宝.中国大学生就业问题研究综述[J].经济研究参考,2012年第36期.

[36] 黄孝齐.建立政府主导、财政补贴的实习制度如何[J].就业与保障,2009年第4期.

[37] 贾佳、董杨子、李蕊.大学生就业现状及对策[J].合作经济与科技,2012年第23期.

[38] 阚明明.浅谈当代大学生就业现状与对策[J].科教文汇(上旬刊),2011年第11期.

[39] 赖德胜、李长安.创业带动就业的效应分析及政策选择[J].经济学动态,2009年第2期.

[40] 赖德胜、孟大虎."知识失业"加剧凸显政府职责[J].人民论坛,2007年第15期.

[41] 赖德胜.大学生就业难:现象、原因及对策[J].中国高等教育,2001年第2期.

[42] 李杜.凯恩斯就业理论及其启示[J].广西社会科学,2005年第12期.

[43] 李凡.高等教育结构失衡:大学生就业渠道堵塞的重要原因[J].黑龙江高教研究,2010年第6期.

[44] 李静.留学回国就业难问题的原因探析与建议[J].中国成人教育,2010年第13期.

[45] 李思静、孙小凯.浅谈当代大学生就业现状及其解决方法[J].出国与就业,

2011年第16期.

[46]李学东、李殿伟.以创业带动大学生就业体系构建研究[J].天津师范大学学报(社会科学版),2010,(3).

[47]李英.浅析当今我国高校研究生就业现状[J].神州,2013年第3期.

[48]李颖、刘善仕、翁赛珠.大学生就业能力对就业质量的影响[J].高教探索,2005年第2期.

[49]李志、陈宇菲.大学生就业信息收集的原则、种类及途径研究[J].科技信息,2009年第21期.

[50]林晶.支持大学生自主创业的财税政策初探[J].湖北经济学院学报,2010年第2期.

[51]刘宏波.对促进高校毕业生就业财政与税收政策的思考[J].政策监督,2010年第8期.

[52]刘金升.大学生就业现状与趋势分析[J].黑龙江生态工程职业学院学报,2011年第1期.

[53]刘丽玲、吴娇.大学毕业生就业能力研究——基于对管理类和经济类大学毕业生的调查[J].教育研究,2010年第3期.

[54]刘旭东.建立大学生失业救助津贴制度的思考[J].沈阳师范大学学报(社会科学版),2007年第2期.

[55]刘一颖.金融危机下大学生就业问题政府角度分析[J].网络财富,2009年第12期.

[56]卢仁山、沈国华.美国大学生就业指导体系构建对我们的启示[J].技术经济与管理研究,2006年第3期.

[57]罗大文.大学生就业社会管理创新初探[J].陕西教育,2012年第5期.

[58]罗兴社、陈虎.从大学生就业难反思高校教学改革与就业指导[J].攀枝花学院学报,2009年第5期.

[59]罗亚萍.就业与受教育程度的相关性研究——以中国城镇就业量为基础[J].西安交通大学学报,2010年第5期.

[60]吕荣娟.由大学生就业难引发的对高等教育质量的思考[J].黑龙江高教研究,2008年第3期.

[61]马绍壮、朱益宏、张文红.中国大学毕业生就业能力维度结构与测量[J].人口与经济,2012年第4期.

[62]马书臣."政府治理"理念与大学生就业机制[J].河南社会科学,2008年第11期.

[63]马亚静、谷世海、王庆波.我国高校职业生涯教育存在的问题与对策[J].教育探索,2008年第2期.

[64]马永霞、翟小会.论信息不对称条件下大学毕业生的就业风险[J].沈阳师

范大学学报(社会科学版),2006年第3期.

[65]孟庆全、许晓燕、周莉.中国私人投资影响因素的实证研究[J].特别关注,2011年第35期.

[66]木志荣.我国大学生创业教育模式探讨[J].高等教育研究,2006年第11期.

[67]彭黎明.谈大学毕业生的二次就业[J].市场广角,2005年第12期.

[68]彭树宏.大学生就业能力结构及其影响因素的实证研究[J].教育学术月刊,2014年第6期.

[69]彭万.留学归国人员就业困难的研究分析[J].时代金融,2011年第12期.

[70]彭振康.国内外大学生创业教育探索与实践研究[J].产业与科技论坛,2011年第10期.

[71]戚冬丽.应用积极的财政政策分析高校毕业生就业的途径[J].卫生职业教育,2011年第6期.

[72]屈红.大学生创业现状探析与创业教育必要性[J].现代营销(学苑版),2011年第11期.

[73]邵晓琰、李静怡.促进大学生就业的税收政策建议[J].对外经贸,2013年第2期.

[74]史淑桃.大学生就业质量趋势下行的原因及对策[J].湖北社会科学,2009年第3期.

[75]宋国学、谢晋宇.可雇佣性教育模式:理论述评与实践应用[J].比较教育研究,2006年第2期.

[76]宋国学.基于可雇佣性视角的大学生职业能力结构及其维度研究[J].中国软科学,2008年第12期.

[77]孙彩霞.分析高学历就业难现象与追求高学历之风的形成[J].消费导刊,2008年第4期.

[78]孙虹乔、魏晓玲.大学生创业现状、成因及对策探析[J].中国市场,2011年第23期.

[79]孙丽园.论大学生公共就业服务体系的构建和完善[J].思想教育研究,2012年第12期.

[80]孙信丽、徐伟.研究生就业困难原因及对策的研究[J].北京教育,2013年第2期.

[81]汪霞、崔映芬.将学生可雇佣性培养融入课程:英国经验[J].高等教育研究,2011年第3期.

[82]王秉琦、李寿国、彭璟.构建发展式大学生就业指导新模式探索[J].中国高等教育,2007年第2期增刊.

[83]王东凯、章程蓉、刘宏艳.基于"麦可思调查"的高校就业问题探略[J].四川

教育学院学报,2011 年第 6 期.

[84] 王静波、王翡翡.雇主视角下大学生就业能力状况探析[J].现代大学教育,2011 年第 4 期.

[85] 王荔.大学生创业现状与对策[J].中国集体经济,2011 年第 5 期.

[86] 王萌.美国、日本、德国在大学毕业生就业中政府作为的研究[J].科技信息(学术版),2008 年第 5 期.

[87] 王天一.大学生就业率不高的深层次原因及对策[J].天津职业院校联合学报,2011 年第 7 期.

[88] 王霆、唐代盛.国外就业能力框架和模型研究发展综述[J].求实,2006 年第 3 期.

[89] 王雅荣、徐苗苗.企业基层管理者可雇佣性类属建构[J].开发研究,2011 年第 1 期.

[90] 王志芳.大学生就业现状分析及应对策略[J].内蒙古科技与经济,2011 年第 4 期.

[91] 吴克明、赖得胜.预期收益最大化与大学生就业期望偏高[J].西北师大学报,2006 年第 1 期.

[92] 吴庆.演变定位和类型——中国大学生就业政策分析[J].当代青年研究,2005 年第 2 期.

[93] 武毅英、王影.高校"扩招"与毕业生就业关系的定量分析[J].中国大学生就业,2005 年第 6 期.

[94] 肖聪.论行业垄断对大学生就业的影响[J].教育发展研究,2012 年第 17 期.

[95] 肖云、邹力.大学生就业社会排斥问题研究[J].中国青年研究,2009 年第 7 期.

[96] 薛泉、刘园园.从我国经济发展的阶段性特征看大学生就业难问题[J].教育发展研究,2010 年第 13 期.

[97] 闫芬.大学生就业信息共享平台的现状与发展趋势[J].黑龙江史志,2012 年第 3 期.

[98] 杨海燕.论政府在解决大学生就业矛盾中的作用[J].新疆财经大学学报,2008 年第 1 期.

[99] 杨伟国.我国的失业群集与政策选择[J].中国人民大学学报,2006 年第 3 期.

[100] 杨伟国.中国就业促进政策的三大支柱[J].新视野,2000 年第 2 期.

[101] 杨伟国.借重"看得见的手"——谈谈国外对大学生就业的支持[J].求是,2004 年第 6 期.

[102] 杨兴琼.大学生就业难的原因分析及解决对策[J].辽宁教育研究,2007 年

第 4 期.

[103] 杨旭华."90"后大学生就业能力结构模型研究[J].人口与经济,2012 年第 2 期.

[104] 殷琪.金融危机下大学生就业影响因素的实证研究——基于 2010 届毕业生就业数据[J].中国集体经济,2011 年第 13 期.

[105] 余国林.国外促进大学生就业的政策措施及对我国的启示[J].教育探索,2009 年第 8 期.

[106] 余启军.高校毕业生就业单位去向选择的影响因素分析[J].统计与决策,2014 年第 23 期.

[107] 俞敏.改革开放以来我国大学生就业制度变迁的历程考察和趋势分析[J].理论观察,2009 年第 1 期.

[108] 喻桂华、张春煜.中国的产业结构与就业问题[J].当代经济科学,2004 年第 9 期.

[109] 喻名峰、陈成文、李恒全.回顾与前瞻:大学生就业问题研究十年(2001—2011)[J].高等教育研究,2012 年第 2 期.

[110] 袁秀珍.浅谈大学毕业生就业难的原因和对策[J].经济师,2005 年第 11 期.

[111] 岳昌君.高校毕业生就业情况分析[J].北京大学教育评论,2012 年第 1 期.

[112] 张国初、梁丽娟.中国留学回国人员发展情况调查和建议[J].经济界,2004 年第 3 期.

[113] 张佳.大学生创业现状分析与对策[J].纺织服装教育,2012 年第 3 期.

[114] 张康之、李传军.变革时代中的公共管理[J].行政论坛,2010 年第 2 期.

[115] 张丽华.大学生就业能力结构及发展特点的实验研究[J].航海教育研究,2005 年第 1 期.

[116] 张留禄.大学生就业中的政府责任研究[J].河南社会科学,2009 年第 5 期.

[117] 张明龙.我国就业政策的六十年变迁[J].经济理论与经济管理,2009 年第 10 期.

[118] 张秀明.改革开放以来留学生的回归及处境——根据归国留学生问卷调查的分析[J].华侨华人历史研究,1999 年第 2 期.

[119] 张映芹、刘江平、韩树蓉.社会保障制度对大学生择业引导作用——基于经济学与政治学分析[J].西安邮电学院学报,2008 年第 6 期.

[120] 张玉奇.从大学生就业现状谈创业意识的培养[J].科技创新导报,2008 年第 35 期.

[121] 赵洪斌.关于完善和促进高校毕业生就业立法的深层思考[J].中国大学

生就业,2007年第14期.

[122]赵坤.试析大学生就业的现状、原因及对策[J].工业技术与职业教育,2011年第1期.

[123]赵世奎、文东茅.三十年来高校毕业生就业制度变革的回顾与现行制度的分析[J].中国高教研究,2008年第8期.

[124]赵泽洪、廖敏.大学生就业中的市场配置与政府调空[J].黑龙江高教研究,2008年第10期.

[125]郑功成.大学生就业难与政府的政策取向[J].中国劳动,2006年第4期.

[126]郑洁.家庭社会经济地位与大学生就业——一个社会资本的视角[J].北京师范大学学报(社会科学版),2004年第3期.

[127]郑学栋.西方大学生就业政策述论[J].河北经贸大学学报,2007年第3期.

[128]周建新.浙江省大学生创业教育现状调查及对策研究[J].中国成人教育,2010年第11期.

[129]周庆华、王越群、王妮娜、贾少玲.关于我省财政支持大学生就业问题的若干思考[J].陕西教育学院学报,2010年第4期.

[130]周燕.当代大学生创业现状探析[J].科技信息,2011年第5期.

[131]朱勤.产业升级与大学生就业能力构成要素实证研究——基于浙江省327家企业的问卷调查[J].中国高教研究,2014年第5期.

[132]张婷.关于建立大学生失业保险制度的思考[J].时代金融,2011年第5期.

[133]安锦.高校毕业生就业促进政策与促进机制研究[D].武汉大学,2011年.

[134]白呼娣.论财政政策对高校毕业生就业的影响[D].西北大学,2012年.

[135]邓莎莎.我国大学生就业的政府责任研究[D].内蒙古大学,2012年.

[136]董元梅.大学生创业政策研究[D].安徽大学,2010年.

[137]奉海英.大学生就业政策及保障体系研究[D].湖南师范大学,2009年.

[138]姜世健.关于我国大学生就业难问题的研究[D].南开大学,2010年.

[139]李琳琳.我国大学生就业难问题研究——以大连市场为例[D].东北财经大学,2010年.

[140]路芸.关于我国政府促进大学生就业的职责研究[D].西北大学,2010年.

[141]刘瑜婧.我国高校毕业生就业公平缺失的政府责任研究[D].东北大学,2010年.

[142]庞军华.人力资本理论与我国大学生就业研究[D].武汉大学,2005年.

[143]孙之光.政府扶持大学生就业问题的研究[D].吉林财经大学,2010年.

[144]杨元妍.我国大学生就业政策研究[D].武汉理工大学,2007年.

[145]张小明.当前我国大学生就业难问题研究[D].贵州师范大学,2008年.

[146] 祝金旭.当前大学生就业难的原因与对策[D].山东师范大学,2009年.

[147] HARVEY L. Defining and Measuring Employability[J]. Quality in Higher Education,2001,2(7):97-109.

[148] HILLAGE J,POLLARDE. Employability:Developing a Framework for Policy Analysis[R]. Department for Education and Employment（DfEE）Research Report RR85,1998.

[149] MCQUAID R W,LINDSAY C. The Concept of Employability[J]. Urban Studies,2005,42(2):197-219.

[150] YORKE M,KNIGHT PT. Employability Through the Curriculum[J]. Tertiary Education and Management,2002,(8):261-276.

[151] Canadian Labour Force Development Board. Putting the Piece Together: Towards a Coherent Transition System for Canada's Labourforce. Ottawa:Canadian Labour Force Development Board.

[152] Hillage, J. Pollard, E. Employability:Developing a Framework forPolicy Analysis. Research Brief. Department for Education and Employment,1998(3).

附　录

附录一　调查问卷(网络)

结果报表　　　2013-06-17 - 2013-09-17　筛选数据　导出报表

1、请问您的性别是
(单选,必填)

选项	数据量	百分比
男	49	46.23%
女	57	53.77%

回答 **106** (100%)

2、请问您获得的学历
(单选,必填)

选项	数据量	百分比
专科	13	12.26%
本科	85	80.19%
研究生	8	7.55%
博士	0	0%

回答 **106** (100%)

3、目前为止的就业状况
(单选,必填)

选项	数据量	百分比
已找到就业单位	80	75.47%
继续读书深造	17	16.04%
自主创业	3	2.83%
其它 查看	6	5.66%

回答 **106** (100%)

4、毕业签约单位类型（已找到工作的学生填写）
(单选)

选项	数据量	百分比
事业单位	12	15%
国有企业	25	31.25%
外资企业	11	13.75%
民营企业	32	40%

回答 **80** (75.47%)
跳过 **26** (24.53%)

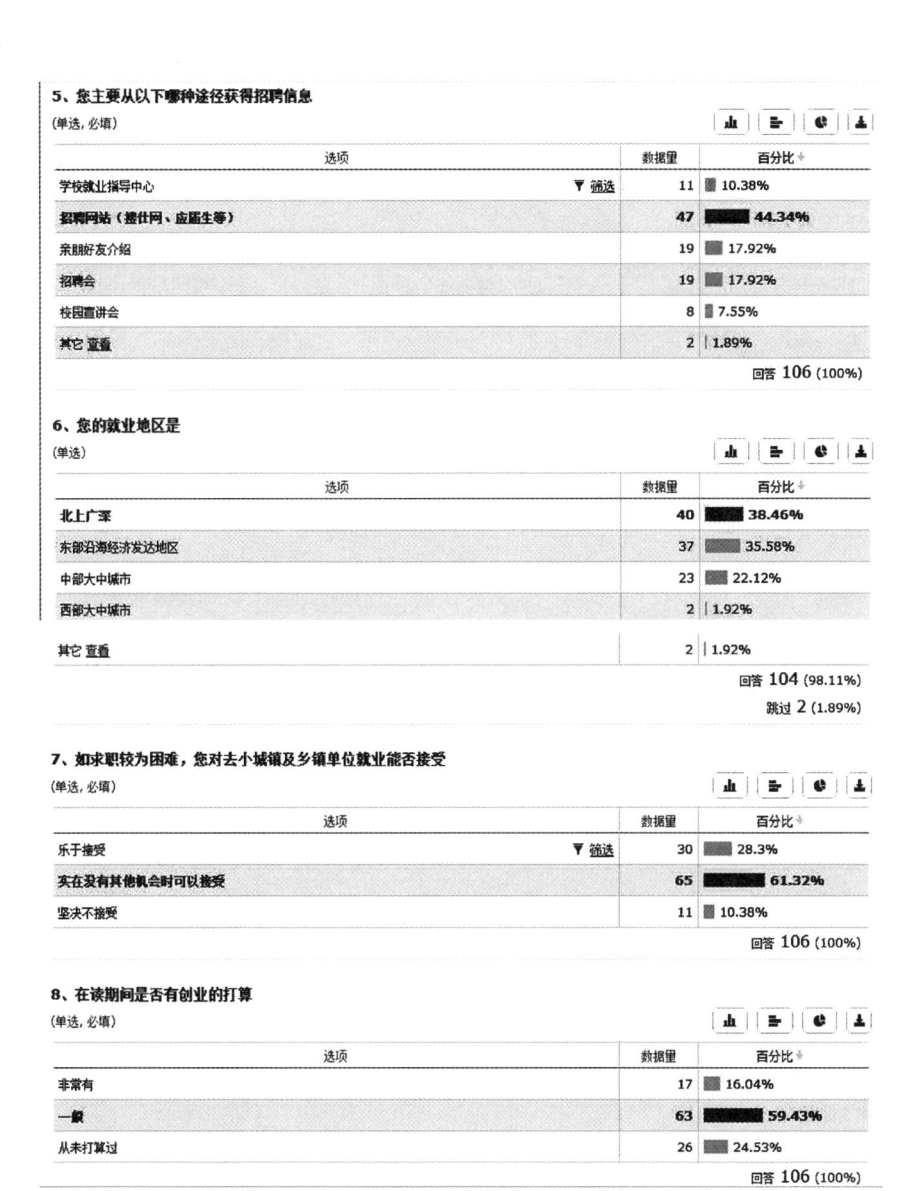

5、您主要从以下哪种途径获得招聘信息
(单选，必填)

选项	数据量	百分比
学校就业指导中心 ▼ 筛选	11	10.38%
招聘网站（智仕网、应届生等）	47	44.34%
亲朋好友介绍	19	17.92%
招聘会	19	17.92%
校园宣讲会	8	7.55%
其它 查看	2	1.89%

回答 106 (100%)

6、您的就业地区是
(单选)

选项	数据量	百分比
北上广深	40	38.46%
东部沿海经济发达地区	37	35.58%
中部大中城市	23	22.12%
西部大中城市	2	1.92%
其它 查看	2	1.92%

回答 104 (98.11%)
跳过 2 (1.89%)

7、如求职较为困难，您对去小城镇及乡镇单位就业能否接受
(单选，必填)

选项	数据量	百分比
乐于接受 ▼ 筛选	30	28.3%
实在没有其他机会时可以接受	65	61.32%
坚决不接受	11	10.38%

回答 106 (100%)

8、在读期间是否有创业的打算
(单选，必填)

选项	数据量	百分比
非常有	17	16.04%
一般	63	59.43%
从未打算过	26	24.53%

回答 106 (100%)

9、您目前的起薪是
(单选)

选项	数据量	百分比
1500元以下	7	6.93%
1501-2000元	10	9.9%
2001-2500元	22	21.78%
2501-3000元	23	22.77%
3001-4000元	21	20.79%
4001-5000元	8	7.92%
5000元以上	10	9.9%

回答 101 (95.28%)
跳过 5 (4.72%)

10、您认为自己最缺乏以下哪种素质（可以多选）
(多选,必填)

选项	数据量	百分比
创新能力	51	48.11%
实际操作能力	42	39.62%
专业知识与技能	35	33.02%
竞争与风险意识	42	39.62%

回答 106 (100%)

11、您认为大学生创业遇到的困难主要是
(单选,必填)

选项	数据量	百分比
找不到创业项目	17	16.04%
政策优惠不足	5	4.72%
缺乏启动资金	44	41.51%
得不到相应的就业指导	40	37.74%

回答 106 (100%)

12、您创业的行业是（创业的学生填写）
(开放题)

查看结果

回答 9 (8.49%)
跳过 97 (91.51%)

13、选择该行业的原因是（填写12题的学生填写）
（单选）

选项	数据量	百分比
资金投入少	5	20.83%
风险低	1	4.17%
有一定的经验	2	8.33%
有兴趣	12	50%
与所学专业相关	4	16.67%

回答 24 (22.64%)
跳过 82 (77.36%)

14、您是否熟知政府对促进大学生就业的相关政策
（单选，必填）

选项	数据量	百分比
非常清楚	1	0.94%
略有所闻	69	65.09%
完全不清楚	36	33.96%

回答 106 (100%)

15、您认为你所读专业理论与实践的结合如何
（单选，必填）

选项	数据量	百分比
结合非常密切，符合市场需求	19	17.92%
结合一般，不满足市场需求	62	58.49%
空有理论，缺乏任何实践	25	23.58%

回答 106 (100%)

16、您认为贵校师资力量是否满足专业需求
（单选，必填）

选项	数据量	百分比
师资力量强大	36	33.96%
师资力量不足	60	56.6%
师资力量差	10	9.43%

回答 106 (100%)

17、贵校老师是否重视教学
（单选，必填）

选项	数据量	百分比
十分重视教学质量	25	23.58%
教学质量一般	77	72.64%
老师敷衍课堂，教学很差	4	3.77%

回答 106 (100%)

18、毕业所从事的工作与所学专业是否相关
（单选，必填）

选项	数据量	百分比
密切相关	36	33.96%
相关性一般	50	47.17%
毫不相关	20	18.87%

回答 106 (100%)

19、您认为在求职过程中政府的办事效率如何（如调档等）
（单选，必填）

选项	数据量	百分比
效率很高	6	5.66%
效率一般	75	70.75%
效率低下	25	23.58%

回答 106 (100%)

20、您认为找工作遇到困难有哪些？请自主填写

开始时间	IP	20、您认为找工作遇到困难有哪些？请自主填写	
2013-08-15 10:22:24+08	123.130.239.97	renduo	查看
2013-07-08 20:25:08+08	180.159.211.54	工作比较好找。	查看
2013-07-03 22:51:09+08	116.234.90.95	学历 经验	查看
2013-07-02 21:38:36+08	61.174.53.134	主动性	查看
2013-07-01 20:51:10+08	114.91.245.174	学校差	查看
2013-06-29 12:34:45+08	221.224.80.162	专业技能不足 经验不足	查看
2013-06-28 00:33:33+08	220.165.41.233	无	查看
2013-06-26 18:58:21+08	27.115.116.212	看透了社会的黑暗	查看
2013-06-26 18:19:32+08	222.72.138.150	自己 不够 优秀	查看
2013-06-26 16:53:05+08	116.228.74.66	专业不对口、女性；无工作经验，老师不介绍等等	查看
2013-06-26 06:31:10+08	112.81.52.168	没遇到困难	查看
2013-06-25 23:47:05+08	58.35.17.70	专业冷门	查看
2013-06-25 23:35:00+08	223.166.25.201	各种歧视	查看
2013-06-25 23:28:49+08	114.63.189.206	专业不对口、缺乏技能	查看
2013-06-25 23:23:30+08	116.233.113.141	自我经历不足、行业了解不足	查看
2013-06-25 10:26:03+08	101.85.248.103	就业门槛高 性别歧视	查看
2013-06-24 23:23:50+08	101.83.112.253	工作地点离家太远。交通不便。薪资达不到预想	查看
2013-06-24 23:18:32+08	60.55.8.244	学校离开市区太远 面试来回不方便	查看
2013-06-24 23:18:15+08	223.167.27.121	户口问题	查看
2013-06-24 22:55:05+08	182.100.218.31	信息不足	查看

2013-06-24 22:38:29+08	114.63.82.70	专业不精	
2013-06-24 21:21:31+08	180.120.22.22	经验不足，所学知识与工作衔接不紧密	
2013-06-24 21:20:14+08	124.127.207.144	薪水与与其不符合	
2013-06-24 21:09:49+08	210.35.99.243	地域问题，比如在上海求学，需回家面试求职不方便	
2013-06-24 21:08:09+08	180.174.74.90	户籍受限啊	
2013-06-24 09:57:49+08	222.92.75.218	很多	
2013-06-24 06:15:31+08	61.50.206.152	信息不畅，政府的指导作用不明显，欺诈行为时有发生	
2013-06-23 23:49:46+08	218.206.195.218	工作经验有要求、学历要求太高、个别工作岗位有专业限制	
2013-06-23 17:06:30+08	125.46.216.27	能力与人脉不足	
2013-06-23 09:08:42+08	123.147.240.197	启动资金不够	
2013-06-21 14:50:30+08	125.88.122.103	就业信息获取不及时	查看
2013-06-20 20:17:08+08	218.26.228.98	竞争大	查看
2013-06-20 18:22:41+08	121.32.133.196	学历不够高	查看
2013-06-20 10:03:28+08	125.91.16.101	困难：专业问题，地域问题，待遇问题	查看
2013-06-20 10:03:13+08	14.150.77.107	社会经验不足	查看
2013-06-20 09:11:27+08	119.147.225.85	竞争激烈	查看
2013-06-20 09:07:34+08	123.150.182.161	没有什么大的问题，因为目标明确，对自己的定位清楚，所以找工作期间心态放的很好，没有太大的问题。	查看
2013-06-19 19:53:20+08	114.231.95.18	信息不畅通，机会较少	查看
2013-06-19 00:38:42+08	211.140.18.117	学校地域性强、不容易回家就业	查看
2013-06-18 21:46:24+08	123.52.123.14	自己心里并不清楚要找什么样的工作以至于不合适	查看

时间	IP	内容	
2013-06-18 20:19:53+08	114.62.244.12	专业设置不合理，市场所需与大学生本身能力不符，薪酬达不到预期水平，交通不方便等	查看
2013-06-18 15:07:01+08	122.244.3.31	交通不方便	查看
2013-06-18 14:43:21+08	119.146.193.244	很多就业生的目标就那么几个，导致有些职位很抢俏，有些无人问津	查看
2013-06-18 14:13:17+08	211.140.5.122	好的就业机会少，多数岗位都不尽如人意	查看
2013-06-18 13:37:46+08	124.90.139.221	交通不便	查看
2013-06-18 13:01:18+08	218.8.50.63	男女生的地位不平等	查看
2013-06-18 12:16:55+08	218.29.142.132	学校水平，个人整体素质	查看
2013-06-18 10:12:47+08	123.151.186.167	资历不足	查看
2013-06-18 10:04:35+08	125.46.16.141	理想与现实有差距	查看
2013-06-18 09:55:02+08	175.151.205.124	实际工作经验的缺乏	查看
2013-06-18 09:36:34+08	116.228.173.170	面试技巧不够	查看
2013-06-18 09:23:37+08	211.140.18.99	没有经验	查看
2013-06-18 09:14:40+08	58.210.11.34	没有工作经验	查看
2013-06-18 08:54:49+08	60.187.1.52	fg	查看
2013-06-18 08:47:37+08	1.192.127.10	人才和用人单位双向选择时总有不对撇的地方	查看
2013-06-18 08:08:59+08	220.161.5.74	缺乏工作经验，专业知识不强	查看
2013-06-18 07:46:42+08	183.141.108.115	应聘人员过多	查看
2013-06-18 05:54:09+08	119.146.193.252	疲劳	查看
2013-06-18 01:35:58+08	113.109.77.92	对工作地点、企业规模、工作性质有原则导致工作很难找	查看
2013-06-18 00:24:05+08	171.12.29.252	岗位	查看
2013-06-17 23:49:31+08	14.23.234.252	待遇低	查看
2013-06-17 23:48:45+08	59.41.190.47	特别当会计的，起薪超低，800，自己本科毕业的和中专的一齐在同一家公司挨~~~	查看
2013-06-17 23:48:43+08	14.144.6.219	专业问题会被问倒，工作经验不足被嫌弃	查看
2013-06-17 23:42:12+08	122.244.21.174	信息不足	查看
2013-06-17 23:24:10+08	27.24.158.104	没有	查看
2013-06-17 23:22:03+08	14.20.66.32	不了解自己适合什么工作，盲目性大	查看
2013-06-17 23:21:41+08	122.244.3.185	找不到喜欢的	查看
2013-06-17 23:21:23+08	171.8.222.86	找到合适的比较难	查看
2013-06-17 23:18:34+08	218.28.247.147	竞争多	查看
2013-06-17 23:13:44+08	115.155.104.185	个人能力不足	查看
2013-06-17 23:10:20+08	14.20.66.32	求职指导、平常积累	查看
2013-06-17 22:58:51+08	106.120.180.47	还没找呢	查看
2013-06-17 22:55:43+08	222.223.189.182	招聘企业了解不够详细	查看
2013-06-17 22:54:10+08	61.172.204.179	对工作时间要求太高	查看
2013-06-17 22:53:33+08	122.244.8.0	专业不对口	查看
2013-06-17 22:52:14+08	122.244.10.176	怕被拒绝	查看
2013-06-17 22:51:28+08	119.146.193.211	缺乏专业知识	查看
2013-06-17 22:49:18+08	60.185.188.138	走后门的太多	查看
2013-06-17 22:48:32+08	220.187.136.105	没有具体目标，工作与专业不对口。	查看
2013-06-17 22:47:40+08	122.244.13.81	找不到相关工作的公布地方	查看

2013-06-17 22:45:45+08	221.238.254.122	我看上人家 人家看不上我	查看
2013-06-17 22:43:27+08	122.244.27.30	经验	查看
2013-06-17 22:42:57+08	122.244.0.170	企业要求和学生能力不对称	查看
2013-06-17 22:33:09+08	61.183.80.13	信息不足	查看
2013-06-17 22:08:57+08	183.63.159.6	信息不对称	查看
2013-06-17 21:29:00+08	218.6.135.167	工作岗位少；市场饱和；求职人眼高手低	查看
2013-06-17 21:25:47+08	115.213.118.70	没有经验，学的与实际有差别	查看
2013-06-17 20:53:40+08	219.157.168.113	无工作经验	查看
2013-06-17 20:40:17+08	222.88.196.202	信息少	查看
2013-06-17 20:22:53+08	117.79.232.255	不接受应届毕业生	查看
2013-06-17 20:17:48+08	117.136.44.3	就业方向单一	查看
2013-06-17 20:17:39+08	116.238.89.46	信息渠道	查看
2013-06-17 20:15:16+08	182.124.128.195	僧多粥少，求职者自身要求与企业所给待遇存在差距	查看
2013-06-17 20:07:49+08	211.142.189.238	盲目，缺乏抗压能力低	查看
2013-06-17 20:03:39+08	180.155.155.64	专业不对口，起薪低，	查看
2013-06-17 19:55:58+08	61.174.53.134	找不到和专业相关性太大的工作	查看
2013-06-17 19:48:24+08	182.127.34.169	不合适	查看
2013-06-17 19:40:44+08	60.10.8.5	竞争大 机会少	查看
2013-06-17 19:38:25+08	171.15.158.219	没有相关工作经验	查看
2013-06-17 19:18:23+08	180.126.94.0	很多雇主对于自己所攻读的专业是干什么的不理解，想解释对方有没耐心听。	查看
2013-06-17 18:52:29+08	113.236.15.232	潜规则太多	查看
2013-06-17 18:29:52+08	116.231.212.53	能力不足	查看
2013-06-17 18:14:09+08	183.184.253.123	实践性差	查看
2013-06-17 17:17:07+08	113.108.166.43	想去其他地方找工作的话就要全国各地跑，这有点不太方便。	查看
2013-06-17 17:16:13+08	112.97.38.114	不知道去哪一个单位	查看
2013-06-17 17:11:27+08	113.111.48.15	信息不充分	查看

附录二　关于大学生就业的政策法规

（一）普通高等学校毕业生就业工作暂行规定（教学[1997]6号）

第一章　总则

第一条　为做好普通高等学校（含研究生培养单位）毕业生（含毕业研究生）就业工作，更好地为经济建设和社会发展服务，维护毕业生和用人单位的合法权益，根据国家的有关法律和政策，制定本规定。

第二条　普通高等学校毕业生凡取得毕业资格的，在国家就业方针、政策指导下，按有关规定就业。

第三条　毕业生是国家按计划培养的专门人才，各级主管毕业生就业部门、高等学校和用人单位应共同做好毕业生就业工作。毕业生有执行国家就业方针、政策和根据需要为国家服务的义务。必要时，国家采取行政手段，安置毕业生就业。

第四条　毕业生就业工作要贯彻统筹安排、合理使用、加强重点、兼顾一般和面向基层，充实生产、科研、教学第一线的方针。在保证国家需要的前提下，贯彻学以致用、人尽其才的原则。国家采取措施，鼓励和引导毕业生到边远地区、艰苦行业和其他国家急需人才的地方去工作。

第五条　国家教委归口管理全国毕业生就业工作，国务院其他部委（以下简称部委）和各省、自治区、直辖市（以下简称地方）负责本部门、本地方的毕业生就业工作。

第二章　职责分工

第六条　国家教委的主要职责：

1. 制定全国毕业生就业工作的法规和政策，部署全业生就业工作；

2. 组织研究并指导实施全国毕业生就业制度改革；

3. 收集和发布全国毕业生供需信息，组织指导和管理毕业生就业供需见面、双向选择活动；

4. 编制全国普通高等学校毕业生就业计划，制订国家委直属高校毕业生就业计划和部委、地方所属高校抽调计划；

5. 负责全国毕业生就业计划协调工作，管理全国毕业调配工作；

6. 指导、检查毕业生就业工作，授权各省、自治区、直辖调配部门派遣本地区高校毕业生；

7. 组织开展毕业教育、就业指导和人员培训工作；

8. 开展毕业生就业工作的科学研究和宣传工作；

9. 检查毕业生的使用情况。

第七条 国务院有关部委主管部门的主要职责：

1. 根据国家的有关方针、政策和国家教委的统一部署，提出本部门毕业生就业的具体工作意见；

2. 及时向国家教委报送所属院校毕业生就业计划和本部委需求信息；

3. 组织协调所属院校的毕业生供需信息交流活动；

4. 制订并组织实施所属院校的毕业生就业计划；

5. 开展有关毕业生就业工作改革的研究和宣传工作。

第八条 省、自治区、直辖市主管部门的主要职责：

1. 根据国家的有关方针、政策和国家教委的统一部署，提出本省、自治区、直辖市毕业生就业的具体工作意见；

2. 负责本地区毕业生的资源统计工作，并按时报送国家教委；

3. 收集本地区毕业生的需求信息并及时报送国家教委；

4. 制订本地区所属院校毕业生的就业计划并及时报送国家教委；

5. 组织管理本地区毕业生就业供需见面和双向选择活动；

6. 受国家教委委托组织实施本地区高校毕业生的资格审查，并负责毕业生的调配派遣和接收工作；

7. 组织开展毕业教育、就业指导工作；

8. 检查、监督本地区用人单位和高等学校的毕业生就业工作；

9. 开展毕业生就业制度改革的研究和宣传工作；

10. 完成国家教委交办的其他工作。

第九条 高等学校的主要职责：

1. 根据国家的就业方针、政策和规定以及学校主管部门的工作意见，制定本学校的工作细则；

2. 负责本校毕业生的资格审查工作，及时向主管部门和地方调配部门报送毕业生资源情况；

3. 收集需求信息,开展毕业生就业供需见面和双向选择活动,负责毕业生的推荐工作;

4. 按照主管部门的要求提出毕业生就业建议计划;

5. 开展毕业教育和就业指导工作;

6. 负责办理毕业生的离校手续;

7. 开展与毕业生就业有关的调查研究工作;

8. 完成主管部门交办的其他工作。

第十条 用人单位的主要职责:

1. 及时向主管部门报送毕业生需求计划、向有关高等学校提供需求信息;

2. 参加供需见面和双向选择活动,如实介绍本单位,积极招聘毕业生;

3. 按照国家下达的就业计划接收、安排毕业生;

4. 负责毕业生见习期间的管理工作;

5. 向有关部门和学校反馈毕业生的使用情况。

第三章 毕业生就业工作程序

第十一条 全国高等学校毕业生就业工作程序和时间安排由国家教委统一部署,各部委和地方应按照统一部署具体指导所属院校毕业生的就业工作。

第十二条 毕业生就业工作程序分为就业指导、收集发布信息、供需见面及双向选择、制订就业计划、进行毕业生资格审查、派遣、调整、接收等阶段。

第十三条 毕业生就业工作一般从毕业生在校的最后一学年开始。

第十四条 用人单位一般应在每年11月－12月向主管部门及有关高校提出下一年度毕业生需求计划,11月－5月与毕业生签订录用协议。

第十五条 毕业生的就业活动不得影响学校正常的教学秩序和学生的学习。毕业生联系工作时间应安排在1月－5月,春季毕业研究生可当提前。

第四章 毕业生就业指导与毕业生鉴定

第十六条 毕业生就业指导是高校教学工作的一个重要组成部分,是帮助毕业生了解国家的就业方针政策、树立正确的择业观念,保障毕业生顺利就业的有效手段。

第十七条　毕业生就业指导重点进行人生观、价值观、择业观和职业道德教育,突出毕业生就业政策的宣传。

第十八条　毕业生就业指导要理论联系实际,注重实效,可采用授课、报告、讲座、咨询等多种形式。

第十九条　毕业生就业指导要与毕业教育相结合,教育毕业生以国家利益为重,正确处理国家利益与个人发展的关系,自觉服从国家需要,到基层去,到艰苦的地方去,走与实践相结合的成才之路。

第二十条　高等学校要按照国家教委《普通高等学校学生管理规定》的要求,实事求是地对毕业生作出组织鉴定。

第二十一条　毕业鉴定主要包括毕业生在校期间德、智、体等各方面的基本情况,这些基本情况要按照档案管理的有关规定,认真核对无误后扫档。档案材料应在毕业生派遣两周内寄送毕业生报到单位。

第五章　供需见面和双向选择活动

第二十二条　供需见面和双向选择活动是落实毕业生就业计划的重要方式。各部委、各地区主管毕业生就业工作部门负责管理和举办本门、本地区的毕业生就业供需见面和双向选择活动,其它部门不得举办以毕业生就业为主的洽谈会或招聘会。举办省级上述活动要报国家教委备案,跨省区、跨部门的有关活动须报国家教委审批。

第二十三条　有条件的高等学校要举办或校际联办毕业生就业供需见面和双向选择活动。高等学校在毕业生供需见面和双向选择活动中起主导作用。

第二十四条　经供需见面和双向选择后,毕业生、用人单高等学校应当签订毕业生就业协议书,作为制定就业计划和派遣的依据。未经学校同意,毕业生擅自签定的协议无效。

第二十五条　供需见面和双向选择活动要在国家就业方针、政策指导下,有组织、有计划、有步骤地进行,时间应安排在节假日。

第二十六条　供需见面和双向选择活动,不得以赢利为目的向学生收费,不得影响学校正常的教学秩序和学生的学习。

第六章　就业计划的制订

第二十七条　国家教委直属学校毕业生面向全国就业,其他部委所属学校毕业生主要面向本系统、本行业就业,地方所属学校主要面向地区就业。根据招生"并轨"改革的进程,有关部委和各省、自治区、直辖市可根据本部门、本地区的实际情况确定所属高校毕业生的就业范围。

第二十八条 制订就业计划的原则:

1. 遵循国家有关毕业生就业的方针、政策和规定;
2. 依据国民经济和社会发展的需要;
3. 优先保证国防、军工、国有大中型企业、重点科研和教学位的需要;
4. 来源于边远省区的本、专科毕业生,只要是边远省区急需的,原则上回来源省区就业;
5. 师范类毕业生原则上在教育系统内就业;
6. 定向生、委培生按合同就业;
7. 实行招生"并轨"改革学校的毕业生在国家就业政策指导下,在一定范围内自主择业;
8. 毕业研究生在国家规定的服务范围内就业;
9. 其他类型毕业生按国家有关规定就业。

第二十九条 本、专科毕业生就业计划每年编制一次,毕业研究生就业计划分为春季和暑期两次编制。就业计划按部委、地方和高校各自的职责分工经上下结合,充分协商形成;有关部委和地方负责审核、汇总所属学校毕业生就业建议计划.并按时报送国家教委;国家教委审核、编制全国普通高等学校毕业生就业计划。

第三十条 毕业生就业计划经国家教委审核下达后,各部委、地方、高等学校和用人单位必须严格执行。

第七章 调配、派遣工作

第三十一条 地方主管毕业生调配部门和高等学校按照国家下达的就业计划派遣毕业生。派遣毕业生统一使用《全国普通高等学校毕业生就业派遣报到证》和《全国毕业研究生就业派遣报到证》(以下简称《报到证》),《报到证》由国家教委授权地方主管毕业生就业调配部门审核签发,特殊情况可由国家教委直接签发。

第三十二条 国家招生计划内招收的自费生(含电大、函授等普通专科班)毕业后自主择业,在规定时间内找到单位的由地方主管调配部门开具《报到证》。

第三十三条 对于华侨和来自港澳台地区的毕业生愿意留大陆工作的,学校可根据国家有关规定提供必要的帮助。

第三十四条 免试推荐和考取硕士、博士研究生的毕业生,在学校就业计划上报后提出不再攻读的,应回家庭所在地就业。

第三十五条 符合国家规定申请自费留学的毕业生,要在学校规定的期限内提出申请并规定偿还教育培养费,经批准后,学校不再负责其就业。派遣时未获准出境的,学校可将其档案、户粮关系转至家庭所在地自谋职业。

第三十六条 对残疾毕业生学校应帮助其就业,确有困难的,按有关规定由生源所在地民政部门安置。

第三十六条 学校应在派遣前认真负责地对毕业生进行健康检查,不能坚持正常工作的,让其回家休养。一年内治愈的(须经学校指定县级以上医院证明能坚持正常工作的)可以随下一届毕业生就业;一年后仍未治愈或无用人单位接收的,户粮关系和档案材料转至家庭所在地,按社会待业人员办理。

第三十八条 结业生由学校向用人单位推荐或自荐,到工作单位的,可以派遣,但必须在《报到证》上注明"结业生"字样;在规定时间内无接收单位的,由学校将其档案、户粮关系转至家庭所在地(家居农村的保留非农业户口),自谋职业。

第三十九条 全国普通高等学校要在七月一日后派遣毕业生(春季毕业研究生例外)。

第四十条 在派遣过程中出现特殊情况需要调整改派的,按下列原则办理:

1. 在本省、自治区、直辖市辖区内用人单位之间调整的由地方主管毕业生调配部门审批并办理改派手续;

2. 跨部委、跨省(自治区、直辖市)调整的,由学校主管部门审核同意后,统一报国家教委审批并下达调整计划,学校所在地方主管毕业生调配部门按照调整计划办理改派手续。3、毕业生调整改派须在一年内办理,逾期不再办理有关调整改派手续。毕业生就业后的调整按在职人员有关规定办理。

第八章 接收工作及毕业生待遇

第四十一条 毕业生持《报到证》到工作单位报到,用人单位凭《报到证》予以办理接收手续和户粮关系。凡纳入国家就业计划的毕业生,地方政府不得征收其城市增容费。

第四十二条　毕业生报到后,用人单位应根据工作需要和毕业生所学专业及时安排工作岗位。

第四十三条　按国家计划派遣的毕业生,用人单位不得拒绝接收或退回学校。

第四十四条　毕业生报到后,发生疾病不能坚持正常工作的,按在职人员有关规定处理,不得把上岗后发生疾病的毕业生退回学校。

第四十五条　毕业生就业后,其工资标准和福利待遇按国家有关规定执行,工龄从报到之日计算。

第四十六条　到非公有制单位就业的毕业生,其档案按国家有关规定进行管理,工资待遇由毕业生与用人单位协商确定,但工资标准原则上应不低于国家规定。

第九章　违反规定的处理

第四十七条　有以下情形之一的部委、地方和学校就业部门,要通报批评,情节严重的,建议主管部门对有关责任人员给予行政处分:

1. 不按要求和时间报送生源、需求计划内的;
2. 不按国家的有关规定派遣毕业生的;
3. 其他违反毕业生就业工作规定的。

第四十八条　对违反就业协议或不履行定向、委托培养合同的用人单位、毕业生、高等学校按协议书或合同书的有关条款办理,并依法承担赔偿责任。

第四十九条　对擅自拒收、截留按国家计划派遣毕业生的用人单位,由其主管部门责令改正,并对有关负责人员给予行政处分。

第五十条　有下列情形之一的毕业生,由学校报地方主管毕业生调配部门批准,不再负责其就业。在其向学校缴纳全部培养费和奖(助)学金后,由学校将其户粮关系和档案转至家庭所在地,按社会待业人员处理:

1. 不顾国家需要,坚持个人无理要求,经多方教育仍拒不改正的;
2. 自派遣之日起,无正当理由超过三个月不去就业单位报到的;
3. 报到后,拒不服从安排或无理要求用人单位退回的;
4. 其他违反毕业生就业规定的。

第五十一条　对利用职权干涉毕业生就业工作或在毕业生就业工作中徇私舞弊的工作人员,由主管部门或同级纪检、监察部门依法处理;情节严重、构成犯罪的,依法追究其刑事责任。

第十章　附则

第五十二条　本规定中普通高等学校毕业生系指按照国家普通高等学校招生计划和研究生计划招收的具有学籍、取得毕业资格的本、专生(含招生并轨招收的学生和招生并轨前招收的国家任务生、定向生、委培生、自费生及电大、函授普通专科班学生)和硕士、博士究生(含统分生、定向生、委培生、自筹经费生)。

第五十三条　各有关部委和地方可根据本规定制定实施细则并报国家教委备案。

第五十四条　本规定由国家教育委员会负责解释。

第五十五条　本规定自发布之日起执行。

(二)上海普通高等学校学生就业工作管理办法(沪人[1999]31号)

第一章　总则

第一条　为了搞好上海普通高等学校学生就业工作,更好地为上海和全的经济建设和社会发展服务,维护高校学生和用人单位的合法权益,根据《中华人民共和国劳动法》、《中华人民共和国高等教育法》,国家教育部以及国家和上海地方的有关法律法规、方针政策制定本办法。

第二条　高校学生是国家培养的高级专门人才。本市政府有关职能部门、高等学校和用人单位,以及社会中介机构,应共同搞好高校学生就业工作。

第三条　高校毕业生有为国家服务的义务。要鼓励和引导高校学生到边远、艰苦地区和其他国家急需人才的地方去工作。

第四条　高校学生就业要体现公开、公平、公正的原则,不因民族、种族、性别、宗教信仰不同和残疾与否而受歧视。

第五条　本办法适用于在上海进行的普通高等学校学生就业工作。本办法所称普通高等学校学生就业工作,包括高校及研究生培养单位的毕业生和结业生的就业工作。

第二章　机构及职责

第六条　上海高校学生就业工作由国家教育部和上海市高校招生、毕业生就业指导委员会领导，上海市计划委员会、上海市教育委员会、上海市人事局管理。下设上海市高校毕业生就业办公室。

第七条　上海市高校毕业生就业办公室设在上海市教育委员会，负责本市高校学生就业的日常管理工作，行使以下职责：

（一）制定本市高校学生就业工作的法规和具体实施意见；

（二）指导和协调本市高等学校和用人单位的高校学生就业工作；

（三）组织管理本市高校学生就业需求信息登记、发布和供需见面、双向选择活动；

（四）引进非上海生源毕业生进沪就业；

（五）组织实施本市高校毕业生的资格审查，负责高校学生的派遣、调整和接收；

（六）协调本市高校学生就业过程中的争议；

（七）评估本市高校的学生就业工作；

（八）开展高校学生就业制度改革的研究和宣传工作；

（九）其他与高校学生就业管理相关的工作。

第八条　上海市高校毕业生就业指导中心是上海高校学生就业的中介服务机构。隶属上海市教育委员会，接受市高校毕业生就业办公室的具体指导。上海市高校毕业生就业指导中心的工作是：

（一）开展本市高校学生就业指导的咨询、推荐、招聘等相关服务工作；

（二）负责本市高校学生就业需求信息的收集、登记和发布；

（三）组织本市高校学生就业市场和信息网；

（四）为高校毕业生提供人事代理；

（五）为外地高校上海生源学生建立信息联系卡；

（六）接受市高校毕业生就业办公室委托，对本市高校的学生就业指导机构和用人单位进行协调和指导，处理其他与高校学生就业相关的日常事务；

（七）开展与高校学生就业工作相关的各类培训；

（八）开展高校学生就业政策的研究和宣传工作；

（九）开展其他与高校学生就业相关的业务。

第九条 本市各高校应成立由分管校长负责的学生就业工作领导小组,领导学校的学生就业工作。下设学生就业工作部门,负责学校毕业生和结业生的就业的日常工作。高校的学生就业工作部门的职责是:

(一)负责本校毕业生的资格审查,及时向市高校毕业生就业办公室报送毕业生资源情况,就业计划;

(二)开展毕业教育和就业指导;

(三)为学生提供咨询、就业信息、供需洽谈活动和推荐等服务;

(四)负责学生就业协议书的鉴证登记;

(五)推荐非上海生源毕业生进沪就业,审核申请进沪就业的非上海生源毕业生的有关材料;

(六)负责办理学生的离校手续;

(七)完成主管部门交办的其他工作;

(八)开展其他与学生就业相关的工作。

第十条 用人单位主要职责是:

(一)向本单位上级主管部门申报毕业生需求计划,到市高校毕业生就业办公室办理需求信息登记,向高校提供需求信息;

(二)参加供需见面洽谈活动,积极认真招聘毕业生;

(三)做好毕业生接收、安排工作;

(四)向市高校毕业生就业办公室和学校反馈毕业生的使用情况。

第三章 就业方式和工作程序

第十一条 国家计划任务招收的取得毕业资格的普通高等学校学生,凡缴费上学的,一般通过供需见面、双向选择、自主择业的方式落实就业单位;凡公费上学的,通过一定范围内的供需见面、双向选择的方式落实就业单位;委托和定向培养的按合同就业。

第十二条 来源于边远省区的本、专科学生,只要是边远省区急需的,原则上回来源省区就业。

第十三条 高校学生就业工作一般从学生在校的最后一学年开始。

第十四条 高校学生就业工作程序分为就业指导、收集发布需求信息、毕业生资格审查、供需见面和双向选择、签订就业协议、编制就业计划、派遣(调整)、接收等阶段。

第十五条 用人单位一般应在每年11月起到市高校毕业生就业指导中心办理下一年度毕业生需求信息登记手续。

第十六条　学生的就业活动不得影响学校正常的教学秩序和学生的学习。学生与用人单位的供需见面活动时间,应安排在毕业前一年的12月至当年的5月。春季毕业研究生可适当提前。

第四章　需求信息和供需洽谈活动

第十七条　本市实行高校学生就业信息登记制度,凡需录用应届高校毕业生的用人单位,须到市高校毕业生就业指导中心办理需求信息登记。

第十八条　市高校毕业生就业指导中心应通过及时有效的途径,向全市高校及学生公布用人单位的需求信息。

第十九条　本市高校应及时向学生公布所有的用人单位的需求信息。

第二十条　不履行就业信息登记制度的招聘行为是不公平竞争行为,市高校毕业生就业办公室有权视情节予以处理。

第二十一条　外省市高校上海生源学生回沪就业实行就业信息卡联系制度,由市高校毕业生就业指导中心负责实施。

第二十二条　就业供需洽谈活动,是学生与用人单位供需见面和双向选择的重要场所。

第二十三条　就业供需洽谈活动一般应由市高校毕业生就业主管部门,市高校毕业生就业指导中心或高校主办。

第二十四条　高校跨校举办就业供需洽谈活动,或其他部门举办高校毕业生就业洽谈活动,须经市高校毕业生就业办公室批准。

第二十五条　就业供需洽谈活动不得以赢利为目的,不得冲击学校的正常教育秩序,不得影响学生的学习和管理。

第五章　就业协议

第二十六条　高校学生就业必须由当事人毕业生或结业生和用人单位签订就业协议;并由学校对就业协议鉴证登记。就业协议书一式四份,学生、用人单位和学校各执一份,第四份存学生(或用人单位)备查。协议书由国家教育部或市高校毕业生就业办公室统一制表。

第二十七条　当事人的权利和义务

(一)学生的权利与义务:

1. 可在规定的范围内通过与用人单位的双向选择,自主选择自己的就业单位；

2．有权了解用人单位的各种情况（涉及国家机密的除外）和自己将获得的待遇；

3．应如实向用人单位介绍自己的基本情况和在校表现、学习成绩。

（二）用人单位的权利和义务：

1．可通过与高校学生的双向选择，自主录用高校毕业生或结业生；

2．有权了解学生包括身心状况在内的基本情况和在校表现、学习成绩；

3．制订高校毕业生用人计划，及时办理需求信息登记手续；

4．通过供需见面、双向选择活动，如实向学生介绍本单位情况，包括单位基本概况、岗位要求、基本待遇等。

第二十八条　就业协议书一般应包括以下条款：

（一）服务期；

（二）工作岗位和工作内容；

（三）劳动保护和工作条件；

（四）工资报酬和福利待遇；

（五）就业协议终止的条件；

（六）违反就业协议的责任。

学生和用人单位可在就业协议书上附加双方认为需要增加的条款。

第二十九条　就业协议在学生签字、用人单位签字盖章后生效；经学校鉴证登记后列入学生就业计划。签订就业协议执行如下程序：

（一）学生和用人单位达成协议，在就业协议书上签名盖章；

（二）用人单位应在与学生签订就业协议书起的十五天内，把就业协议书送至学校毕业生就业工作部门进行鉴证登记；

（三）学校对就业协议书鉴证登记，盖章，并在十五天内反馈双方当事人，并将就业协议列入就业计划。

第三十条　就业协议签订后，若学生或用人单位违约，由违约方按就业协议规定缴纳违约金，并由双方签署违约协议文件；若毕业生和用人单位经协商解除协议，应签署解除协议文件。学生在与新的用人单位达成就业意向后，凭新用人单位的接收函以及原用人单位的违约协议或解除协议文件，到学校就业部门领取就业协议书，再重新按程序签订就业协议。

第三十一条　鉴证登记主要指学校学生就业工作部门对就业协议及

双方当事人的资格和学生相关资料的真实性、合法性进行鉴别证明,包括:用人单位是否具有独立法人资格,学生递交的材料是否真实,根据学生在校表现是否具备毕业资格,学生在校是否有违纪违法行为,所签就业协议是否符合 有关法规、政策等,并对就业协议进行登记。

第三十二条　采用欺骗等违法手段签订的就业协议无效,由责任方承担相应的法律责任。

第三十三条　就业协议签订后,学生和用人单位在就业过程中的争议,由市高校毕业生就业办公室协调。当事人也可以向人民法院起诉。

第六章　非上海生源毕业生进沪就业

第三十四条　进沪就业的非上海生源高校毕业生,应品行端正,学习成绩优良,身心健康,在沪已有接受单位,一般应具有本科(含本科)以上学历,并具有以下条件之一:

(一)曾荣获校级以上(含校级)优秀学生或学生干部称号;

(二)所学属本市高校缺门专业;

(三)所学属本市重点工程、高新技术产业、支柱产业、艰苦行业急需紧缺专业;

(四)父母有一方由上海支边或常住户口已迁入上海;

(五)有其他特殊条件和原因。

国家教育部所属院校和国家部委所属重点院校的毕业生优先。

第三十五条　非上海生源毕业生进沪就业按下列程序申请:

(一)学生向已达成就业意向的用人单位索取《非上海生源高校毕业生进沪就业申请表》,根据要求如实填写个人资料栏目;

(二)用人单位根据要求如实填写本单位资料栏目,把"申请表"交学生;

(三)学生凭"申请表"向学校索取教务处出具的成绩单,并将"申请表"、就业协议书、推荐表、在校期间的获奖证书、外语和计算机等级证书以及有关材料交学校就业管理部门审核;

(四)学校根据"申请表"的要求对学生提供的材料进行审核,并在"申请表"上盖章签字;

学校主要审核以下内容:

1. 学生递交的材料是否属实;

2. 学生在校期间奖惩情况。

（五）学生将经学校审核的《非上海生源高校学生进沪就业申请表》、个人推荐表原件和就业协议书、在校期间的获奖证书、外语和计算机等级证书的复印件以及有关材料交用人单位审核；用人单位在确认毕业生递交材料齐全和符合要求后签字盖章，有上级主管部门的送上级主管部门审核，并由用人单位把全部材料报送市高校毕业生就业指导中心，报市高校毕业生就业办公室审批。

第七章　毕业派遣

第三十六条　高校必须将鉴证登记的学生和用人单位的就业协议书编制上报就业计划。毕业生就业派遣报到证由市高校毕业生就业办公室审核签发。

第三十七条　符合国家规定申请自费出国国学的学生，应当向学校提出申请，经批准后，学校不再负责其就业工作。派遣时未获准出境的，学校可将其档案、户粮关系转至生源所在地。

第三十八条　派遣前，学校应当认真负责地对学生进行健康检查，不能坚持正常工作的，让其回家休养。一年内治愈的（须经学校指定的县级以上医院证明能坚持正常工作的）可以随下一届学生就业；一年后仍未治愈的，学校可将其档案、户粮关系转至生源所在地（家居农村的保留非农业户口），按社会待业人员对待。

第三十九条　结业生落实就业单位的，派遣时须在报到证上注明"结业生"字样。

第四十条　对于华侨和来自港澳台地区的毕业生愿意留大陆工作的，学校可以根据国家有关规定提供必要的帮助。

第四十一条　免试推荐，或考取第二学士、硕士、博士研究生的学生，在学校就业计划上报后提出不再攻读的，一般应回生源所在地就业。

第四十二条　对残疾学生，学校应帮助其就业，确有困难的，按有关规定由生源所在地民政部门安置。

第四十三条　上海生源学生到毕业时仍未落实就业单位的，由学校将其档案（郊县毕业生包括户粮关系）转往市高校毕业生就业指导中心，自谋职业。

第四十四条　学生派遣时间春季毕业学生一般从三月份开始派遣。秋季毕业学生一般从七月份开始派遣。

第八章　就业调整与改派

第四十五条　学生就业协议书和就业计划具有法律效力,学生、用人单位任何一方不得擅自解除和违约,责任方应按协议附加条款和政府主管部门有关规定缴纳违约金。

第四十六条　因特殊情况不能执行就业计划的,经批准可以办理改派手续。改派手续按下列原则办理:

(一)在本市内用人单位之间调整的,由市高校毕业生就业办公室审批并办理改派手续;

(二)跨部委、跨省(自治区、直辖市)调整的,由市高校毕业生就业办公室根据相关规定审批并办理改派手续;

(三)毕业生调整改派须在一年内办理,逾期不再办理有关调整改派手续。

第四十七条　委托培养和定向培养的学生因特殊情况不能回委托定向单位的,需征得原委托定向单位、地区和学校的同意,毕业研究生还需上报国家教育部审批,在向原委托单位或学校缴纳培养费,并向市高校毕业生就业指导中心缴纳违约金后,按收费生对待。

第四十八条　师范类学生因特殊情况到非师范系统就业,应当向学校缴纳培养费,退还专业奖学金,并向市高校毕业生就业指导中心缴纳违约金。

第九章　接收工作

第四十九条　高校学生持《全国普通高等学校毕业生派遣报到证》或《全国毕业研究生派遣报到证》(以下简称"报到证")到就业单位报到,用人单位凭学生的"报到证"及时办理接收手续,办理报到接收手续时间一般不应超过五个工作日。

第五十条　本、专科学生就业后,一般实行一年见习期制度;或根据《劳动法》,按"劳动合同"约定,实行不超过6个月的试用期。

第五十一条　学生到用人单位报到后,发生疾病不能坚持正常工作的,按在职人员患病的有关规定处理,不得把报到后发生疾病的毕业生退回学校。

第五十二条　患有精神病(需医院证明)的毕业生,如在一年见习期内旧病复发,经指定医院证明,用人单位可将其退回学校,由学校退回其生源所在地。

第十章 违反规定的处理

第五十三条 高校具有以下情形之一的,要予以通报批评;情节严重的,可建议主管部门对有关责任人给予行政处分:

(一) 不按要求和时间报送生源、需求信息和就业计划的;

(二) 提供虚假毕业生情况或虚假鉴证登记的;

(三) 不按规定派遣学生的;

(四) 其他违反学生就业规定的。

第五十四条 对违反就业协议,或不履行定向、委托培养合同的用人单位、学生,按协议书或合同书的有关条款处理,并依法承担赔偿和违约责任。

第五十五条 对利用职权干扰学生就业工作,或在学生就业中徇私舞弊的工作人员,由主管部门或同级纪检、监察部门依法处理;情节严重、构成犯罪的,由司法部门依法追究其刑事责任。

第五十六条 凡已批准进沪就业的非上海生源毕业生,不去用人单位报到,或报到后在一年内擅自离开就业单位另行择业的,用人单位可根据"劳动合同"的有关条款或实际情况,提出处理意见,同时书面报告市高校毕业生就业办公室。市高校学生就业办公室核审后,可根据用人单位的处理意见,出具退回毕业生公函,由学校将其档案、户粮关系退回生源所在地。

第十一章 就业指导和毕业鉴定

第五十七条 学校应为毕业生和结业生提供就业指导和服务。就业指导的重点是进行学生就业法规、国家方针政策的宣传,人生观、价值观、择业观和职业道德观教育,以及求职择业技巧的训练。

第五十八条 学生就业指导可采用授课、讲座、咨询、模拟等形式,学校应开设选修课。

第五十九条 高等学校要按照国家教育部《普通高等学校学生管理规定》、《高等学校学生行为准则(试行)》和《研究生学籍管理规定》的要求,实事求是地对学生作出组织鉴定。

第六十条 学生鉴定主要包括学生在校期间德、智、体等各方面的基本情况,并按照档案管理的有关规定,认真核对无误后归档。学生的档案材料应在学生派遣两周内,寄送就业单位。

第十二章 附则

第六十一条 本规定中的高校毕业生、结业生系指按照国家普通高等学校招生计划招收的具有学籍、取得毕业资格或结业资格的本、专科生和硕士、博士研究生。

第六十二条 外地高校上海生源毕业生、结业生和非上海生源毕业生在上海就业,参照相关条款执行。

第六十三条 本办法由上海市教育委员会负责解释。

第六十四条 本办法自发布之日起实行。在此以前发布的凡与本办法不符的有关规定,均按本办法的规定执行。

上海市教育委员会
2005 年 9 月

(三) 关于办理在汉就业创业普通高校毕业生落户的实施细则(武公[2014]47 号)

第一条 根据《市人民政府办公厅关于进一步放宽在我市就业创业高校毕业生落户条件的通知》(武政办[2014]98 号),制定本实施细则。

第二条 毕业超过 2 年的普通高校毕业生以及经教育部认证的本科及以上学历(或者学位)留学回国人员,具备以下条件,可申请在我市落户:

(一) 本科学历年龄在 35 周岁以内、研究生学历年龄在 40 周岁以内;

(二) 在汉有合法固定住所;

(三) 在我市企事业单位就业,签订劳动合同,缴纳 1 年的社会保险或者自主创业且本人为法定代表人。

第三条 "在本市落户"是指:

(一) 户籍不在本市的毕业生,可申请在本市落户;

(二) 户籍在本市新城区的毕业生,可申请在主城区落户;

(三) 毕业生户口托管人才服务机构集体户的,可申请将户口迁移至居民户或就业单位集体户。

第四条 "普通高校毕业生"是指全国普通高等学校的毕业生。不包括自学考试、成人教育、网络教育、电视大学、函授大学、非国民教育系列的毕业生。"留学回国人员"指经教育部认证的本科及以上学历（或者学位）留学回国人员。

第五条　落户毕业生的年龄，以公安机关正式受理当天的身份证年龄为准。

第六条　"就业"指在我市企事业单位就业，签订劳动合同并连续缴纳社会保险1年以上的，社会保险五险齐全，由单位按规定比例缴纳，不包括在流动人员窗口缴纳的人员。"创业"指自主创业本人为企业法定代表人，且企业正常经营半年以上。

第七条　"合法固定住所"是指有合法权属证明的房屋，包括：

（一）本人自有房屋

（二）亲友房屋

（三）租住房屋

（四）单位集体宿舍。

上述房屋不包括已拆迁或拟拆迁房屋、空挂地址房屋、生产经营仓储等商业用途房屋、办公用房。

第八条　实际居住在本人房屋的，在房屋所在地办理落户，在亲友家中或租住房屋的，经房主书面同意，社区民警调查核实确在居住的可以在房主户口中登记为户成员，不能单独立户。居住在单位集体宿舍的，可申请在经公安机关批准设立的就业单位集体户中落户。

第九条　居住在父母、子女、配偶合法所有房屋的，且房主未在房屋所在地办理户口登记，经房主同意，提供亲属关系证明或结婚证，民警调查核实，可在房屋所在地申请单独立户，不符合此条件的，只能在房主户口中登记为户成员。

第十条　就业创业地在本市中心城区的，在中心城区实际居住地办理落户；就业创业地在本市新城区的，在本市新城区办理落户，本人或配偶房屋在中心城区的，可在本人或配偶房屋所在地办理落户（条件同第九条）。

第十一条　申请人户籍不在本市的，应在我市办理居住证或流动人口登记。

第十二条　申请人需提供资料。

（一）本人书面申请；

（二）普通高校本科及以上学历的毕业证、教育部"中国高等教育学

历认证报告"或"教育部学历证书电子注册备案表"。经教育部认证的留学回国人员本科及以上学历(或者学位)认证书;

（三）在汉就业用人单位签订的劳动合同、单位人力资源部门证明及负责人签名和联系方式、在汉连续缴纳1年的社会保险证明,包括"个人缴纳社会保险查询单"、"单位社会保险参保缴费情况查询单"。本人在汉创业企业工商(法人)营业执照、税务登记证及缴税证明;

（四）本人户口簿或常住人口登记表、身份证、居住证或流动人口登记证明;

（五）本人、亲友或房屋出租户业主的房屋产权证、土地使用权证;

（六）租住房屋的,提供签订1年以上有效租房协议、房屋出租户在流动人口管理服务站登记备案证明、出租屋业主与公安机关签订治安责任书复印件、房主书面同意书、联系方式、户口簿、身份证;在亲友家居住的,提供户主书面同意书、联系方式、户口簿、身份证;在单位集体户落户的,提供单位人力资源部门证明;

（七）填报"毕业超过2年在汉就业创业普通高校毕业生/留学回国人员入户申请表"(在各区政务中心公安户籍窗口、各分局户籍窗口、各派出所户籍窗口领取,或者在互联网武汉市公安局门户网网上服务大厅、平安武汉微博、武汉治安微信平台、武汉市人力资源和社会保障局、武汉市毕业生就业网等网站下载)。

第十三条　办理流程

（一）由本人持所需申报材料到入户地区政务中心公安户籍窗口或者区公安分局户籍窗口申请办理,民警受理初审材料齐全的,填写受理单,收存材料,将受理单回执交申请人,材料不全一次说清;

（二）审核申请人提交相关材料原件的真实性,审核原件收存复印件。网上审核申请人户籍信息、公安管理信息、学历信息、缴纳社会保险信息、房屋租赁信息、就业创业单位信息,材料真实有效的可以办理;

（三）对审核符合条件的,开具《批准入户通知单》或《准予迁入证明》。非本市户籍的,申请人持《准予迁入证明》回原户籍地开具《户口迁移证》,到入户地派出所打印户口簿;市内迁移的,申请人持《批准入户通知单》,到入户地派出所打印户口簿,不符合条件的告知申请人理由并退回申请人申请材料。

第十四条　公安机关自受理之日起,10个工作日内完成(发函调查时间不计算在内)。

第十五条　本细则由市公安局负责解释,自发布之日起实施。

武汉市公安局

武汉市人力资源与社会保障局

2014 年 6 月 29 日

(四)关于做好2016年全国高校毕业生就业创业工作的通知(人社部函[2016]18号)

各省、自治区、直辖市及新疆生产建设兵团人力资源社会保障厅(局):

2016 年,高校毕业生就业总量压力持续加大,供需不匹配的结构性矛盾依然突出,就业形势更为复杂、任务更加艰巨。各地要认真贯彻党中央、国务院关于高校毕业生就业工作的决策部署,坚持把高校毕业生就业作为就业工作的重中之重,以实施就业促进和创业引领两项计划为重要抓手,精准发力,分类施策,创新举措,切实做好高校毕业生就业创业工作。现就有关事项通知如下:

一、完善落实就业创业政策,积极促进高校毕业生多渠道就业

各地要认真贯彻落实《国务院关于进一步做好新形势下就业创业工作的意见》(国发〔2015〕23号),结合实际进一步细化完善鼓励高校毕业生到基层就业、小微企业吸纳就业、自主创业等政策措施,加强对灵活就业和新就业形态的支持,落实好税费减免、创业担保贷款及贴息、社保补贴、培训补贴、求职创业补贴等政策,促进毕业生多渠道就业和创业。要完善政策操作办法,按照简政放权、放管结合、优化服务的要求,简化政策审批、办理流程和政策凭证,推行一站式办理、网上办理等服务,为毕业生和用人单位享受政策提供便利。要通过多种方式督导、检查、评估政策落实情况,及时发现和解决政策落实中遇到的困难和问题,确保政策及时兑现。要广泛开展就业政策宣传解读活动,充分运用互联网新媒体、发挥校园网等平台功能推送政策信息,组织人社厅(局)长进校园宣讲、公共就业人才服务专项活动等方式进行集中宣传,让毕业生对就业政策应享尽知。要畅通毕业生就业渠道,统筹实施好"三支一扶"计划等基层项目,健全毕业生到基层工作的服务保障机制,解决好薪酬待遇、社会保险、职称评定等实际问题,做好人事档案、人才集体户口免费管理服务工作。推动国有企业招聘应届高校毕业生信息公开,创造有利于流动就业、公平就业的良

好环境。

二、完善精准帮扶措施，精心实施离校未就业高校毕业生就业促进计划

各地要重点围绕实名登记和精准服务两个环节，精心组织实施就业促进计划，力争使每一名有就业意愿的未就业毕业生都能在年内实现就业或参加到就业准备活动中。各城市人社部门要主动与所在地高校对接，掌握毕业生基本情况，联合开展就业服务活动。省级人社部门要与教育部门、高校建立毕业生就业失业信息衔接机制，及时、准确、全面获取未就业毕业生实名信息。探索建立登记信息反馈制度，公共就业人才服务机构对报到接收的未就业毕业生进行实名登记后，通过适当方式向高校或教育部门反馈相关信息，以便接续服务。对登记的未就业毕业生，各地要立即联系，主动服务，针对其特点和需求制定个性化求职就业方案，提供职业指导、岗位信息、技能培训、就业见习等服务。要特别关注长期失业的毕业生和就业困难毕业生，实施"一人一策"专项帮扶计划，促进其尽快就业。要依托本地公共就业人才服务系统，进一步加强毕业生就业管理服务信息化建设，健全完善实名制数据库，做到实时更新、动态管理，逐步实现信息共享和业务协同。

各地要聚焦毕业生就业需求创新服务理念和模式，提高服务针对性、实效性。要主动将公共就业服务工作延伸到各高校，组织大学生参观人力资源市场、创业孵化基地，通过现场解答政策、模拟招聘求职等活动，帮助学生熟悉职场，掌握求职方法技巧，提高就业竞争力。继续组织开展民营企业招聘周、高校毕业生就业服务月、服务周、部分大中城市联合招聘等专项活动，多组织专业性、行业性、小型化、网络化招聘，提高活动实效。要运用移动互联新技术搭建灵活多样的就业信息服务平台，推进地方公共就业人才服务网与高校校园网、中国公共招聘网链接，打造互联互通、优质高效的"互联网＋就业服务"模式。

三、调动各方力量，深入实施大学生创业引领计划

各地要把大学生创业引领计划实施纳入本地区"双创"工作总体安排，加大人力财力投入和工作推动，切实抓好各项政策措施的贯彻落实。要配合教育部门抓好深化高等学校创新创业教育改革措施贯彻落实，健全创新创业教育课程体系，强化创新创业实践，加快推进创新创业教育的普及。会同有关部门以有创业愿望的大学生为重点，编制实施专项培训计划，进一步丰富适合大学生的创业培训项目，充实创业培训师资，加强

培训质量监督,提高培训针对性有效性。协调有关方面细化落实工商登记、税费减免、创业担保贷款及贴息、场地支持等创业扶持政策,并为创业大学生提供财政资金、金融资金、社会公益资金和市场创投资金等多渠道资金支持。对落实政策中"优亲厚友"、"将享受创业担保贷款与参加创业培训简单挂钩"等做法要及时予以纠正,帮助符合条件的创业大学生都能获得相应的政策扶持。进一步加强创业服务工作,运用政府购买服务机制,统筹发挥公共就业人才服务机构和创业服务市场主体作用,办好用好各类创业服务载体,对创业大学生实施精准帮扶。切实抓好创业大学生的统计、绩效评价和计划执行考核,确保完成年度计划目标任务。

四、加强组织领导,健全高校毕业生就业创业工作推动机制

各地要坚持把促进高校毕业生就业创业作为就业工作重中之重,加强组织领导,建立目标责任制。健全就业工作协调机制,组织和动员就业工作联席会议各成员单位发挥职能、分工协作、齐抓共管,特别是加强与教育部门、高校的协同配合,共同做好高校毕业生就业创业工作。各地要加强对市、县工作的督促检查,抓住关键时点和重要环节,特别是围绕两项计划实施,通过专项督查、重点调研、定期调度、工作通报等方式,推动各项工作落到实处。要密切关注高校毕业生就业形势变化,加强分析研判和舆情监测,做好政策储备和应急预案,增强工作的主动性和预见性,确保完成毕业生就业目标任务,保持高校毕业生就业局势稳定。

人力社会资源和保障部
2016 年 2 月 2 日

(五)中华人民共和国就业促进法 中华人民共和国主席令(第七十号)

《中华人民共和国就业促进法》已由中华人民共和国第十届全国人民代表大会常务委员会第二十九次会议于 2007 年 8 月 30 日通过,现予公布,自 2008 年 1 月 1 日起施行。根据 2015 年 4 月 24 日第十二届全国人民代表大会常务委员会第十四次会议《全国人民代表大会常务委员会关于修改〈中华人民共和国电力法〉等六部法律的决定》修订,由中华人民共和国主席令第 24 号发布,自公布之日起施行。

修订如下:将第四十条第二款修改为:"设立职业中介机构应当在工商行政管理部门办理登记后,向劳动行政部门申请行政许可。"

本决定自公布之日起施行。

第一章　总则

第一条　为了促进就业,促进经济发展与扩大就业相协调,促进社会和谐稳定,制定本法。

第二条　国家把扩大就业放在经济社会发展的突出位置,实施积极的就业政策,坚持劳动者自主择业、市场调节就业、政府促进就业的方针,多渠道扩大就业。

第三条　劳动者依法享有平等就业和自主择业的权利。

劳动者就业,不因民族、种族、性别、宗教信仰等不同而受歧视。

第四条　县级以上人民政府把扩大就业作为经济和社会发展的重要目标,纳入国民经济和社会发展规划,并制定促进就业的中长期规划和年度工作计划。

第五条　县级以上人民政府通过发展经济和调整产业结构、规范人力资源市场、完善就业服务、加强职业教育和培训、提供就业援助等措施,创造就业条件,扩大就业。

第六条　国务院建立全国促进就业工作协调机制,研究就业工作中的重大问题,协调推动全国的促进就业工作。国务院劳动行政部门具体负责全国的促进就业工作。

省、自治区、直辖市人民政府根据促进就业工作的需要,建立促进就业工作协调机制,协调解决本行政区域就业工作中的重大问题。

县级以上人民政府有关部门按照各自的职责分工,共同做好促进就业工作。

第七条　国家倡导劳动者树立正确的择业观念,提高就业能力和创业能力;鼓励劳动者自主创业、自谋职业。

各级人民政府和有关部门应当简化程序,提高效率,为劳动者自主创业、自谋职业提供便利。

第八条　用人单位依法享有自主用人的权利。

用人单位应当依照本法以及其他法律、法规的规定,保障劳动者的合法权益。

第九条　工会、共产主义青年团、妇女联合会、残疾人联合会以及其他社会组织,协助人民政府开展促进就业工作,依法维护劳动者的劳动权利。

第十条　各级人民政府和有关部门对在促进就业工作中作出显著成绩的单位和个人,给予表彰和奖励。

第二章　政策支持

第十一条　县级以上人民政府应当把扩大就业作为重要职责,统筹协调产业政策与就业政策。

第十二条　国家鼓励各类企业在法律、法规规定的范围内,通过兴办产业或者拓展经营,增加就业岗位。

国家鼓励发展劳动密集型产业、服务业,扶持中小企业,多渠道、多方式增加就业岗位。

国家鼓励、支持、引导非公有制经济发展,扩大就业,增加就业岗位。

第十三条　国家发展国内外贸易和国际经济合作,拓宽就业渠道。

第十四条　县级以上人民政府在安排政府投资和确定重大建设项目时,应当发挥投资和重大建设项目带动就业的作用,增加就业岗位。

第十五条　国家实行有利于促进就业的财政政策,加大资金投入,改善就业环境,扩大就业。

县级以上人民政府应当根据就业状况和就业工作目标,在财政预算中安排就业专项资金用于促进就业工作。

就业专项资金用于职业介绍、职业培训、公益性岗位、职业技能鉴定、特定就业政策和社会保险等的补贴,小额贷款担保基金和微利项目的小额担保贷款贴息,以及扶持公共就业服务等。就业专项资金的使用管理办法由国务院财政部门和劳动行政部门规定。

第十六条　国家建立健全失业保险制度,依法确保失业人员的基本生活,并促进其实现就业。

第十七条　国家鼓励企业增加就业岗位,扶持失业人员和残疾人就业,对下列企业、人员依法给予税收优惠:

(一)吸纳符合国家规定条件的失业人员达到规定要求的企业;

(二)失业人员创办的中小企业;

(三)安置残疾人员达到规定比例或者集中使用残疾人的企业;

(四)从事个体经营的符合国家规定条件的失业人员;

(五)从事个体经营的残疾人;

(六)国务院规定给予税收优惠的其他企业、人员。

第十八条　对本法第十七条第四项、第五项规定的人员,有关部门应当在经营场地等方面给予照顾,免除行政事业性收费。

第十九条　国家实行有利于促进就业的金融政策,增加中小企业的融资渠道;鼓励金融机构改进金融服务,加大对中小企业的信贷支持,并对自主创业人员在一定期限内给予小额信贷等扶持。

第二十条　国家实行城乡统筹的就业政策,建立健全城乡劳动者平等就业的制度,引导农业富余劳动力有序转移就业。

县级以上地方人民政府推进小城镇建设和加快县域经济发展,引导农业富余劳动力就地就近转移就业;在制定小城镇规划时,将本地区农业富余劳动力转移就业作为重要内容。

县级以上地方人民政府引导农业富余劳动力有序向城市异地转移就业;劳动力输出地和输入地人民政府应当互相配合,改善农村劳动者进城就业的环境和条件。

第二十一条　国家支持区域经济发展,鼓励区域协作,统筹协调不同地区就业的均衡增长。

国家支持民族地区发展经济,扩大就业。

第二十二条　各级人民政府统筹做好城镇新增劳动力就业、农业富余劳动力转移就业和失业人员就业工作。

第二十三条　各级人民政府采取措施,逐步完善和实施与非全日制用工等灵活就业相适应的劳动和社会保险政策,为灵活就业人员提供帮助和服务。

第二十四条　地方各级人民政府和有关部门应当加强对失业人员从事个体经营的指导,提供政策咨询、就业培训和开业指导等服务。

第三章　公平就业

第二十五条　各级人民政府创造公平就业的环境,消除就业歧视,制定政策并采取措施对就业困难人员给予扶持和援助。

第二十六条　用人单位招用人员、职业中介机构从事职业中介活动,应当向劳动者提供平等的就业机会和公平的就业条件,不得实施就业歧视。

第二十七条　国家保障妇女享有与男子平等的劳动权利。

用人单位招用人员,除国家规定的不适合妇女的工种或者岗位外,不得以性别为由拒绝录用妇女或者提高对妇女的录用标准。

用人单位录用女职工,不得在劳动合同中规定限制女职工结婚、生育的内容。

第二十八条　各民族劳动者享有平等的劳动权利。

用人单位招用人员,应当依法对少数民族劳动者给予适当照顾。

第二十九条　国家保障残疾人的劳动权利。

各级人民政府应当对残疾人就业统筹规划,为残疾人创造就业条件。

用人单位招用人员,不得歧视残疾人。

第三十条　用人单位招用人员,不得以是传染病病原携带者为由拒绝录用。但是,经医学鉴定传染病病原携带者在治愈前或者排除传染嫌疑前,不得从事法律、行政法规和国务院卫生行政部门规定禁止从事的易使传染病扩散的工作。

第三十一条　农村劳动者进城就业享有与城镇劳动者平等的劳动权利,不得对农村劳动者进城就业设置歧视性限制。

第四章　就业服务和管理

第三十二条　县级以上人民政府培育和完善统一开放、竞争有序的人力资源市场,为劳动者就业提供服务。

第三十三条　县级以上人民政府鼓励社会各方面依法开展就业服务活动,加强对公共就业服务和职业中介服务的指导和监督,逐步完善覆盖城乡的就业服务体系。

第三十四条　县级以上人民政府加强人力资源市场信息网络及相关设施建设,建立健全人力资源市场信息服务体系,完善市场信息发布制度。

第三十五条　县级以上人民政府建立健全公共就业服务体系,设立公共就业服务机构,为劳动者免费提供下列服务:

(一)就业政策法规咨询;

(二)职业供求信息、市场工资指导价位信息和职业培训信息发布;

(三)职业指导和职业介绍;

(四)对就业困难人员实施就业援助;

(五)办理就业登记、失业登记等事务;

(六)其他公共就业服务。

公共就业服务机构应当不断提高服务的质量和效率,不得从事经营性活动。

公共就业服务经费纳入同级财政预算。

第三十六条　县级以上地方人民政府对职业中介机构提供公益性就业服务的,按照规定给予补贴。

国家鼓励社会各界为公益性就业服务提供捐赠、资助。

第三十七条　地方各级人民政府和有关部门不得举办或者与他人联合举办经营性的职业中介机构。

地方各级人民政府和有关部门、公共就业服务机构举办的招聘会,不得向劳动者收取费用。

第三十八条　县级以上人民政府和有关部门加强对职业中介机构的管理,鼓励其提高服务质量,发挥其在促进就业中的作用。

第三十九条　从事职业中介活动,应当遵循合法、诚实信用、公平、公开的原则。

用人单位通过职业中介机构招用人员,应当如实向职业中介机构提供岗位需求信息。禁止任何组织或者个人利用职业中介活动侵害劳动者的合法权益。

第四十条　设立职业中介机构应当具备下列条件:

(一)有明确的章程和管理制度;

(二)设立职业中介机构应当在工商行政管理部门办理登记后,向劳动行政部门申请行政许可;

(三)有一定数量具备相应职业资格的专职工作人员;

(四)法律、法规规定的其他条件。

设立职业中介机构,应当依法办理行政许可。经许可的职业中介机构,应当向工商行政部门办理登记。

未经依法许可和登记的机构,不得从事职业中介活动。

国家对外商投资职业中介机构和向劳动者提供境外就业服务的职业中介机构另有规定的,依照其规定。

第四十一条　职业中介机构不得有下列行为:

(一)提供虚假就业信息;

(二)为无合法证照的用人单位提供职业中介服务;

(三)伪造、涂改、转让职业中介许可证;

(四)扣押劳动者的居民身份证和其他证件,或者向劳动者收取押金;

(五)其他违反法律、法规规定的行为。

第四十二条　县级以上人民政府建立失业预警制度,对可能出现的较大规模的失业,实施预防、调节和控制。

第四十三条　国家建立劳动力调查统计制度和就业登记、失业登记制度,开展劳动力资源和就业、失业状况调查统计,并公布调查统计结果。

统计部门和劳动行政部门进行劳动力调查统计和就业、失业登记时,用人单位和个人应当如实提供调查统计和登记所需要的情况。

第五章　职业教育和培训

第四十四条　国家依法发展职业教育,鼓励开展职业培训,促进劳动者提高职业技能,增强就业能力和创业能力。

第四十五条　县级以上人民政府根据经济社会发展和市场需求,制定并实施职业能力开发计划。

第四十六条　县级以上人民政府加强统筹协调,鼓励和支持各类职业院校、职业技能培训机构和用人单位依法开展就业前培训、在职培训、再就业培训和创业培训;鼓励劳动者参加各种形式的培训。

第四十七条　县级以上地方人民政府和有关部门根据市场需求和产业发展方向,鼓励、指导企业加强职业教育和培训。

职业院校、职业技能培训机构与企业应当密切联系,实行产教结合,为经济建设服务,培养实用人才和熟练劳动者。

企业应当按照国家有关规定提取职工教育经费,对劳动者进行职业技能培训和继续教育培训。

第四十八条　国家采取措施建立健全劳动预备制度,县级以上地方人民政府对有就业要求的初高中毕业生实行一定期限的职业教育和培训,使其取得相应的职业资格或者掌握一定的职业技能。

第四十九条　地方各级人民政府鼓励和支持开展就业培训,帮助失业人员提高职业技能,增强其就业能力和创业能力。失业人员参加就业培训的,按照有关规定享受政府培训补贴。

第五十条　地方各级人民政府采取有效措施,组织和引导进城就业的农村劳动者参加技能培训,鼓励各类培训机构为进城就业的农村劳动者提供技能培训,增强其就业能力和创业能力。

第五十一条　国家对从事涉及公共安全、人身健康、生命财产安全等特殊工种的劳动者,实行职业资格证书制度,具体办法由国务院规定。

第六章　就业援助

第五十二条　各级人民政府建立健全就业援助制度,采取税费减免、贷款贴息、社会保险补贴、岗位补贴等办法,通过公益性岗位安置等途径,对就业困难人员实行优先扶持和重点帮助。

就业困难人员是指因身体状况、技能水平、家庭因素、失去土地等原因难以实现就业,以及连续失业一定时间仍未能实现就业的人员。就业困难人员的具体范围,由省、自治区、直辖市人民政府根据本行政区域的实际情况规定。

第五十三条　政府投资开发的公益性岗位,应当优先安排符合岗位要求的就业困难人员。被安排在公益性岗位工作的,按照国家规定给予岗位补贴。

第五十四条　地方各级人民政府加强基层就业援助服务工作,对就业困难人员实施重点帮助,提供有针对性的就业服务和公益性岗位援助。

地方各级人民政府鼓励和支持社会各方面为就业困难人员提供技能培训、岗位信息等服务。

第五十五条　各级人民政府采取特别扶助措施,促进残疾人就业。

用人单位应当按照国家规定安排残疾人就业,具体办法由国务院规定。

第五十六条　县级以上地方人民政府采取多种就业形式,拓宽公益性岗位范围,开发就业岗位,确保城市有就业需求的家庭至少有一人实现就业。

法定劳动年龄内的家庭人员均处于失业状况的城市居民家庭,可以向住所地街道、社区公共就业服务机构申请就业援助。街道、社区公共就业服务机构经确认属实的,应当为该家庭中至少一人提供适当的就业岗位。

第五十七条　国家鼓励资源开采型城市和独立工矿区发展与市场需求相适应的产业,引导劳动者转移就业。

对因资源枯竭或者经济结构调整等原因造成就业困难人员集中的地区,上级人民政府应当给予必要的扶持和帮助。

第七章　监督检查

第五十八条　各级人民政府和有关部门应当建立促进就业的目标责

任制度。县级以上人民政府按照促进就业目标责任制的要求,对所属的有关部门和下一级人民政府进行考核和监督。

第五十九条 审计机关、财政部门应当依法对就业专项资金的管理和使用情况进行监督检查。

第六十条 劳动行政部门应当对本法实施情况进行监督检查,建立举报制度,受理对违反本法行为的举报,并及时予以核实处理。

第八章 法律责任

第六十一条 违反本法规定,劳动行政等有关部门及其工作人员滥用职权、玩忽职守、徇私舞弊的,对直接负责的主管人员和其他直接责任人员依法给予处分。

第六十二条 违反本法规定,实施就业歧视的,劳动者可以向人民法院提起诉讼。

第六十三条 违反本法规定,地方各级人民政府和有关部门、公共就业服务机构举办经营性的职业中介机构,从事经营性职业中介活动,向劳动者收取费用的,由上级主管机关责令限期改正,将违法收取的费用退还劳动者,并对直接负责的主管人员和其他直接责任人员依法给予处分。

第六十四条 违反本法规定,未经许可和登记,擅自从事职业中介活动的,由劳动行政部门或者其他主管部门依法予以关闭;有违法所得的,没收违法所得,并处一万元以上五万元以下的罚款。

第六十五条 违反本法规定,职业中介机构提供虚假就业信息,为无合法证照的用人单位提供职业中介服务,伪造、涂改、转让职业中介许可证的,由劳动行政部门或者其他主管部门责令改正;有违法所得的,没收违法所得,并处一万元以上五万元以下的罚款;情节严重的,吊销职业中介许可证。

第六十六条 违反本法规定,职业中介机构扣押劳动者居民身份证等证件的,由劳动行政部门责令限期退还劳动者,并依照有关法律规定给予处罚。

违反本法规定,职业中介机构向劳动者收取押金的,由劳动行政部门责令限期退还劳动者,并以每人五百元以上二千元以下的标准处以罚款。

第六十七条 违反本法规定,企业未按照国家规定提取职工教育经费,或者挪用职工教育经费的,由劳动行政部门责令改正,并依法给予处罚。

第六十八条　违反本法规定,侵害劳动者合法权益,造成财产损失或者其他损害的,依法承担民事责任;构成犯罪的,依法追究刑事责任。

第九章　附则

第六十九条　本法自2008年1月1日起施行。